浙江大学民营经济研究中心

浙江大学恒逸基金资助

中国中小企业
融资机制与创新

——基于传统信用模式的研究

郑备军　陈铨亚　傅承峰◎著

ZHEJIANG UNIVERSITY PRESS
浙江大学出版社

前　言

　　中小企业融资既是理论问题，又是实践问题，在未来可以预见的时期内仍将是我国政府与业界共同面对的问题。因此，研究这一问题具有重大的现实意义和理论价值。

　　改革开放以来，我国政府大力扶持中小企业的发展，金融业界更是直面中小企业融资难问题，强调对中小企业融资的支持，央行也多次出台相关的促进政策，然而效果却不尽如人意，融资难问题仍然没有得到根本性的解决，甚至在某些时段还有恶化的迹象。那么，问题到底出在哪一个环节？对此，许多专家学者做了大量调研与探讨，力图破解之。审视众多的研究结论与政策建议，可谓众说纷纭，莫衷一是。我们认为，我国商业银行体系的内在缺陷是制约中小企业融资的根本原因，重构与完善商业银行体系才是正确的解决方法。因此，借鉴、引用传统信用模式，主要是近代钱庄的信用模式与制度安排，设立大量的专门针对中小企业服务的小型商业银行，打破现有大中型银行一统天下的格局，很有必要。

　　循着这一思路，本书运用经济学（金融学）和历史学（经济史）的理论与方法，以中小企业融资难为切入点，通过中外对照与历史比较，以及对温州模式和选取的样本银行的剖析，提出对商业银行体系进行改革与再造，以中小企业的分布、集约为基础，着力培育中小型商业银行的建议。

　　本书的创新内容主要有以下几方面：

　　（一）对金融定义、授信理论、担保理论、真实票据理论、信用半径理论、"二八定律"和资产负债管理理论，提出了不同于前人的新的观点。

比如,对"金融"的解释,提出"流量财富"的概念,替代已过时的"融通资金"等定义。我们认为,社会经济生活由物资流与现金流所构成,二者呈反向运动。物质财富属于存量财富范畴,金融属于流量财富范畴。流量财富就是存量财富的抽象化。物质财富形态多种多样,而流量财富却具有同质替代特性。从金融投资角度,尤其是对投资者来说,更是流量财富的自我增值;金融投资与实业投资的区别在于套利。从保险业的实质来看,就是把存量财产的风险折算为一定的流量财富进行交易;交易的标的物只是一个载体,而不是内容。由此作进一步理论深化,认为商业银行已不再停留在货币资金运用的时代,而是已被提升到把风险作为产品来经营的阶段。这使得我们对融资产生全新的认知,有利于摆脱以往过多依赖银行融资的观念,转向发展多渠道的直接融资模式,吸引更多的社会资金进入生产领域,分享经济增长的红利。

(二)从金融需求与供给出发,提出借鉴钱庄模式,构建中小型民营商业银行体系,增加金融体制供给,优化商业银行结构,丰富金融工具。中小企业客观上需要有相应的金融制度供给来满足其融资需求。而我国目前以大中型银行为主的商业银行结构,在实践上总是存在忽略中小企业的倾向。换言之,商业银行体系安排应该与产业结构层次相适应。具体地说,在地市一级或以下行政区域,设立大量的以中小企业和社区居民为服务对象的小型商业银行。这些商业银行类似于近代的钱庄结构,规模小、资本少、服务半径不大,效率高。小型商业银行虽然是独立的银行,但是,以其资本结构为纽带,可以组建银行集团或金融控股公司,类似于近代的连枝钱庄。还有,可考虑着力改组中农工建交等大银行的支行、分理处机构,并以此为基础将其改造为控股的小型银行。

(三)提出契约式股权融资的建议,有利于极大地拓展融资空间。契约式股权融资是将直接的股权融资与间接的借贷方式结合起来的一种新模式。这一模式赋予成长型中小企业一种融资选择,通过出让股权获得外部融资,同时保留赎回股权的权利与义务。融资方获得企业的承诺,一定时期内以一定条件赎回股权。相比于信用借款,这一模式因为有股权支持,安全性大大提高。此外,还提出了扩大中小企业信用放款比重,资产证券化,实行贷款信用保险,发展票据市场,开辟融资新渠道等建议。这些建议具有一定的新意和可操作性。

（四）提出增加农民专业合作社的金融功能之建议。现有的《农民专业合作社法》存在一个明显的缺陷，那就是只有产业合作，而没有金融合作。没有金融合作的产业合作是不可靠的，也缺乏持续经营的条件。在现代经济条件下，农业已经不能单纯依靠土地与劳动的结合，唯有通过劳动与资本的结合，才能形成高效益的农业产业，完成产业结构转型，达成新型城镇化的目标。我们对新的农村金融合作模式做了一个一般性的勾勒。即按一定人口规模的农村社区设置一家信用合作社，类似于小型的农村社区银行。其业务以存款、贷款、汇款等传统业务为主，根据需要提供其他金融服务。其产权结构明晰，股东不是以个人，而是以合作社身份出现。理事会为最高权力机构。以此开展农民合作社内部社员间的资金互助，并引导其向"生产经营合作＋信用合作"延伸。

（五）关于农村土地所有制的改革，提出参考历史上的田会模式，实行二级土地所有制，在不改变土地集体所有制性质的前提下，让农民拥有土地的一定处分权，实行有条件的土地流转。

（六）对温州民间金融创新问题，提出构建合会公司的构想，让民间金融公司化、公开化、制度化。该建议具有很强的现实针对性，同时也为温州民间金融综合改革实验的突破提供了新的思路。

上述创新内容是我们多年来思考的产物，其中构建社区银行的建议已受到中国银行业监督管理委员会的重视。在一定程度上说，本书就是围绕这一主题展开论述的。

作 者

2016 年夏于浙江大学

Preface

SMEs (Small and Medium Enterprises) financing is both a theoretical and practical problem. It will continue to be a problem that our government and industry have to face together in the foreseeable future. Therefore, the study of this issue is of great practical significance and theoretical value.

Since the reform and opening up, the Chinese government has been supporting the development of SMEs. The financial industry, facing financing problems of SMEs, has been emphasizing support for SMEs financing, and the central bank has been repeatedly promoting the introduction of relevant policies. However, the effect is unsatisfactory. The problem has not been fundamentally solved, even at certain times there are signs of deterioration. So, which link broken? Many experts and scholars made a lot of research and discussion about it, but opinions are different on this issue. We believe that the inherent flaws of China's commercial banking system is the root cause of SMEs financing constraints, so reconstruction and perfection of the commercial banking system is the correct option. Accordingly, we should learn from the traditional mode of credit, especially, the credit model and institutional arrangements of modern banks. It is necessary to establish a large number of small commercial banks to offer specialized services for SMEs and medium-sized banks to break the existing monopoly.

According to the thinking above, focusing on the financing of SMEs, comparing the differences in ancient time and modern society, in China and foreign countries, and analyzing the Wenzhou model and the selected sample banks, the book suggests reform and reconstruction of the commercial banking system and cultivation of small and medium sized commercial banks based on the distribution of SMEs with economics (finance) and history (economic history) theories and methods.

The main innovations of this book are listed as follows:

This book has proposed a new point of view for definitions of finance, credit theory, guarantee theory, real bills doctrine, credit radius theory, the principle of 80/20, and asset-liability management theory. For example, we put forward the concept of "flow of wealth" of finance to replace obsolete "financial funds" definition. We believe that the social and economic life consists of material flow and cash flow, but they work in the opposite direction. Material wealth belongs to the category of stock wealth, but financial wealth belongs to flow wealth. Flow wealth is the abstraction of stock wealth. Forms of material wealth are many and varied, but the flow wealth is homogenous and substitutable. From the perspective of financial investment, especially for investors, it is the self-improvement of flow wealth. The difference between financial investment and industrial investment is arbitrage. It is the essence of the insurance industry that converts the risk of the stock of property into a certain flow wealth to trade. The subject matter of the transaction is just a carrier, not the content. Then we could deepen the theoretical research further. Commercial banks are no longer stuck in the era of monetary funds application, but are promoted into a new stage that regard risk as product, which allows us to have a new awareness toward finance, discard the old way of thinking that overly dependent on bank financing, develop multi-channel direct financing mode, attract more social capital into the sphere of production and share dividends of economic growth.

From the perspective of financial demand and supply, this book reckon that we should learn from native banks, building small and medium private commercial banking system, increase the financial system supply, optimize the structure of commercial banks, and develop diverse forms of financial instruments. Objectively, SMEs need appropriate financial institution supply to meet their financing needs. However, large-and-medium-sized commercial banks completely dominate the banking structure in China, which results in the tendency of ignoring the SMEs in practice. In other words, the commercial banking system should adapt to industrial structure. Specifically, we suggest establishing a large number of small commercial banks whose objective is to serve the SMEs and community residents. Small size, low capital, small service radius and high efficiency, these commercial banks are similar to the modern native banks. Although small commercial banks are independent, banking group or financial holding companies could be set up based on its capital structure, which is similar to the modern connected branch banks. Besides, we suggest restructuring branches and small local branches of big banks, such as BOC, ABC, ICBC, CCB, BOCM, etc. And then, transform them into small holding bank.

Recommendations on contractual equity financing will greatly enlarge financing space. Contractual equity financing is a new mode which combines a direct equity financing with indirect lending practices. This mode offers the small and medium-sized enterprises of growing up type a financing choice which allows them to get access to external financing by selling shares while retaining redemption option. Financiers get commitments from companies that they can redeem the shares under certain conditions in a given period. Compared with credit borrowing, the security of the new mode is greatly improved with the support of equity. In addition, some other suggestions are put forward in the book, such as raising the proportion of credit borrowing of SMEs, securitizing asset, practicing loan credit insurance, developing the bill market, setting up financing channels, etc. These recommendations have certain originality and practicality.

We suggest adding more financial functions to farmer specialized cooperatives. There is an obvious flaw in the existing law of farmer specialized cooperatives, only industrial cooperation but no financial cooperation. Industrial cooperation without financial cooperation is not reliable and lacks the conditions for continuous operations. In the modern economy, agriculture can no longer rely solely on the combination of land and labor. Only through combining labor and capital can we form a high-efficiency agriculture industry, complete of the industrial upgrading, and achieve the goal of new pattern urbanization. Furthermore, a general outline of the new rural financial cooperative mode was made in this book. That is to set up a credit cooperative, similar to small rural community bank, according to a certain population size of rural communities. Its main businesses are traditional, such as deposits, loans, and remittance. And it can also provide other financial services as needed. It owns property right structure as shareholders appear as co-operatives instead of individuals. The Council is the highest authority that carries out mutual funds among internal members of farmer cooperatives, and guides them to the mode of "production and business cooperation+credit cooperation".

As for the ownership reform of rural land, we suggest learning from the historical "Tianhui mode", implementing secondary land ownership, and avoiding prohibit regulation of the land properties in the Constitution and other laws periodically. Under the premise of not changing the nature of collective ownership of land, farmers have a certain disposition of land and implement conditional land transfer.

What's more, the idea to set up united society companies was put forward based on innovation issue of folk finance in Wenzhou. So that folk finance will be corporate, open, and institutionalized. The proposal has a strong realistic aim and also provides new ideas for the reform of non-governmental financing in Wenzhou.

The above innovations are the product of our thought over the years. For example, the China Banking Regulatory Commission(CBRC) has attached great importance to the recommendation on building community banks. To some extent, this viewpoint is the main theme of our study in this book.

Author
Zhejiang University
Summer, 2016

目　录

第一章　绪　论

　　从 20 世纪 80 年代初期的乡镇企业模式,即受制于计划经济的信贷指标分配,到 20 世纪 80 年代中期的民营企业迅速崛起,我国中小企业经受了所有制歧视下的观念压迫而形成的差别待遇。目前,银行更是以所谓"二八定律"为说辞,不断地把更多的资金资源向大中型企业倾斜。同时,民间自主性融资渠道还很狭窄,遭遇发展瓶颈,金融营养输送远远不能满足中小企业最低限度的需求,而针对底层民众的普惠金融议题也才刚刚被提出。由此,构建合理、科学、高效、有序的中小企业融资体系,显然是一个现实性的论题,其重塑和构建过程必然也是漫长的。

第一节　研究背景

　　融资问题是中小企业多年来面临的一个现实性难题。从理论上说,中小企业有着机制上的天然优势,因为中小企业与市场联系紧密,产品转型与结构调整快,管理成本较低,对市场变化敏感,环境适应性强。当市场形势恶化时,可立即采取收缩业务、停产休眠等方式应对;当市场兴旺时,可尽量扩大产能,组织生产,提高效益。考察我国目前活跃的有影响力的大型民营企业集团可以发现,它们无不是从中小企业起步,抓住市场机遇发展而来的,这一点在以民营中小企业为经济主体的浙江地区更加明显,也更有说服力。20 世纪 80 年代起步的乡镇企业就是典型的中小企业,虽然现在这些有影响力的企业集团已经不属于中小企业范畴,但从历史的角度来看,仍然可以把它们作为中小企业研究案例。诸如,娃哈哈集团是从校办工厂起步的;万向集团最初是村办企业;雅戈尔集团属于知青创业。在众多的中小企业中,有些企业抓住了机遇,顺势更上一层楼,做大做强,成为行业领袖;有些企业则经不住市场风浪冲击而消失;但绝大多数的企业还是努力坚守,风雨如晦。我们知道,在任何经济形态中,企业分布都应该呈现正态结构,即有少数的特大型企业,一定数量的大型企业,大量的中小企业,庞大的小微企业群体。换句话说,没有大量的中小企业,大型企业的存在就会有结构性缺陷。有一段时期,我们过度强调效益、成本、规模,表现出对大型企业的特殊偏好,理论宣传、政策倾斜、观念灌输,抓大放小,打造经济航母,树立核心竞争力,培植龙头企业。实践证明,这是一种理论上的盲点与误区,即使在美国这样高度发达的经济体中,中小企业仍然是不可或缺的经济基础和市场主体。我们注意到,在 2015 年 10 月通过的由美国主导的《跨太平洋伙伴关系协议》(Trans-Pacific Partnership Agreement,简称 TPP)的 30 个章节中,就专门有一章是针对中小企业问题的。第 24 章"中小型企业"的主要内容是:TPP 各缔约方均认为,促进中小型企业参与贸易是各方利益所在,同时要确保中小型企业共享 TPP 的利益。

在落实 TPP 其他章节中关于市场准入、文案削减、互联网准入、贸易促进、快递等其他要求时,"中小型企业"章节包含 TPP 各缔约方将建立一个针对中小型企业的用户友好型网站,方便中小型企业通过该网站获取 TPP 相关信息,以及中小型企业从 TPP 中获益的方式。比如,与中小型企业相关的 TPP 安排的描述、知识产权相关的规则与程序、外国投资规则、商业注册程序、雇佣规则、税收信息等。

此外,根据该章节,各缔约方还将建立中小型企业委员会,成员将定期会晤,评估 TPP 服务于中小型企业的成效,进一步促进中小型企业从 TPP 中获益[①]。尽管 TPP 的推进不会一帆风顺,但国际社会对中小企业的重视仍然可见一斑。

古典经济学认为,只有资本、劳动、原料和土地才是生产要素。而现代经济学将生产要素定义为企业家精神、组织制度、营销模式、现金流,

---

① 一财网.跨太平洋伙伴关系协议[EB/OL]. http://vnetcj. jrj. com. cn/2015/10/09143719900911, shtml,2015-10-09.

前三者是非物质形态,只有现金流属于物质形态。从中可以观察和体会到经济理论的不断进化与深化。例如,融资属于现金流的范畴,没有足够的现金流,企业的正常经营就会受到影响。保持或提供足够的现金流显然是维持企业生态的要点之一。

基于中小企业对经济增长与社会发展的意义,改革开放以来,我国政府高度重视中小企业的发展,从政策安排到资源分配都有所体现。在行政架构上,专门设立中小企业管理局,统筹中小企业发展;财政上采取结构性减税政策和其他政策,如服务业的"营改增",限额以下小微企业所得税减免;政策上放宽中小企业市场准入,包括资本出资、工商年审,创业企业优惠,禁绝不合理费用摊收等;金融上更直面中小企业融资难题,央行多次出台相关政策,缓解中小企业融资问题,如在新增贷款额度管理中,划定中小企业贷款的份额,对有较多中小企业贷款的金融机构实行差别准备金,资本与风险资产比例管理中适当放宽风险资产标准,有针对性地设立小额贷款公司、村镇银行等金融机构,推行小型民营银行试点,开展中小企业股权转让改革市场交易,大面积激活专门为中小企业提供融资服务的担保公司,下放、移交典当行业管理,在股票市场中专门设立中小板、创业板作为中小高科技创业企业融资的平台;鼓励各地设立区域性产权交易中心,便利中小企业股份转让,以及设立温州金融综合改革试验区等,这些举措在一定程度上缓解了中小企业融资难题。央行采取了两项新的有利于缓解中小企业融资问题的货币政策措施:一是定向降准,对那些中小企业融资占一定比例的城市商业银行适度降低存款准备金率 0.5%,鼓励它们增加对中小企业新的贷款投放额度;二是在监管措施上,对银行的风险资产计算方式进行必要修正,对一部分中小企业贷款不计入或少计入风险资产,同时酝酿修改《商业银行法》,取消监管部门对商业银行的存贷比考核,便于银行把更多的资金贷给中小企业。

《国务院关于进一步支持小型微型企业健康发展的意见》(国发〔2012〕14 号),更是从 29 个方面系统地提出支持小微企业发展、创新、融资等的举措。在支持小微企业融资方面的主要举措有:落实支持小型微型企业发展的各项金融政策。银行业金融机构对小型微型企业贷款的增速不低于全部贷款平均增速,增量高于上年同期水平,对达到要求的小金融机构继续执行较低存款准备金率。加快发展小金融机构。在加强监管和防范风险的前提下,适当放宽民间资本、外资、国际组织资金参股设立小金融机构的条件。适当放宽小额贷款公司单一投资者持股比例限制。支持和鼓励符合条件的银行业金融机构重点到中西部设立村镇银行。拓宽融资渠道。搭建方便快捷的融资平台,支持符合条件的小企业上市融资、发行债券。推进多层次债券市场建设,发挥债券市场对微观主体的资金支持作用。加快统一监管的场外交易市场建设步伐,为尚不符合上市条件的小型微型企业提供资本市场配置资源的服务。逐步扩大小型微型企业集合票据、集合债券、集合信托和短期融资券等发行规模。加强对小型微型企业的信用担保服务。大力推进中小企业信用担保体系建设,继续执行对符合条件的信用担保机构免征营业税政策,加大中央财政资金的引导支持力度,鼓励担保机构提高小型微型企业担保业务规模,降低对小型微型企业的担保收费。规范对小型微型企业的融资服务。除银行贷款外,禁止金融机构对小型微型企业贷款收取承诺费、资金管理费。这清楚地表明,小微企业融资问题已经被提升到全局性的国家战略层面。

尽管如此,中小企业融资问题仍然没有得到根本性的解决,并且依旧是目前比较突出的金融现象。根据我们的调查,被调查者中认为中小企业融资问题有明显好转的不到10%,有所缓和的不到20%,没有变化的60%,还有10%竟然认为问题更加严重了。这明显反映出一个问题,即虽然央行有明确的政策导向与政策支持,企业的呼声日益强烈,政府从中央到地方没有不重视的,金融业界也经常性地强调对中小企业融资的支持,但效果却不是很明显。这值得我们进行深层次的思考:到底在哪一个环节上存在阻碍?对此,许多专家学者已进行过大量探讨、调研与辩论。审视这些众多的研究结论与政策建议,除了在宏观上泛论创新以外,似乎并没有找到真正的原因所在。我们对此问题也有长时间的思考,我们从制度需求与制度供给角度立论,认为我国商业银行体系的内在缺陷才是制约中小企业融资的根本原因,重构与完善商业银行系统才是正确的道路。应当借鉴传统信用模式,主要是近代钱庄的信用模式与制度安排,大力拓展培育专门针对中小企业服务的小型商业银行,打破现有大中型银行一统天下的格局,进而有效缓解中小企业的融资难题。

第二节　研究目的与研究意义

一、研究目的

中小企业融资难在未来可以预见的时期内仍将是我国企业界与金融界面对的共性问题。融资难,是不是与资金供给额有关呢?研究发现,金融交易与一般商业交易有所区别,价格(利率)对它的调节作用是有局限性的,不能通过提高价格的办法来实现供求均衡。恰恰相反,根据信贷配给理论,价格越高,越可能产生资源错配问题。愿意出最高价的人往往是风险偏好强的人。因此,对中小企业融资问题的研究,必须基于公司的还贷能力与信用等级。

(一)进行学术诊断,查找中小企业融资难的真实原因

中小企业融资难的原因很多,可以罗列一大堆,但核心原因还是在于金融体系的不健全,现有商业银行体系是以大中型商业银行为主体的结构模式,缺乏对应于中小企业融资的中小型商业银行层级。

(二)在此基础上,提出可行的有效的解决方案或政策建议

很明显,政府需要对商业银行体系进行改革与再造,以中小企业的分布、集约为基础,着力培育中小型商业银行,形成能够基本覆盖中小企业的中小型商业银行网络,使得金融结构更加合理与优化。

(三)通过对传统信用模式的回顾,以期借鉴历史经验,为现实服务

近代钱庄本质上就是小型商业银行的一种,在近代商业银行出现以前,钱庄承担社会融资的主要职能,近代银行繁荣以后,钱庄仍有一定的生存空间。原因在于,市场细分后,商业银行多集中在大中城市,专注于大中型公司商号的金融服务,而在广大的乡村地区,甚至上海、汉口、天津这样的金融中心,仍活跃着众多的钱庄,为小型的商号公司和个人提供金融服务,而且发挥熟人社会里信息收集成本低的优势,以信用贷款为手段满足中小企业的融资需求。

（四）推进金融创新深度

金融创新包括理论创新、体制创新、业务创新等方面。尤其是我国目前的金融理论处于比较落后的状态，需要大幅度更新、刷新、创新、立新，确立符合金融发展时代特征的新概念。

（五）通过样本选择，论证中小企业融资可以普遍采用的信用模式的可行性

目前，在沿海经济发达、中小企业集中的地区，已陆续有少量的小型商业银行开始运营，这些小型商业银行在缓解中小企业融资方面的成功实践，为我们研究相关的议题提供了支持。这些样本银行的主要特点在于，发挥较好的信用放款优势，市场定位于中小企业，扎根社区，灵活、高效，吸引客户，与中小企业一起构成了共生共荣的关系。

（六）对温州金融综合改革试验区提出前瞻性的思考

温州是我国民间金融最活跃的地区之一，许多民间金融创新都发生在温州。2012年3月国务院同意设立温州金融综合改革试验区，目的在于鼓励支持为农村金融改革探索出一条新的、有复制意义的道路。我们认为，温州民间金融的困局在于民间资本的出路阻塞。温州民间资本已经积累到一定数量，大大超过当地实体经济需要，因而必须寻找出路。从金融史视角分析可知，金融投资业从商业银行业务中分化出来，是资本累积到一定程度以后的必然现象，因此，引导重点要放在开放金融投资业上。

二、研究意义

（一）理论意义

理论不仅仅是解释实践，同时也为实践提供了必要的指导。中小企业融资难看似是一个实践层面的问题，实际上症结在于理论的缺失或者模糊。并非所有的融资需求都是合理的，判断企业融资是否合理，必须有一个理论支点。其一，一般来说，融资的边际产出大于融资利息的融资需求可以判断为是合理的。若公司借入资金运行所得的效益低于所付利息，尽管有确定的订单，公司也是没有必要借入资金的。市场上对

融资的呼声很高,而有些融资需求其实只是企业单方面的想法,超越银行风险评估的基本原则,当然属于不合理需求,银行不能给予信贷救济。其二,融资的原则是,通过融资活动,企业视未来约定时间内能否产生足够的现金流归还借款,若不能产生足够的现金流,即使风险再低,也属于不当信贷。因此,借款人本身的经营活动是第一性信贷考量因素,担保只是第二性因素,以备发生意想不到的损失时有一个追讨对象。我们知道,大部分的银行贷款出现意外的可能性不大,只要额度控制得当,发放信用借款在理论上就是成立的。其三,对于所谓"二八定律"的理解,我们以前存在很大的误区,也多少在认知上影响到对中小企业的融资态度,应予必要纠偏。"二八现象"只是一个结果,而不应是手段。客户不是上帝,客户是衣食父母。其四,宏观上,银行的钱总是要放贷出去的,而在微观上,授信方向、对象与额度确实是有选择的。

　　(二)现实意义

　　中小企业融资难是一个现实课题,政府与业界都对此高度重视,并采取了一系列的措施,且在不断强化中。例如,金融机构新增了小额贷款公司、村镇银行、信用担保公司等;央行开放了信用担保,出台了《贷款人条例》,为民间正常融资提供法律空间,政策开始容纳社会融资概念;各大银行专设中小企业信贷部,推出了许多为中小企业设计的金融品种。中小企业融资难将是一个长期性问题。现实中,银行、企业、政府、市场四方面任重道远。其中,银行不仅有维持经济增长、满足企业正常生产周转需求的社会责任,在微观具体选择上也应该及时修正授信标准、评估依据、监控目标、考核细则,敢于探索构建信用放款机制。企业方面,应多了解银行授信的程序与作业准则、风控要点,抑制不合理的融资需求,规范财务流程,把握财务杠杆,透明财务报表,给予银行一种可信、可控、稳健的感觉。另外,通过对国际上中小企业融资问题解决得比较好的经验与做法的研究,可以挖掘其中的积极因素,借鉴有益的、可行的举措,摆正政府政策的着力点,发挥事半功倍的效能。

　　本书中我们所选取的样本银行,都是向中小企业放款比重较高的、敢于尝试信用放款的取得较好效益的中小银行。通过案例样本分析,也可以证明信用放款仍然具有一定的复制意义。

　　2000年以来,我国金融体制进行了大幅度改制,表现为中农工建交五行上市,改革目标定位初步完成从传统国有银行体制向建立现代商业银行体制的转型。下一阶段的改革重点目标,应该定位以中小企业融资为中心,构建多层次商业银行体系,重点在于培育发展小型商业银行,形成不同类型银行之间分工合作、有序竞争的新网络体系。研究该课题,也是为下阶段金融改革提供目标选项。

第三节　研究框架与创新之处

一、研究思路

本书的主要研究思路如图 1.1 所示。

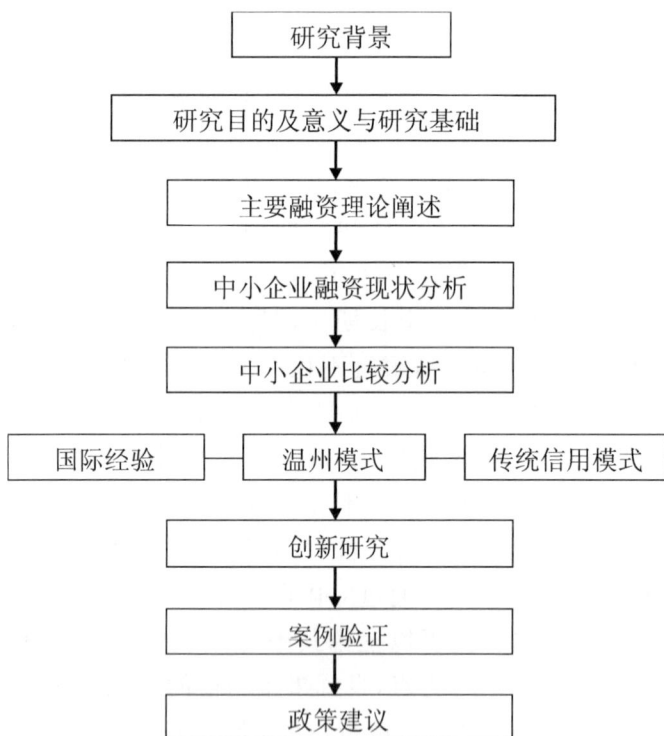

图 1.1　主要研究思路

二、主要框架

本书围绕中小企业融资这个现实而紧迫的课题展开讨论,以中小企业融资难为切入点,通过中外对照与历史比较,以及对温州模式的样本剖析,寻找在不同历史与现实条件下中小企业融资的有效路径,得出制约目前中小企业融资的核心问题在于金融制度,尤其是商业银行体系的内在缺陷,从而提出应构建多层次的,尤其是与中小企业相适应的商业银行体系。同时,通过现有的一些以中小企业为服务主体的中小型商业银行的成功案例,证明中小型商业银行与中小企业融资共生共荣的关系。

第一章,绪论。对研究背景、研究目的、研究意义、研究总体思路与大略框架进行一般性叙述,有利于读者对基本观点与结构安排、主要内容、创新之处形成框架性的认知。

第二章,中小企业融资现状分析。首先,对主要的融资理论进行必要梳理与简要论述,使本书的理论基础更丰富、扎实;其次,明确中小企业,包括微型企业、小型企业,以及相对偏小的中型企业的概念、内涵。最后,探讨中小企业目前存在的问题,重点从制度供给角度研究中小企业融资难的核心症结所在。我们认为,缺乏与中小企业相适应的中小商业银行的制度供给是最主要的矛盾节点。

第三章,中小企业融资的国际经验。研究分析美国、德国、日本、韩国在中小企业融资上的成功经验。美国的中小企业管理局(SBA),德国的 KWF 模式,日本的政策性银行与地方银行体系,韩国的输出入银行,各有特色。

第四章,温州模式分析。温州模式的主要特征是以民营中小企业为基础,因此分析温州中小企业对本书的研究具有一定的代表性。温州的民营企业融资有丰厚的民间资金资源与悠久的民间金融传统支持,但温州也出现过区域性的金融危机。对此,我们做了一些尽可能深入的探讨。

第五章,传统信用模式分析。对我国传统的票号、钱庄、典当、合会四种融资模式进行初步分析,着重对钱庄的融资模式做初步的勾画,挖掘其以信用放款为主的、为中小商号服务的、社区型的金融服务功能,以及对构建新时代的社区银行的借鉴作用。

第六章,中小银行与中小企业融资案例分析。比较分析宁波银行、民泰银行、泰隆银行、邮政储蓄银行等几家以中小企业融资服务定位的中小型商业银行的经验,说明中小企业融资需求与中小企业融资制度供给的关系。中小企业融资必然要求有相应的中小企业银行。

第七章,中小企业融资制度创新。从理论创新、融资制度创新、业务创新、中小企业制度创新等多角度思考,构建合理有效的中小企业融资体系,其中制度创新是重点。

第八章,农村金融创新。农村金融一直以来都是我国的薄弱环节,既没有受到足够的重视,又与农村经济发展的要求不相适应。尤其是在推进新型城镇化建设的新时期,农村金融应该发挥更大的作用。而且,我国绝大部分中小企业的发展与农村金融密切相关。不仅在农村地区分布着众多的中小企业,在城镇或城区的中小企业也有很多是农村人员来经营管理的,在温州该比例可能高达 90%。农村还有农户个体融资,包括生存型融资与生产型融资,后者的主体是种植、养殖业者,相当于小微企业。农业专业合作社也是农村一种特殊的经济结构,同样值得研究。

三、研究基础

本书的研究基础建立在我们经过多年沉淀与思考后所形成的一份政策建议基础上。该政策建议已提供给国家有关决策与管理部门参阅。可以说,研究该课题并不是临时起意,或者脱离实际不着边际的无的放矢,而是有深切的了解,因此具有很强的现实性与针对性。

2012 年,我们对预算法修订以及第二次金融改革提出自己的思考,提供给国家有关部门参考,得到国家银监会的积极评价与正面反应。第一次金融改革以国有大型商业银行上市改制为标志,取得了阶段性成效;第二次金融改革主要针对中小企业融资难问题,构建与中小企业相适应的商业银行层次。我们认为,借鉴传统钱庄为主的信用模式,大面积推出类似社区银行的中小企业银行,同时在必要情况下对原有五大银行进行重组,把分理处和营业机构剥离,建立独立社区银行,很有必要。

以下为国家银监会的函复,可资佐证。

陈铨亚先生：

近日收到国家信访局转来的你的关于预算法修改及二次金融改革问题的来信。根据银监会监管职责，我们对来信提出的以构建社区银行为核心的金融改革问题进行了认真研究，现就有关问题回复如下。

衷心感谢你对我国银行业改革与发展工作的关心与支持，你关于构建社区银行的建议十分重要。社区银行由于在管理上具有灵活性高、区域性强的特点，在支持中小企业发展、解决中小企业融资难和深化农村金融改革等方面具有独特的作用。我会高度重视建设社区银行的建议，从 2008 年起，就开始对构建我国社区银行体系问题进行探索和研究，并曾于 2009 年发布专题报告，引起上级重视，目前正在研究讨论之中。

我会将在吸收你来信建议的基础上，继续加强应对社区银行减少和发展问题的研究，如你有任何新的意见和建议，可致函我会。再次感谢你对我国银行业改革和发展的关心和支持。

　　祝
身体健康！

中国银行业监督管理委员会
二〇一一年五月十八日

四、创新之处

本书的创新之处主要有以下六个方面。

一是对传统金融涵义进行理论更新，提出"流量财富"的概念，替代过时的融通资金的定义。社会经济生活是由物资流与现金流构成的，二者呈反向运动。物质财富属于存量财富范畴，金融属于流量财富范畴。流量财富就是存量财富的抽象化。物质财富形态多种多样，而流量财富却具有同质替代特性。本书作了进一步理论深化，认为商业银行已不再停留在货币资金运用的时代，而是已上升到把风险作为产品来经营的阶段，这使得我们对融资产生全新的认知。

二是从金融需求与供给出发，提出借鉴近代钱庄模式，大力构建中小型民营商业银行体系，增加金融体制供给，优化商业银行结构体系，丰富金融工具。中小企业客观上需要有相应的金融制度供给来满足其融资需求，而我国目前以大中型银行为主的商业银行结构，在实践上总是存在忽略中小企业的倾向。换句话说,商业银行体系安排应该与产业结构层次相适应。

三是契约式股权融资的提出,有利于极大地拓展融资空间。契约式股权融资是将直接的股权融资与间接的借贷方式结合起来的一种新模式。这一模式赋予成长型中小企业一种融资选择,通过出让股权获得外部融资,同时保留赎回股权的权利与义务。融资方获得企业的承诺,可在一定时期内以一定条件赎回股权。相比于信用借款,因为有股权支持,契约式股权融资的安全性大大提高。

四是提出增加农民专业合作社的金融功能之设想。现有的《农民专业合作社法》存在一个明显的缺陷,那就是只有产业合作,而没有金融合作。没有金融合作的产业合作是不可靠的,也缺乏持续经营的条件。在现代经济条件下,农业已经不能单纯依靠土地与劳动的结合,唯有通过劳动与资本的结合,才能形成高效益的农业产业,完成产业结构转型,实现建设新型城镇化的目标。

五是关于农村土地所有制的改革,提出参考历史上的田会模式,实行二级土地所有制,在不改变土地集体所有制性质的前提下,让农民拥有土地的部分处分权,实行有条件的土地流转。

六是对温州民间金融创新问题,提出构建合会公司的构想,让民间金融公司化、公开化、制度化。该建议具有很强的现实针对性,同时也为温州金融综合改革试验的突破提供了新的思路。

第二章　中小企业融资现状分析

关于中小企业融资问题的研究成果非常丰富,也出现了一些颇有价值的研究结论。不过,中小企业融资难题仍然未得到有效解决,甚至在某些时段还有恶化的迹象。大家都认同中小企业融资难是一个长期存在的客观现象,但对中小企业融资难题的肇因剖析却众说纷纭。唯物辩证法认为,事物都存在两面性,从不同角度进行思考,能够更加全面、完整、系统地发现问题的本质。中小企业融资难,代表了需求难以被满足,其对立面就是供给。因此,有必要开辟新思路,从金融供给出发,导出供给不足才是中小企业融资难题的核心所在。

第一节　中小企业融资理论

融资一直是经济学界研究的主要问题之一,各种理论层出不穷。以下主要对一些影响力较大的融资理论做一些评述。

一、金融发展理论

以麦金农为代表的金融发展理论是西方经济学中最有影响力的金融理论。金融理论的发展经历了几个阶段,逐渐形成一个较为完整的理论体系。二战以后,伴随着发展经济学的兴起,经济学家开始研究金融对经济发展的作用与影响。以戈德、史密斯、格利、肖和麦金农等为代表的一批经济学家先后出版了多部研究金融发展问题的专著,创立了金融发展理论。

格利的《经济发展中的金融方面》和肖的《金融中介机构与储蓄—投资》，是金融发展理论的开山之作。戈德在《金融结构与金融发展》一书中指出，金融理论的职责在于找出决定一国金融结构、金融工具存量和金融交易流量的主要经济因素。他创造性地提出，金融发展就是金融结构的变化。同时，他采用定性和定量分析相结合、国际横向比较和历史纵向比较相结合的方法，构建了衡量一国金融结构和金融发展水平的基本指标体系。他通过对 35 个国家近 100 年资料的翔实研究和统计分析，导出了金融相关率与经济发展水平呈正相关的基本结论，为后来的金融研究提供了重要的方法论参考和分析基础，也因此成为日后产生和发展起来的各种金融发展理论的重要理论来源。

1973 年，麦金农的《经济发展中的货币与资本》和肖的《经济发展中的金融深化》两本书的出版，是金融发展理论史上的标志性事件。麦金农和肖对金融和经济发展之间的相互关系及发展中国家或地区的金融发展提出了精辟的见解，由此提出的"金融抑制"（financial repression）和"金融深化"（financial deepening）理论在经济学界引起了强烈反响，被认为是发展经济学和货币金融理论的重大突破，对许多发展中国家货币金融政策的制定及货币金融改革的实践都产生了深刻的影响。

麦金农认为，当时的发展中国家对本国的金融活动存在着种种限制，尤其是对利率和汇率实施严格的管制政策，使得利率和汇率发生机制严重扭曲，完全不能真实准确地反映资金供求关系和外汇供求关系。在利率被人为压低或出现通货膨胀，甚至是两者都存在的情况下，一方面，利率管制导致了信贷配额的产生，降低了信贷资金的市场配置效率；另一方面，货币持有者的实际收益往往很低甚至为负数，致使大量的微观经济主体不再愿意通过持有现金、活期存款、定期存款及储蓄存款等货币形式进行内部积累，而转向持有实物形式的财富，其结果是银行储蓄资金进一步减少，媒介功能削弱，投资减少，经济发展缓慢。麦金农称之为"金融抑制"。

肖认为，金融体制与经济发展之间存在相互推动和相互制约的关系。一方面，健全而有效的金融体系能够将储蓄有效地调动起来并被引导到生产性投资上，从而促进经济发展；另一方面，良好的经济发展，国民收入的提高和经济活动主体对金融服务需求的增长也可以刺激金融业的发展,由此形成金融与经济发展共生共荣、相互促进的良性循环。

肖指出,金融深化一般表现为三个层次的动态发展:一是金融增长,即金融规模不断扩大,该层次可以用指标 M2/GNP 或 FIR(金融相关比率)来衡量;二是金融工具、金融机构的不断优化;三是金融市场机制或市场秩序的逐步健全,金融资源在市场机制的作用下得到优化配置。这三个层次的金融深化相互影响、互为因果关系。

根据麦金农和肖的研究分析,可以得出结论,即采取适当的金融改革能有效地促进经济的增长和发展,使金融深化与经济发展形成共同促进的良性循环。为了更好地说明这种良性循环,麦金农提出了一种经过修正的哈罗德—多马模型。在该模型中,麦金农抛弃了"储蓄倾向为一常数"的假设。他提出,在经济增长中,资产组合效应将对储蓄产生影响,因而储蓄倾向是可变的,它是经济增长率的函数①。

二、MM 理论

MM 理论是莫迪利亚(Modigliani)和米勒(Miller)于 1958 年在《美国经济评论》发表的《资本结构、公司财务与资本》一文中所阐述的理论。其主要内容是:在完美、有效的市场和完全套利的假设下,公司的融资结构和股利政策不会影响公司的市场价值②。它已经成为现代公司金融研究的出发点,近半个世纪以来,有大量的理论研究及创新都是围绕着 MM 理论的假定展开的。

它的完美市场假设有以下几个前提:没有所得税,无破产成本,资本市场是完善的,没有交易成本,且所有证券都是无限可分的,公司的股息政策不会影响企业的价值。

该理论后来又有新的发展。经济学家们逐步加入了税收、破产成本、信息不对称等因素,由此提出的著名理论有权衡理论、非对称信息理论等。在这些理论中,仍然把经营决策的外生性和半强势有效市场作为假设。

---

① 徐茂魁,陈丰,张家伟,等. 对金融发展理论的思考——以美国次贷危机为鉴[J]. 政治经济学评论,2009(1):132—148.

② 徐莉萍,辛宇,李善民. 后金融危机时期公司治理整合框架分析[J]. 南京工业大学学报(社会科学版),2012(2):61—67.

后来，人们开始认识到公司的所有权结构会影响到公司的经营管理选择，故而研究的视角开始转到公司金融和管理经营的互动上来。这期间产生的理论有代理理论、公司治理理论、产品市场与资本结构理论等。在这些文献中，公司的经营决策对公司金融政策的依赖性是非常明显的，但几乎所有的分析仍然是以半强势有效市场为假设的。

在西方公司金融理论的发展过程中，其假设前提存在一个不断被放松的过程。它虽然也逐步认识到市场的不完美性和制度因素中的代理成本对公司价值的影响，但是可以看出它是以完整市场导向型的公司治理模型为理论背景的，其隐含的前提是公司具有完善的内部治理机制和有效的外部市场，这种公司治理机制能够有效地制衡公司的管理层，使之以公司价值最大化为目标。因此，在上述各种理论流派的逻辑关系上，一般都把股东价值最大化作为目标函数，以影响公司金融决策的有关因素为约束条件，再由此得出相关的结论。

三、关系型贷款理论

关系型贷款（relationship lending）是指银行的贷款决策主要基于通过长期和多种渠道的接触所积累的关于借款企业及其业主的相关信息。关系型贷款的基本前提是银行和企业之间必须保持长期、密切而且相对封闭的交易关系，即企业固定地与数量极少的（通常为一两家）银行打交道。根据美国学者伯林和麦斯特的分类，商业银行的借贷方式可以划分为两种类型：一种是交易型贷款（transactional lending），一种是关系型贷款。交易型贷款所依据的是企业的"硬信息"，比如财务报表、抵押品的质量和数量、信用评级、市场前景等，这些信息容易数码化，不具有人格化的特征，可以很方便地在所有人员之间传递；交易型贷款多为一次性或短期交易行为，信用需求不会反复发生，是一种定量分析方法。关系型贷款与交易型贷款不同，其决策所依据的信息称为"软信息"，也称为意会信息。关系型贷款依据的是通过长期和多种渠道的广泛接触所积累起来的关于借款企业及其业主的相关信息，比如财务和经营状况、企业行为、信誉和业主个人品行等信息。这些信息具有强烈的人格化特征，只能意会不能言传，具有模糊性，难以用书面报表的形式进行统计归纳和传递,是一种定性分析方法①。

四、信息不对称理论

斯蒂格利茨把信息不对称理论引入信贷市场。他认为,信息不对称造成了市场交易双方的利益失衡,影响到社会的公平、公正的原则以及市场配置资源的效率,并由此提出各种解决办法②。

斯蒂格利茨和威伊斯对信息不对称的信贷市场进行了深入的分析。他们指出,对银行来说,为减少不良贷款的损失,设定公司授信额度比提高贷款的利率更为可取。这种观点向更为现实的信贷市场理论迈出了非常重要的一步,它对于公司金融、货币理论及宏观经济等领域都产生了深远的影响。

1980年,斯蒂格利茨和格鲁斯曼提出了金融市场有效性假说。他们引入了所谓的格鲁斯曼—斯蒂格利茨悖论:如果一个市场是信息有效的,即所有的相关信息都被反映在了价格之中,这样就没有人有动机去获取反映价格的信息。但如果每个人都是不知情者,那么他们便会雇人去获取信息,从而使自己变为知情者。因此,信息有效的均衡是不存在的。这一假设对金融实务的影响很大。

五、信贷配给理论

信贷配给的内涵可以从宏观和微观两个角度来定义。宏观上的信贷配给是指在确定的利率条件下,信贷市场上的贷款需求大于供给。微观上的信贷配给包括两个方面:一是在全部贷款申请人当中,有一部分人的贷款申请被接受,而另一部分人即使愿意支付高利率也得不到贷款;二是贷款人的贷款申请额度只能获得部分满足,例如,100万元的贷款申请只能得到50万元额度③。

最早研究信贷配给理论的是20世纪50年代的罗萨等人。罗萨于

---

① 杨梅.浅谈关系型贷款模式[J].时代金融,2012(18):194.

② 转引自普书贞,吴文良,张新民,等.我国有机农产品市场失灵原因分析[J].农业经济,2010(12):88—90.

③ 罗正英,刘焕蕊.引入贷款需求变动的信贷配给模型分析——一个基于Hodgman模型的扩展[J].南京财经大学学报,2011(2):39—45.

1951 年正式提出了"信贷可获性学说"(credit availability doctrine),斯考特和林德贝克以及美国联邦储备系统的其他一些学者则作了进一步研究。总体说来,关于信贷配给的理论研究,大多与信贷市场资金供求双方面临的利率管制、准入限制等制度限制、市场竞争的不完全及银行的资产结构偏好有关。最早将信贷配给与可获得性理论联系起来的是伊利斯。像凯恩斯一样,信贷可获性学说认为信贷配给独立于利率以及其他改变借方需求计划因素的变化而对投资发生影响。二战后,信贷配给理论曾一度盛行于美国。但这时候信贷配给只是被当作一种既成的事实,学者们并没有对其产生的内在机制进行详细论证。从 20 世纪 60 年代开始,学术界对信贷配给问题的研究更加深入。以豪杰曼、福莱门、高顿、加费和莫迪利亚为代表的众多学者开始探索信贷配给的成因,从银行对贷款风险的判断和态度以及银企关系来探讨信贷配给问题,成了信贷配给理论的微观基础。20 世纪 70 年代中期以后,信贷配给理论逐步走向成熟。

巴尔坦斯佩格将信贷配给区分为广义和狭义两类,前者为均衡信贷配给,由非对称信息造成,并以调整利率的方式进行;后者为动态信贷配给,它是由非价格因素产生的,巴尔坦斯佩认为非利率条件与利率都是决定贷款价格的因素。新凯恩斯主义者从隐性合同与不对称信息方面对信贷配给进行了分析,发展了凯恩斯非市场出清假说。隐性合同理论最早研究的是,在不同的条件下如何以彼此默契的复杂合同的方式来实现劳动市场的均衡,以解决当事人之间分享投资的价值与效用的不确定性问题。福里德和豪威特认为,银企在不完全信息条件下签订隐性合同,不仅可以降低风险,而且可从涉及不确定的未来交易量、交易价格的"隐性合约"关系中获得利益。盖勒和海勒维认为最优贷款合约是附带破产条件的标准债务合约,对客户贷款数量实行信贷配给。信息经济学的发展使得经济学家加费、路塞尔、梯顿、斯蒂格利茨、威伊斯、怀特、贝思特等人将不完全信息和合约理论运用到信贷市场中,打破新古典假设,建立逆向选择模型(又称隐藏信息模型)与道德风险模型(又称隐藏行动模型),提出信贷配给的主要原因是金融市场的信息不对称和代理成本的存在,即银行从利润最大化出发,在不完全信息条件下通过非价格手段对利率进行控制,以实现银企之间的激励相容,消除作为信贷风险根源的逆向选择和道德风险,优化信贷资产配置效率,从而将信贷配给理论本身、模型与实证研究发展推向一个新的高度,逐步形成了目前最流行的信贷配给理论。尤其是,威廉姆逊从事后信息不对称的角度进一步拓展了信贷配给理论,提出了信贷分配和金融崩溃理论,认为即使不存在逆向选择和道德风险,只要存在信息不对称和监督成本,就会产生信贷配给①。在多重均衡的自由信贷市场,政府应从社会福利最大化出发,利用信贷补贴、担保等手段干预信贷市场,降低利率,鼓励投资方对社会有益的项目进行投资,增进社会福利。

许多学者还从其他角度解释和论证了信贷配给。夏普从委托—代理角度解释了信贷配给。莫尔假设风险中性,使利率、抵押品和贷款规模作为企业和银行的内生决策变量。他还分析了在竞争性市场和垄断性市场上信贷配给的差别。

金融约束理论是对信贷配给理论的发展,该理论在信贷配给理论的基础上,对发展中国家的金融深化问题进行了探讨。其核心是政府通过存款监督、限制竞争和资产替代等一整套金融措施,给银行创造"特许权价值",从而获得"租金机会"。戴麦萨和韦伯从企业家隐藏质量类型和隐藏行动等方面论证了信贷配给。阿代尼和麦索里认为,低质量项目的借款人比高质量项目的借款人的信贷条件要差,容易遭受信贷配给。海尔曼和斯蒂格利茨探讨了信贷配给与股票市场上的权益配给是可以单独存在的,也是可以共存的。王宏杰更进一步地认为,即使在信息对称的条件下,只要破产成本不为零,信贷配给就可能会产生。赖思格和斯特肯还将实物期权理论运用到信贷市场分析中,认为借款者可以通过选择投资时间来实现利润最大化,避免出现信贷配给。

六、信任半径理论

信任一般被定义为对于自然和道德的坚持与履行的期望。它包含两层意思:一是对他人能力的信赖;二是对他人履行义务和责任的信赖。

"信任半径"这个概念由美国学者福山于 1995 年在《信任:社会美德与经济繁荣》一书中提出,它指人们乐意把信任扩展到的范围的大小。

---

① 郭光耀.经济周期波动中的金融摩擦:一个综述[J].上海金融,2012(10):21—25.

信任半径的大小与一个社会的文化、风俗习惯和社会发展水平有关。信任是一种普遍的文化特性,是人们在一个规矩、诚实、合作、互惠的行为组成的社会群体中,从社会群体内共享的规范和价值观中产生出来的一种期待。福山将信任程度分为高信任度以及低信任度两类。低信任度的社会是指其信任是建立在血缘、血亲上的社会;高信任度的社会则指其信任是建立在超越了血亲关系、延伸到家族血缘关系之外基础上的社会。"社会资本是由社会或社会一部分的普遍信任所产生的一种力量,它不仅体现在家庭这种最小、最基本的社会群体中,还体现在国家这个最大的群体以及其他群体中。社会资本与通过文化机制诸如宗教、传统或风俗等创造和转化的其他形式的人类财富不同。"因此,社会发展水平越高,社会资本越多。换句话说,经济繁荣与信任半径大小有相关性。福山把社会资本看作一种人们在社会或某些社群交往中产生出来的共享的非正式规范。这些规范使得人们的合作更有默契,更加容易,从而降低了依靠这些规范进行的交易活动的费用,增加了参与者的收益①。

信任半径本来是一个社会学概念,后来被许多人用于金融行为分析。因为金融的社会基础正是信用,而信用建立在信任之上。现代企业理论认为,交易契约其实包含两部分内容:一部分是建立在法律约束之下的明确契约;另外一部分是建立在彼此相互信任基础上的隐含契约。如果缺乏信任基础,一个人很可能会不太愿意与另一个完全陌生的、不了解的人签订合约;即使签订了合约,也会始终怀疑合约的执行情况。金融业的信任半径也是由所处社会决定的。高信任度的社会,信息不对称问题较少,信息采集成本也较低,违约事件发生的概率相对较小,金融业乐于扩大自己的信任半径,拓展自己的服务范围。这样,许多融资申请会较顺利和迅速地被接受。在现阶段我国的金融生态下,这一理论具有相当大的现实意义。其实,很多融资申请之所以被拒绝,在很大程度上与社会信任缺乏有关。

七、T 型融资模型

汤继强在《中小企业梯形融资模式实务运作与案例分析》一书中阐

---

① 宿珊珊.浅析信任与企业品牌建设——《信任:社会美德与创造经济繁荣》[J].企业导报,2011(22):69-70.

述了"T型融资模型",即专门针对中小型科技企业设计的融资路径与模型:为避免中小企业过度依赖商业银行间接融资,通过一系列风险投资的成功融资经验,把银行贷款风险内部化。

中小型科技企业在种子期、初创期、成长期、扩张期、成熟期等不同阶段,都有各自不同特点的融资需求,谋求通过债券融资、股权融资、上市融资等不同形式的融资组合,优化融资结构。T型融资模型提出,在初创期,应以内源融资、政策性基金、天使基金组合融资为主;成长期应在此基础上吸引各种风险投资;在扩张期,产能大幅度上升,市场逐步打开,前景开始明朗化,融资需求也就急速上升,应采用债券融资为主的融资策略;在成熟期,应大量采用股权融资、上市融资等资本市场手段。

T型融资模型给大量中小型科技企业融资提供了一个有效的选择,具有一定的现实针对性。

第二节　中小企业的定义

在正常的社会经济结构中,中小企业一般在数量上占绝对多数,不同国家、不同经济发展的阶段、不同行业对中小企业的界定标准不尽相同,且随着经济的发展而动态变化,也因行业、时代、发展水平不同而随时变化,不断调整。一般而言,企业规模以雇员人数、销售额、资产规模、生产能力等为划分依据。有些采用单一标准,如法国、意大利,以雇佣员工人数为标准划分,美国也是以雇工人数为划分标准的。2001年美国颁布的《中小企业法》中规定,传统制造企业以500人为标准,服务业如批发业以100人为标准,而像建筑业、金融业这些比较特殊的行业,除员工人数外,还引入了营业额、资产总额等作为划分标准。更多的做法是采用两个或两个以上数据的混合标准,如2003年欧盟委员会重新定义的标准为:职工人数在250人以下,或营业额不超过5000万欧元,或资产总额不超过4300万欧元的为中型企业;职工人数在50人以下,或营业额不超过1000万欧元,或资产总额不超过1000万欧元的为小型企业。欧盟还颁布了特小型企业的标准,称之为微型企业,其标准为:职工人数在10人以下,或营业额不超过200万欧元,或资产总额不超过200万欧元的为微型企业[1]。英国是分行业确定中小企业的。小制造业：从业人员在 200 人以下；小建筑业、矿业：从业人员在 25 人以下；小零售业：年销售收入在 18.5 万英镑以下；小批发业：年销售收入在 73 万英镑以下。日本也是分行业确定的。制造业：从业人员在 300 人以下或资本额在 3 亿日元以下；批发业：从业人员在 100 人以下或资本额在 1 亿日元以下；零售业：从业人员在 50 人以下或资本额在 5000 万日元以下；服务业：从业人员在 100 人以下或资本额在 5000 万日元以下。

我国对中小企业的划分标准的确定，经历过几个不同的阶段。2011 年，工业和信息化部、国家统计局、国家发展和改革委员会、财政部联合印发了《关于印发中小企业划型标准规定的通知》，对制造业、农牧渔业、服务业等行业的中、小、微企业进行了明确的划分。具体内容如下：

（一）农、林、牧、渔业。营业收入 20000 万元以下的为中小微型企业。其中，营业收入 500 万元及以上的为中型企业，营业收入 50 万元及以上的为小型企业，营业收入 50 万元以下的为微型企业。

（二）工业。从业人员 1000 人以下或营业收入 40000 万元以下的为中小微型企业。其中，从业人员 300 人及以上，且营业收入 2000 万元及以上的为中型企业；从业人员 20 人及以上，且营业收入 300 万元及以上的为小型企业；从业人员 20 人以下或营业收入 300 万元以下的为微型企业。

（三）建筑业。营业收入 80000 万元以下或资产总额 80000 万元以下的为中小微型企业。其中，营业收入 6000 万元及以上，且资产总额 5000 万元及以上的为中型企业；营业收入 300 万元及以上，且资产总额 300 万元及以上的为小型企业；营业收入 300 万元以下或资产总额 300 万元以下的为微型企业。

（四）批发业。从业人员 200 人以下或营业收入 40000 万元以下的为中小微型企业。其中，从业人员 20 人及以上，且营业收入 5000 万元及以上的中型企业；从业人员 5 人及以上，且营业收入 1000 万元及以上的为小型企业；从业人员 5 人以下或营业收入 1000 万元以下的为微型企业。

---

① 　参见欧盟委员会于 2003 年 5 月 6 日颁布的第 1422 号通知。

（五）零售业。从业人员 300 人以下或营业收入 20000 万元以下的为中小微型企业。其中，从业人员 50 人及以上，且营业收入 500 万元及以上的为中型企业；从业人员 10 人及以上，且营业收入 100 万元及以上的为小型企业；从业人员 10 人以下或营业收入 100 万元以下的为微型企业。

（六）交通运输业。从业人员 1000 人以下或营业收入 30000 万元以下的为中小微型企业。其中，从业人员 300 人及以上，且营业收入 3000 万元及以上的为中型企业；从业人员 20 人及以上，且营业收入 200 万元及以上的为小型企业；从业人员 20 人以下或营业收入 200 万元以下的为微型企业。

（七）仓储业。从业人员 200 人以下或营业收入 30000 万元以下的为中小微型企业。其中，从业人员 100 人及以上，且营业收入 1000 万元及以上的为中型企业；从业人员 20 人及以上，且营业收入 100 万元及以上的为小型企业；从业人员 20 人以下或营业收入 100 万元以下的为微型企业。

（八）邮政业。从业人员 1000 人以下或营业收入 30000 万元以下的为中小微型企业。其中，从业人员 300 人及以上，且营业收入 2000 万元及以上的为中型企业；从业人员 20 人及以上，且营业收入 100 万元及以上的为小型企业；从业人员 20 人以下或营业收入 100 万元以下的为微型企业。

（九）住宿业。从业人员 300 人以下或营业收入 10000 万元以下的为中小微型企业。其中，从业人员 100 人及以上，且营业收入 2000 万元及以上的为中型企业；从业人员 10 人及以上，且营业收入 100 万元及以上的为小型企业；从业人员 10 人以下或营业收入 100 万元以下的为微型企业。

（十）餐饮业。从业人员 300 人以下或营业收入 10000 万元以下的为中小微型企业。其中，从业人员 100 人及以上，且营业收入 2000 万元及以上的为中型企业；从业人员 10 人及以上，且营业收入 100 万元及以上的为小型企业；从业人员 10 人以下或营业收入 100 万元以下的为微型企业。

（十一）信息传输业。从业人员 2000 人以下或营业收入 100000 万元以下的为中小微型企业。其中，从业人员 100 人及以上，且营业收入 1000 万元及以上的为中型企业；从业人员 10 人及以上，且营业收入 100 万元及以上的为小型企业；从业人员 10 人以下或营业收入 100 万元以下的为微型企业。

（十二）软件和信息技术服务业。从业人员 300 人以下或营业收入 10000 万元以下的为中小微型企业。其中，从业人员 100 人及以上，且营业收入 1000 万元及以上的为中型企业；从业人员 10 人及以上，且营业收入 50 万元及以上的为小型企业；从业人员 10 人以下或营业收入 50 万元以下的为微型企业。

（十三）房地产开发经营。营业收入 200000 万元以下或资产总额 10000 万元以下的为中小微型企业。其中，营业收入 1000 万元及以上，且资产总额 5000 万元及以上的为中型企业；营业收入 100 万元及以上，且资产总额 2000 万元及以上的为小型企业；营业收入 100 万元以下或资产总额 2000 万元以下的为微型企业。

（十四）物业管理。从业人员 1000 人以下或营业收入 5000 万元以下的为中小微型企业。其中，从业人员 300 人及以上，且营业收入 1000 万元及以上的为中型企业；从业人员 100 人及以上，且营业收入 500 万元及以上的为小型企业；从业人员 100 人以下或营业收入 500 万元以下的为微型企业。

（十五）租赁和商务服务业。从业人员 300 人以下或资产总额 120000 万元以下的为中小微型企业。其中，从业人员 100 人及以上，且资产总额 8000 万元及以上的为中型企业；从业人员 10 人及以上，且资产总额 100 万元及以上的为小型企业；从业人员 10 人以下或资产总额 100 万元以下的为微型企业。

（十六）其他未列明行业。从业人员 300 人以下的为中小微型企业。其中，从业人员 100 人及以上的为中型企业；从业人员 10 人及以上的为小型企业；从业人员 10 人以下的为微型企业。

我国对于不同行业性质的从业人员规模的划分标准差别很大，信息传输业为 3000 人，最低的仓储业 200 人，工业企业 1000 人，与西方国家差距很大，这与我国以劳动密集型为主要产业形态有关。

新标准第一次把微型企业作为一个类别提出来。因此，在中小企业之中又产生出小微企业的概念。虽然小微企业已经是一个单独类别,但中小企业的概念中仍然包括小微企业。

无论是采用员工标准还是销售额标准或者资产标准,都只是统计或管理的需要,没有改变它们本质上的差别。中小企业作为一个企业类别被特别强调,引起各国政府的高度关注,主要在于其在国民经济中的重要地位。从宏观经济学视角来看,集约化能够节约资源,因而企业偏向于做大做强;从微观经济学角度来看,企业更专注于厂商的投入收益比和实际效益。然而在很多情况下,小企业更专业化、效率更高、成本更低、更有优势。大企业生产成本更低,而管理成本更高。小企业由于公司层级少,管理简单,管理成本相对较低。这些降低下来的管理成本弥补了直接生产成本。更主要的是,在宏观经济学分析架构下,企业也能够达到充分利用资源、增加社会产出之目的。因为小微企业进入门槛低、限制小,较少资金就可以开办,有利于社会投资的有效利用。尤其是在服务业,人的需求千差万别,需要有个性化、特色化、针对性的专门服务,大中型企业在这个领域反而会失去优势。比如大型连锁超市与便利店能够同时存在,是因为它们各有市场,并没有形成压迫性的竞争关系。

更典型的是银行。在美国,几家大银行在市场规模上占主要份额,而在数量上仍然是中小银行占绝对多数。因为大银行服务的市场区域与小银行服务的市场区域虽然有竞争,但更多时候是互补的关系。大银行专注于大中型客户与高端产品开发,小银行则扎根社区,服务小微企业。

第三节　中小企业现状分析

目前我国中小企业的发展现状,主要有以下几个特征。

首先是数量大,以民营企业为主。中小企业在企业数量上占绝对多数是国际通例。我国实行的是有中国特色的社会主义制度,存在以国有企业为主体、民营经济并重的经济结构形态,而中小企业基本上属于民营企业。换句话说,国有企业大都属于大中型企业,其中有少部分中小企业,也局限于自然垄断行业,这一点与国外不同。国外国有企业本身数量就很少,中小企业中几乎没有国有企业,而且国有企业与民营企业处于同等的竞争地位,政府也不会给予特殊的财政或政策照顾。当年,我国为了适应加入 WTO 的新形势,对制造业的中小国有、集体企业进行了大刀阔斧的改革,国有企业已经退出一般性竞争领域。据统计,我国中小企业数量已达到 4700 多万家,在所有企业中占到了 97％以上的比重。2010 年,全国规模以上中小工业企业数量达到 44.9 万家,实现总产值 49.8 万亿元,创造了全国 60％的国内生产总值,贡献了全国 50％以上的税收。甚至在科研方面,全国 65％的发明专利和 80％的新产品都是由中小企业研发的。据此看来,中小企业对我国经济的快速增长做出了很大贡献①。至 2013 年年底,我国中小企业创造的最终产品和服务的价值占国内增加值的 58％,社会零售额占 59％,上缴税收占 50.2％,提供就业机会占 75％,出口额占全国出口的 68％。随着都市功能的转化,原来加工型企业基本集中于城市的格局已经大大改变。大量中小企业出现在农村地区,或城市周边的工业区,从地域分布或投资主体来讲,在很大程度上与农村经济有重合②。

由于我国是政府主导型经济,加之官员升迁制度安排因素,政府官员相当重视本地的经济增长,因此花费很多精力在经济干预上。考虑到精力有限,当地政府官员普遍存在对大中型企业的偏好,而对中小企业自然有所忽略。有限的资源不是以效率,更多的是以所有制、企业规模为依据来分配。所以,中小企业能够获得的政府支持很少,诸如在税收返还政策、政府采购招标项目、高科技投资基金等方面,政府官员的观念从过去的所有者歧视转为规模歧视。一个最明显的例子是,本地重要的大型企业,一般都有专门联系人联系政府,出现问题能够较快速地把信息传递上去。而中小企业需要通过中小企业协会之类的半官方社会机构向上反映,且除非出现大面积的、普遍性的问题,一般情况下并不会得到重视。或者说,大型企业可以得到个案化处理,中小企业只能被动等待系统性的政策回复。

其次是劳动密集型中小企业为主,高科技型中小企业比重少,受劳动力、原材料成本影响大。虽然近年我国涌现出了一大批民营中小型高

---

①　徐刚.浅析我国中小企业现状与对策[J].经营管理者,2015(36):266.

②　于孟霞.我国中小企业的发展现状分析[J].管理观察,2013(17):33—34.

科技企业,技术创新越来越受到人们的重视,但在整个制造业中,传统劳动密集型企业仍占较大比重。一般来说,有一定规模的,发展较好的,管理规范的,企业主受教育程度高的中小企业,比较重视也有条件从事技术开发与创新;而企业规模更小的,企业主受教育较少的,对技术创新的重视与投入普遍不足,产品停留在相对简单的传统制造阶段,技术含量低的中小企业,则多生产"山寨"产品,产品的附加值不高,企业效益不理想。特别是在沿海地区,借助加入 WTO 的东风,出口迅猛增加,低端产业也获得了一定生存空间。但在国际市场不振,出口增幅下滑严重,人民币升值的大环境下,这些出口加工型中小企业普遍面临生存困境。

劳动密集型中小企业的大量存在,与我国的经济结构密切相关。我国主要还处于经济发展的初级阶段,只有沿海发达地区进入了工业化中级阶段,大量的劳动人口需要就业。利用劳动力成本优势,发展劳动密集型产业是完全符合经济学原理的。即使在一国之内,也存在分工,有些企业从事高科技开发,有些企业发挥劳动密集优势。不过在全球经济结构加速调整的态势下,廉价的劳动力已经不再是我国制造业生存的优势所在,技术推动是一个明显的趋势。事实证明,那些有一定技术优势的中小企业,相对来说生存能力要强很多。在传统经济学中,生产要素指资本、劳动、土地与资源,而不包含技术。在现代经济学中,技术创新是一个重要的生产要素,很多风险投资企业把技术作为最基本的生产要素来考量。既然是生产要素,那么必然要求有产出。技术含量高,附加值就高。同时,高科技又体现为一定的产品优势,即具有一定的产品定价权。发展高科技需要较大投入,风险相对较高,更需要专业人才,要求建立研究团队,研发支出很大,而中小企业承担能力有限。所以,目前高科技企业的发展模式是先研发产品技术,然后投资产业化,与传统劳动密集型企业的生存模式完全不同。

劳动密集型企业对市场的敏感度高,因为它们不存在自主定价权,只能被动地接受市场定价,原材料、工资等因素的影响都是显性的。它们本来就在微薄的利润区间维持生存,工资、原材料成本一增加便无法消化,很可能会立即陷入亏损区间。所以,中小企业普遍会用压低工资,延长加班时间,降低劳动保障条件,大量采用较次级原材料等损害劳动者利益以及降低产品质量的办法去消化成本。一般来讲,传统劳动密集型企业的工资成本占 30％以上，原料成本占 30％，税收成本占 17％，辅助成本占 8％，管理成本占 10％，利润空间大致只有 5％。若工资增加10％，利润将会减少 3％，原料涨价 10％，也会使利润减少 3％。而辅助成本，即水、电、气、通讯、物流、油料等垄断性资源支出，则是刚性的支出。管理成本包括折旧、财务、管理人员、各种摊派等，压缩空间为零。

再者是采用家族式企业模式，管理水平低，个人资产与企业资产混合在一起，财务失准严重。家族式企业模式与现代企业制度相距甚远，现代企业制度有如下几个特点。

产权清晰。产权是指以财产所有权为基础的若干权利的组合。存在着两种形式的产权安排：一是产权的法律形式，即法权，这是指法律上的财产所有权，它明确了财产的归属问题；二是产权的实现形式，即财产的营运的权利，是指经济上的所有权，它解决的是财产的经营问题。产权清晰就是要在法律上明确企业投资者与企业的基本财产责任，在这一制度下，所有权与经营权得以实现分离。

权责明确。权责明确是指企业资产的最终所有者与企业法人财产权的拥有者，在企业中享有的权利和承担的责任清楚、明确、具体。

政企分开。政企分开是指政企关系要合理，即政府与企业在权利和义务等方面的关系明确，符合客观经济规律，适应市场经济体制的要求。

管理科学。管理科学是指企业管理制度、管理方法和管理手段等要科学合理，符合市场经济规律的客观要求。

对照而言，我国大部分中小企业完全实行现代企业制度还有很长一段路要走。就财产关系而言，中小企业往往是家族式的模式，独资或者家族合资，形成一个封闭而非开放的产权形态。管理者以家族成员为主，这与中国的文化传统也有一定关系。在普遍存在道德风险的情况下，社会又提供不了有效的制约手段，家族成员因为在利益诉求上具有很大的一致性，很容易建立起信任关系。反过来讲，小型企业由于企业结构简单，管理层次少，基本是扁平式结构，使用家族型管理模式具有管理成本低、效率高的优势，更能够顾及企业运行的每一个环节。不过在发展到一定规模后，管理更加复杂，环节增多，交易对象层次更高，必然要求企业提升自己的管理模式，向现代企业转型。

家族式企业模式存在的致命弱点主要有三个方面：一是容易把个人

资产与企业资产混合在一起；二是企业财务资料有较大幅度的失准；三是不利于优秀人才的引进。在现代企业制度下，公司资产归公司所有，个人无权随意支用。比如，企业主要从公司中支用一笔钱，会形成应收应付的财产关系，企业主必须归还该款项。也就是说，该款项属于公司资产，尽管公司为企业主所有，但那是另外一个法律关系。若将来公司清算了，公司可以追还该款项。若不归还，法律上属于侵占公司财产。现代企业制度更有利于企业的交易方，包括原料供应商、销售下家、授信的银行等各个债权人。而家族企业则容易出现随意支用企业财产的问题，把个人消费与企业开支混合在一起，比如使用企业资金购置汽车、房产，而在财产关系上却不计入企业资产，动用企业资金归还较大额的个人债务，导致企业资金周转困难的情况更是普遍存在。也有足够多的例子证明，有很多家族企业因此破产倒闭，损害到银行的贷款安全。

家族对企业的绝对控制，必然造成财务资料的失准。财务管理与财务报表的标准化、真实性是现代社会经济发展的必然要求与基本准则。财务报表体现了企业的经营业绩，是社会评级、评价的基础。企业的信用度基于财务指标。好的财务指标能够提升企业的社会评级与信用度，有利于企业从事各种交易。比如，某企业是 AAA 级企业，意味着企业经营情况良好，信用度很高，银行愿意提供必要的授信。若企业财务指标不理想，信用等级就低，银行就不愿意提供授信，或者要求提供额外的担保条件。因此，报表的粉饰对企业存在实际的利益。为了使交易对象，特别是银行对自己产生信用良好的印象，企业有动机对财务报表做有利于自己的修正。据我们了解，我国家族型中小企业对财务报表的再加工是一个人所共知的秘密，有的甚至有三套、四套用于不同对象的财务报表。

在优秀人才的引进上，家族型管理模式的负面影响也是不言而喻的。由家族型管理模式构成的封闭体系，始终存在对人才的不信任或排斥，不利于企业的发展。中小企业发展的瓶颈是人才、技术与资金，而人才是第一位的。有了好的人才，资金、技术才可以被引进并发挥最大的效能。反之，即便它们被引进，也难以发挥作用。因为管理者最重要的职责是协调，协调员工、生产、市场、技术、资金、供应链，当然还有企业与政府之间的关系。

最后是中小企业敏感脆弱,但生命力顽强。中小企业规模小而市场化程度高,易受外部环境变化的影响,但也表现出较强的生命力和进取精神。

近年来,受我国经济增长速度放缓等大环境的影响,中小企业发展速度也有所放缓,只有少部分中小企业的营业额保持快速增长,大多数中小企业面临市场需求不足、产品销售困难的窘境。尽管面临各种困难,中小企业主普遍对企业未来的发展前景抱有积极乐观的态度,并在创业过程中表现出锲而不舍的奋斗精神和顽强的生命力。不断有中小企业退出市场,也不断有新的中小企业进入市场。2014 年,山东省增加中小企业 24 万家,深圳市新增中小企业 19.6 万家。据工业和信息化部披露的资料,2014 年 3 月至 2015 年 8 月底,我国新登记注册企业有 600 万家,平均每天新增企业 1.09 万家,其中绝大多数是中小企业。

中央提出了"大众创业、万众创新"的新战略,并于 2015 年 10 月 19 日召开了"大众创业、万众创新"活动周开幕会议,李克强总理发表讲话,表现出对"双创"活动的热情期待,并提出创业、创新的战略主体应该是大量涌现出的中小企业。

中小企业正成为我国创新的主力军。目前,中小企业完成了我国 65% 的发明专利和 80% 以上的新产品开发。不少中小企业已经从早期的加工、贸易等领域,向基础设施、高新技术等领域拓展。中小企业在不少地方已形成产业群,是产业链中的重要组成部分,是专业化协作的基础,是大企业配套的供应商。很多中小企业向"专、能、特、新"方向发展,是创新不可忽视的力量[1]。

据普华永道会计师事务所发布的《2011 年中国企业长期激励调研报告》统计,中国中小企业的平均寿命仅为 2.5 年,集团企业的平均寿命仅为 7~8 年,与欧美企业平均寿命 40 年相比相距甚远[2]。这表明我国中小企业自身正处于不断调整之中,以应对市场变化。

本章最后附有我国中小企业协会于 2015 年发布的中小企业数据月报,这份月报能够使我们对中小企业状况有一个框架性的认知。

---

① 徐刚.浅析我国中小企业现状与对策[J].经营管理者,2015(36):266.
② 王斗天.普华永道调研报告称中国中小企业平均寿命 2.5 年[N].深圳商报,2012-04-28.

第四节　中小企业融资难的原因分析

对于中小企业融资难的原因,有很多学者做了大量的分析,其研究结论与解决方案林林总总不下万套,但是在我们看来基本不得要领,多数沦于空谈。这些讨论基本上立足于中小企业融资难现象,就事论事,而没有从银行授信角度做辩证分析。银行是一个信用中介,利用自己的信用,从社会上筹集闲置资金贷给企业,企业通过生产周转创造新的财富,这些财富在企业、银行、储户之间进行分配。因此,企业从银行借贷是顺理成章的权利,银行给予企业借贷是一种社会责任。企业家的职业道德是赚钱,创造新财富。只要新投入资金的边际产出大于银行贷款利息,借贷要求就是合理的。

如果把储户、企业、银行三者的角色定位一下,我们就能够洞悉中小企业融资难的真相了。在这里,储户属于风险偏好较低的人,他们比较不愿意创业,基于对银行的信用,获取接近于无风险收益的利息;企业是由相对风险偏好较高的人创办的,其风险除内部管理风险外,更大的风险来自于外部的市场风险;银行是介于二者之间的风险偏好中性者。银行一方面要保证风险偏好低的储户的资产安全,另一方面自己也要赚取一定的利润,承担相应的风险。在这里,银行的风险完全基于企业的风险,如果企业运转正常,及时还贷,则风险消除。银行的处境是相对被动的,它对储户表现为负债,理论上必须有百分之百的支付义务;对企业表现为资产,事实上却不可能达到百分之百的收回。银行业的坏账准备金就是 300 多年来银行业实践的结果。授信出现坏账是必然的事情,所以我们必须明白银行贷款利息构成中有一部分属于风险溢价,信用等级高的企业风险溢价低,信用等级低的企业风险溢价就高。银行业的最优惠贷款利率 P 只给那些信用等级最高的,比如评级为 AAA 的客户,信用等级为 AA 的客户的贷款利率就是 P+1%,也就是两者的风险溢价差距为 1%。问题在于,银行无法确认哪一家企业是无风险的,只能基于目前借款人的状况与市场环境判断风险是可控的,而市场是会变化的,借款人的状况也是随时变化的。因此,银行经营的是风险,而不是货币资金。

这样就能理解银行在一定情况下惜贷这种现象的本质内涵。

授信是双方的事情,如果银行因认为借款人在目前情况下风险不可控而不借出资金,那也是银行的权利和其必要的风险控制机制。若想避免风险,银行最好不要借出任何款项。但银行不借出款项,自己就无法维持经营,社会经济也会受到极大影响。当市场状况好的时候,企业比较容易借到资金。若市场变化,银行的风险控制机制也会发生变化,对借款人的风险指标要求也就相应提高了。一些原来能够借到钱的企业借不到钱了,或能借到的额度减少了,于是就出现了融资难的情况。

在西方,银行授信采用以定量分析为主、定性分析为辅的方法。我国银行基本以定量分析为辅、定性分析为主,在管理手段上相对落后。比如银行采用计量模型,所得数值在 2.99 以上的,可以判定为风险很低,银行乐于借款;1.81 以下的,意味着存在很大的违约风险,不违约只是偶然的,银行不可能把自己的经营寄托在偶然性上,因此借款申请被否决也是很正常的。这类企业的融资需求本身就是不合理的。好的企业,各项指标必然是表现优秀的,银行所有判断是比较一致的。只要使用目的是合理的,就不存在融资难的问题。问题出在所得数值处于 1.81~2.99 的企业,这些企业可能存在违约风险,也可能没有违约风险。基于银行的判断,银行给予贷款有足够的理由,不给予贷款也有足够的理由,关键是企业要使银行相信风险是可控的。所谓融资难,就是指处于这种境地的经营一般的企业的融资难。

另外一个融资难的呼声与融资额度有关。经济学上的需求一词,指有支付能力的消费欲望。延伸到信贷领域,指有还贷能力的融资需求。银行对企业授信额度的确定主要基于两个方面,一个是正常生产周转的需要,如企业的日常生产周转流动资金需要 500 万元,除自筹 200 万元,不足部分 300 万元向银行申请贷款,完全合理,银行有义务帮助落实资金。另一方面是通过采取一定的风险控制措施来保证该 300 万元借款在出现经营困难时能够收回,比如担保等。从借贷理论上讲,企业正常用途以外的资金需求不应该被满足,因为属于不合理需求。合理需求与不合理需求混合在一起,造成了社会上一定的融资难的错觉。

同时,由于中小企业的家族型特征,资产运用与调配混搭,许多个人生活性支出也使用企业资金,使得生产性流动资金不足。更有因企业主从事投机性交易活动而挤占生产资金,要求银行补充的情况。

研讨形成中小企业融资难问题的深层次原因,必须从金融供给与金融需求两方面入手,才能找到准确答案。

从供给上分析,主要是金融制度供给不足。

制度供给是指制度供给者在给定的主观偏好、利益结构、理性水平、制度环境、技术条件的约束下,通过特定的程序和渠道进行正式规则的创新和设立的过程①。金融制度供给不足才是导致我国目前中小企业融资难问题的根本原因。

根据制度经济学理论,一个合理制度的产生能够使交易费用下降,增进市场效率。考察我国的信贷市场与资本市场,我们就能对其中的制度缺陷一目了然。从 2014 年开始,国家银监会也认识到金融制度供给不足的问题,开始逐步放开对民营中小银行经营的许可,陆续有一些民营中小银行获得了牌照。

在我国的商业银行体系中,处于第一层次的是中农工建交五家大银行,第二层次是招商、光大、中信、邮储等少数股份制商业银行,第三层次是省级或大城市级的城市商业银行,第四层次是几百家城市商业银行,第五层次是数量很少的区域性商业银行,第六层次是农村信用合作社,包括改组后的农村商业银行,以及一定数量的村镇银行。从总资产与信贷总量来看,前两者占了总量的绝大多数,这就出现了与正常经济机构相比的非常态化现象。从企业特征来看,特大型企业只能是极少数,大型企业有一定数量,但占比也不大,中型企业的数量很多,小型企业的数量更多,数量最多的是微型企业,这些企业的数量分布形成金字塔式的正态结构。不同类型的企业,要求不同类型的金融制度供给。显然,我们缺少一种与小微企业相适应的商业银行组织。也就是说,众多的小微企业客观上要求有大量的小型商业银行来满足其融资需求,而事实是我国目前只有很少这类银行。

再来考察资本市场。目前我国债券市场的规模已达到 20 多万亿元,然而其中并没有中小企业的份额。我国的《证券法》已经从法律层面上排除了中小企业进入债券市场。《证券法》第十六条规定。

---

① 李江华,施文泼.政府对农业信贷资金配置的干预及效应分析[J].经济研究参考,2013(67):34—41.

公开发行公司债券,应当符合下列条件。

(1)股份有限公司的净资产不低于人民币三千万元,有限责任公司的净资产不低于人民币六千万元;

(2)累计债券余额不超过公司净资产的百分之四十;

(3)最近三年平均可分配利润足以支付公司债券一年的利息;

(4)筹集的资金投向符合国家产业政策;

(5)债券的利率不超过国务院限定的利率水平;

(6)国务院规定的其他条件。[①]

公开发行公司债券筹集的资金,必须用于核准的用途,不得用于弥补亏损和非生产性支出。上市公司发行可转换为股票的公司债券,除应当符合第一款规定的条件外,还应当符合本法关于公开发行股票的条件,并报国务院证券监督管理机构核准。

为了破除《证券法》对中小企业债券融资的不利规定,温州曾经试点发行捆绑式的中小企业债券,即许多家中小企业联合起来发行统一债券,以符合所有者权益三千万元的法定要求,但实际效果并不好。其实提出试点的原意是好的,但却忽视了企业之间的信用等级差异,与联保如出一辙,违背金融规律,结果事倍功半。

再看股票发行。原来的《证券法》里对股票发行的要求也与对发行债券的要求一样。修改后的《证券法》不再提总资产、所有者权益、连续三年盈利要求,而是建立了中小板、创业板、第四板等资本市场,但仍然没有对中小企业开放,而只是对大中型企业范畴内的部分中型企业开放。

再次,《刑法》对非法集资的入罪化使中小企业的融资渠道更加狭窄。《刑法》第一百七十五条规定:以转贷牟利为目的,套取金融机构信贷资金高利转贷他人,违法所得数额较大的,处三年以下有期徒刑或者拘役,并处违法所得一倍以上五倍以下罚金;数额巨大的,处三年以上七年以下有期徒刑,并处违法所得一倍以上五倍以下罚金。单位犯前款罪的,对单位判处罚金,并对其直接负责的主管人员和其他直接责任人员,处三年以下有期徒刑或者拘役。

---

① 具体法律条文参见《中华人民共和国证券法》(2005 修订)。

《刑法》第一百七十六条规定：非法吸收公众存款或者变相吸收公众存款，扰乱金融秩序的，处三年以下有期徒刑或者拘役，并处或者单处二万元以上二十万元以下罚金；数额巨大或者有其他严重情节的，处三年以上十年以下有期徒刑，并处五万元以上五十万元以下罚金。

有关部门已经认识到《刑法》的相对滞后与中小企业融资渠道受限的现实，正在通过司法解释办法部分缓解法律约束的负面影响。在司法实践中，对向社会集资的集资款是用于企业生产经营而非个人挥霍消费的，不再入刑。这说明国家对民间非法集资有除罪化的倾向。我们认为，《刑法》里的规定是非常不专业的，是违反金融原理的，应该以一种新思路来规范民间融资，要以是否存在套利作为处罚的标准。

从需求上分析，企业文化与授信文化之间存在落差。

银行给企业提供融资，固然是一种社会责任，但并不意味着银行必须提供授信给所有企业。银行的决策基于自己的授信文化。银行授信，形式上经营的是货币资金，实际上经营的是风险。银行是否授信，主要基于对客户未来是否能产生足够的现金流来归还借款的判断。然而，中小企业经营策略与企业文化还停留在较浅层次，不能使银行拥有足够的信息来准确判断其信用水平。

首先是生产资金与个人消费混合在一起。很多中小企业具有家族企业的特点。投资人对企业资产拥有完全的支配权，因此经常很自然地把企业生产资金用于个人消费，如购车、买房，甚至是用于挥霍，而银行对此无从监督。从理论上讲，企业资金与投资人的个人资金完全不同，即使投资人使用，也应形成应收应付的借贷关系，不能混为一谈。从法律上讲，有限责任公司的投资人以出资为限承担责任，企业出现破产清算情形时，投资人不必另外承担债务；但因投资人早先从企业取得的资金大多已经花光，故债权人无法追讨。假定客户正常生产周转需要 200万元的流动资金，银行给予他 200 万元的授信额度。他把其中的 50 万元用于消费或其他支出，那么就有 50 万元生产资金缺口，如果不增加银行融资金额，企业正常的生产经营就难以维持。因此，个人债务垫支有时会形成财务黑洞。

其次是财务体系普遍落后，难以进行定量分析。目前，国外银行的授信已经发展到主要依靠定量分析，辅之以定性分析来进行决策的阶段。银行针对客户作出授信决策时,主要使用一种计量模型,把客户的财务资料(包括当期的和历史的)提取出来,用计量模型进行运算,以所得数值为基础进行分析评估。若数值在设定的最低值以下,则说明风险很大,不予授信;若数值在最高值以上,则说明风险很低,基本可控,予以授信。最考验银行授信艺术的就是所得数值在两者之间的情况,表明有可能出现违约风险,但可能出现违约不等于必定会出现违约。这时就要辅以定性分析,从客户的信用、资本状况、经营管理能力水平、借款用途、担保品以及发展前景等诸多方面进行分析,判定即使出现违约情形,风险是否仍然是可控的。国外银行授信风险管理之所以可以用计量的方法进行分析,正是基于国外财务标准与财务数据的相对可靠性。若财务数据不可靠,以此为依据得出的结论就毫无意义,计量模型也不会被银行作为判断是否授信的工具。

反观国内,一般无法通过计量模型做出授信决策,即使有也仅仅是作为参考,真正起作用的还是定性分析。定性分析在客观性和可靠性上比定量分析毕竟要逊色一些,因为客户经理的个人主观性与经验会在很大程度上影响授信决策。当然,我们现在也采用信用评级制度,包括社会外部评级,但其缺陷与定性分析并无二致,因为企业信用评级的依据仍然是现有的财务报表数据。可以说,若克服不了财务体系与财务报表这一缺陷,计量模型就无法得到科学应用,对中小企业的评判就缺少一个客观标准。如果只基于安全性考虑,就很可能存在夸大风险的情况,否决中小企业的授信申请,或者减少授信额度。

再者是融资需求中包含很大的虚假需求。中小企业融资难呼声特别强烈,给社会造成一种银行惜贷的错觉,外界会把问题焦点聚集在银行一方。而事实上银行根本不存在惜贷的想法,因为只有把钱贷出去,银行才会有利差收益。企业正常的生产周转资金需求,作为主办银行是有义务予以满足的,银行也必然会去满足。从授信概念上说,不满足企业必要的流动资金需求反而会增加授信的风险,明知有风险而予以放贷是违反授信原则的,而这种风险被放大的原因就是授信不足。所以,银行在授信过程中也有一个原则,那就是要么不授信,如果给予贷款,就要满足客户的基本需要。同时,银行也不能贷给客户超过其日常所需的流动资金,否则会使客户产生投机心理,做出高风险的决策,比如投入股市、楼市，或者将资金短期高息出借以套利。而一旦出现风险，不仅危及企业经营，也会影响贷款安全。即使最后贷款安全收回，银行也会因此而失去一个优质客户。

　　企业的资金需求主要表现在两个方面。一是从事固定资产投资或对外投资抽走了部分流动资金，使资金周转变得紧张，产生融资难的问题。固定资产投资与流动资金贷款是两个性质不同的东西，银行往往会坚决反对把流动资金挪用于固定资产投资。企业要扩大生产，进行固定资产投入是必要的也是正当的，但是应该申请银行固定资产贷款，而不能挪用流动资金。银行对固定资产项目的授信标准及要求与流动资金是不同的，审查会更加严格。因涉及项目审批等环节，很多时候客户会因为怕麻烦，并且估计到银行不会同意固定资产贷款，就自作主张决定上项目，先用流动资金垫支。二是对外投资的随意性。企业的资金周转不是自洽的，产品本身以外的市场也会影响到企业家的投资决策，比如前几年楼市兴旺，许多企业家受到诱惑而大举投资，又如2015年股市高企，难免有企业抱着短期获利的心态进入。企业对外投资在法律上是被许可的，实践中也普遍存在，有一定的正面意义，但是企业的对外投资属于固定资产投资项目，不能挪用流动资金。用流动资金垫支会增加企业的财务杠杆，引起银行的警觉与关注，从而使银行下调信用评级，附加授信条件或扣减授信额度，加剧企业资金周转的紧张程度。

　　另外，中小企业的现金流管理也比较落后。现金流管理是财务管理的重要内容，银行授信也特别关注企业的现金流。银行乐于贷款给现金流正常的企业，有借有还，循环周转。现金流若是逐渐枯竭，就会形成企业破产的信号。除了银行授信，现在一些企业又开辟出了新领域。企业的各种应付账款相当于别人授信给企业使用的款项，而企业的应收账款就是对别人的授信。应付账款越多越好，等于占用别人的资金；应收账款越少越好，因为资金不被别人占用。应收账款减少100万元，则流动资金可增加100万元，可减少银行贷款100万元。

　　企业进行现金流管理不仅应该看应收账款的周转次数和放款期的长短，还要考虑应收账款的对象、年期，以及是否有可能出现坏账。少量应收账款出现坏账不足以影响企业的经营周转，而大笔的应收账款出现坏账，或对方倒闭、破产，则必然会影响到企业自身的正常生产经营。这时候企业如果向银行申请增加流动资金贷款,责任方就是企业。

最后是信息不对称的存在使授信监控实施困难。贷前调查、贷时审查、贷后检查是银行进行授信风险控制的必然环节。授信监控属于贷后检查的范畴。授信与一般商品交易不同,是一种期货交易。给予对方的是现金,获得的是一种对方将来归还本息的权利。借款时被评估为无风险,并不等于这笔交易日后就没有风险,它只是表明在现有状况不变的情况下没有风险。在借款约定的期限里,存在着各种可能会导致借款人信用情况恶化或违约的情形,有些是主观原因,有些是客观原因,如市场因素。为了保障授信安全,银行必须实行授信监控,跟踪客户的变化,确认客户还贷能力保持在正常的水平。客户贷到款项后,其对款项的使用具有自主权,银行很难再监督款项的真实流向。授信监控主要以财务资料为依据,定期的现场检查也多流于表面,无法深入,只能从一些大的数据入手泛化检查。客户如果出现大的风险都会倾向于极力掩盖,等到银行知情,基本上已难以扭转,只能靠追索保证人或处理抵押品去解决。比如企业挪用资金投资股票,自然不会告诉银行,财务室也不会直接做入"股票投资"这项科目,这些资金多以隐蔽的渠道流出。

银行无论在贷前还是贷后,对客户信息的获取都是不全面的,而客户掌握了关于自己的最多的信息,这就造成了两者之间的信息不对称。为了规避信息不对称下可能潜藏的风险,银行会加强对客户的审查,或者提出附加的安全措施,这也相当于增加了客户的贷款难度。

附录：

中小企业协会：中小企业数据月报 2015 年第 1 期

发布日期：2015-03-02　作者：中国中小企业协会政策研究部

一、月度宏观经济数据简析

（1）规模以上工业增加值增长 8.3％

2014 年全年，规模以上工业增加值同比增长 8.3％。12 月份，规模以上工业增加值同比实际增长 7.9％（以下增加值增速均为扣除价格因素的实际增长率），比 11 月份加快 0.7 个百分点。从环比看，12 月份比上月增长 0.75％。分经济类型看，12 月份，国有及国有控股企业增加值同比增长 3.8％，集体企业增长 0.9％，股份制企业增长 9.3％，外商及港澳台商投资企业增长 5.4％。

（2）规模以上工业企业实现利润增长 3.3％

2014 年，全国规模以上工业企业实现利润总额 64715.3 亿元，比上年增长 3.3％；实现主营活动利润 60471.7 亿元，比上年增长 1.6％。

2014 年，在规模以上工业企业中，国有及国有控股企业实现利润总额 14006.7 亿元，比上年下降 5.7％；集体企业实现利润总额 538 亿元，增长 0.4％；股份制企业实现利润总额 42962.8 亿元，增长 1.6％；外商及港澳台商投资企业实现利润总额 15971.8 亿元，增长 9.5％；私营企业实现利润总额 22322.6 亿元，增长 4.9％。

（3）进出口总值下降 10.8％

2015 年 1 月份，我国进出口总值 2.09 万亿元人民币，比上年同期下降 10.8％。其中，出口 1.23 万亿元，下降 3.2％；进口 0.86 万亿元，下降 19.7％；贸易顺差 3669 亿元，扩大 87.5％。

一般贸易出口稳定、进口降幅较深，加工贸易出口乏力、进口相对稳定。对美国、东盟出口增长，对欧盟、日本出口下降；进口方面均为下降。民营企业进出口降幅较小。机电产品和传统劳动密集型产品出口均有所下降。铁矿砂、煤、原油、成品油等主要大宗商品进口量减少，大豆进口量增加,主要进口商品价格普遍下跌。外贸出口先导指数连续第四个月下滑,预示 2015 年一季度以及二季度初我国出口仍然面临下行压力。

(4)全国固定资产投资增长 15.7%

2014 年,全国固定资产投资(不含农户)502005 亿元,同比名义增长 15.7%(扣除价格因素实际增长 15.1%),增速比 1—11 月份回落 0.1 个百分点。从环比速度看,12 月份固定资产投资(不含农户)增长 1.21%。分产业看,第一产业投资 11983 亿元,同比增长 33.9%,增速比 1—11 月份提高 4 个百分点;第二产业投资 208107 亿元,增长 13.2%,增速回落 0.1 个百分点;第三产业投资 281915 亿元,增长 16.8%,增速回落 0.3 个百分点。分地区看,东部地区投资 227452 亿元,同比增长 14.6%,增速比 1—11 月份提高 0.1 个百分点;中部地区投资 141644 亿元,增长17.2%,增速回落 0.2 个百分点;西部地区投资 125980 亿元,增长 17.5%,增速回落 0.2 个百分点。

(5)社会消费品零售总额累计增长 12.0%

2014 年全年,社会消费品零售总额 262394 亿元,同比名义增长 12.0%,实际增长 10.9%。其中,限额以上单位消费品零售额 133179 亿元,增长 9.3%。12 月份,社会消费品零售总额 25801 亿元,同比名义增长 11.9%(扣除价格因素实际增长 11.5%,以下除特殊说明外均为名义增长)。其中,限额以上单位消费品零售额 14274 亿元,增长 9.4%。

(6)财政收支分别增长 8.6%、8.2%

1—12 月累计,全国一般公共财政收入 140350 亿元,比上年增加 11140 亿元,增长 8.6%。其中,中央一般公共财政收入 64490 亿元,比上年增加 4292 亿元,增长 7.1%;地方一般公共财政收入(本级)75860 亿元,比上年增加 6849 亿元,增长 9.9%。一般公共财政收入中的税收收入 119158 亿元,同比增长 7.8%。

1—12 月累计,全国一般公共财政支出 151662 亿元,比上年增加 11449 亿元,增长 8.2%。其中,中央本级支出 22570 亿元,比上年增加 2098 亿元,增长 10.2%;地方财政支出 129092 亿元,比上年增加 9351 亿元,增长 7.8%。

(7)居民消费价格总水平(CPI)上涨 0.8%

2015 年 1 月份,全国居民消费价格总水平同比上涨 0.8%。其中,城市上涨 0.8%,农村上涨 0.6%;食品价格上涨 1.1%,非食品价格上涨 0.6%;消费品价格上涨 0.5%,服务价格上涨 1.3%。

(8)全国工业生产者出厂价格(PPI)下降 4.3%

2015 年 1 月份,全国工业生产者出厂价格同比下降 4.3%,环比下降 1.1%。工业生产者购进价格同比下降 5.2%,环比下降 1.3%。

(9)中国制造业采购经理指数(PMI)为 49.8%,下降 0.3%

2015 年 1 月份,中国制造业采购经理指数(PMI)为 49.8%,比上月下降 0.3 个百分点。分企业规模看,大型企业 PMI 为 50.3%,比上月回落 1.1 个百分点,仍位于临界点以上,保持扩张态势;中、小型企业 PMI 分别为 49.9% 和 46.4%,比上月回升 1.2 和 0.9 个百分点,收缩幅度均有不同程度收窄。

5 个分类指数中:生产指数 51.7%,比上月回落 0.5 个百分点,高于临界点,表明制造业生产继续保持扩张态势,但扩张步伐有所放缓;新订单指数 50.2%,比上月回落 0.2 个百分点,位于临界点以上,表明制造业市场需求增速微幅回落;从业人员指数 47.9%,比上月下降 0.2 个百分点,继续位于临界点以下,表明制造业企业用工量有所减少;原材料库存指数 47.3%,比上月下降 0.2 个百分点,低于临界点,表明制造业生产用原材料库存量持续回落;供应商配送时间指数 50.2%,比上月上升 0.3 个百分点,升至临界点上方,表明制造业原材料供应商交货时间略有加快。

(10)中国非制造业商务活动指数为 53.7%,回落 0.4%

2015 年 1 月份,中国非制造业商务活动指数为 53.7%,比上月回落 0.4 个百分点,高于荣枯线 3.7 个百分点,表明我国非制造业仍保持平稳发展势头。分行业看,服务业商务活动指数 52.9%,比上月回落 0.4 个百分点,表明服务业业务总量继续保持增长,但增速放缓,其中零售业、电信广播电视和卫星传输服务业等行业商务活动指数位于较高景气区间,企业经营活动比较活跃;房地产业、航空运输业、装卸搬运及仓储业等行业商务活动指数位于临界点以下,业务总量有所减少。建筑业商务活动指数 56.9%,比上月回落 0.2 个百分点,表明建筑业企业业务总量继续保持增长,但增幅略有收窄。

（11）汇丰中国制造业采购经理人指数为 49.7％，上升 0.1％

2015 年 1 月份，汇丰中国制造业采购经理人指数终值为 49.7，略低于 49.8 的初值，较 2014 年 12 月 49.6 的终值有所回升。

汇丰中国首席经济学家屈宏斌表示，中国制造业需求疲软，需要更大力度的货币和财政宽松政策。汇丰经济学家马晓萍表示，PMI 的低迷表明企业需求依然不振，此前政府所采取的支持性措施，包括流动性注入、降息以及调整贷款规定等到目前为止效力有限。

（12）全社会用电量增长 3.8％

2014 年，全社会用电量 55233 亿千瓦时，同比增长 3.8％。分产业看，第一产业用电量 994 亿千瓦时，同比下降 0.2％；第二产业用电量 40650 亿千瓦时，同比增长 3.7％；第三产业用电量 6660 亿千瓦时，同比增长 6.4％；城乡居民生活用电量 6928 亿千瓦时，同比增长 2.2％。

（13）货物运输量增长 7.1％

2014 年，货物运输量累计为 432.1 亿吨，同比增长 7.1％。其中，铁路货物运输量累计为 38.13 亿吨，同比下降 3.9％；公路货物运输量累计为 334.34 亿吨，同比增长 8.7％；水路货物运输量累计为 59.56 亿吨，同比增长 6.4％；民航货物运输量累计为 593 万吨，同比增长 5.7％。

二、主要月度金融数据

（1）社会融资规模情况

2015 年 1 月份，社会融资规模增量为 2.05 万亿元，比上年同期少 5394 亿元。其中，当月对实体经济发放的人民币贷款增加 1.47 万亿元，同比多增 1531 亿元；对实体经济发放的外币贷款折合人民币增加 212 亿元，同比少增 1288 亿元；委托贷款增加 804 亿元，同比少增 3167 亿元；信托贷款增加 52 亿元，同比少增 1007 亿元；未贴现的银行承兑汇票增加 1950 亿元，同比少增 2952 亿元；企业债券净融资 1863 亿元，同比增加 1488 亿元；非金融企业境内股票融资 526 亿元，同比增加 72 亿元。

（2）货币供应量（M0、M1、M2）

1 月末，广义货币（M2）余额 124.27 万亿元，同比增长 10.8％，增速分别比上月末和上年同期低 1.4 个和 2.4 个百分点；狭义货币（M1）余额 34.81 万亿元，同比增长 10.6％，增速分别比上月末和上年同期高 7.2 个和 9.4 个百分点;流通中货币(M0)余额 6.30 万亿元,同比下降 17.6%。1 月份净投放现金 2781 亿元。

(3)本外币贷款情况

1 月末,本外币贷款余额 89.29 万亿元,同比增长 13.7%。月末人民币贷款余额 83.70 万亿元,同比增长 13.9%,增速比上月末高 0.1 个百分点,比上年同期低 0.6 个百分点。当月人民币贷款增加 1.47 万亿元,同比多增 2899 亿元。分部门看,住户贷款增加 4261 亿元,其中,短期贷款增加 968 亿元,中长期贷款增加 3294 亿元;非金融企业及机关团体贷款增加 1.05 万亿元,其中,短期贷款增加 2985 亿元,中长期贷款增加 6121 亿元,票据融资增加 962 亿元;非银行业金融机构贷款减少 144 亿元。月末外币贷款余额 9116 亿美元,同比增长 10.3%,当月外币贷款增加 311 亿美元。

三、中小企业数据

1.股票市场

(1)中小板市场

1 月份中国大陆有 2 家企业登陆深圳中小企业板,合计募集资金 160030.16 万元。

(2)创业板市场

1 月份中国大陆有 6 家企业登陆深圳创业板,合计募集资金 280676.85 万元。

(3)境外市场

1 月份有 7 家企业登陆境外市场:其中 4 家在香港主板、2 家在香港创业板,总融资额 2.08 亿美元;1 家在伦敦 AIM 市场,融资 1078.17 万美元。中企在海外 IPO 数量有所回落。

2.债券市场

(1)总体发行情况

表1　2015年1月债券市场发行情况

债券品种	2014年1月期数	2015年1月期数	同比(%)	2014年1月规模(亿元)	2015年1月规模(亿元)	同比(%)
企业债券	30	30	0.00	274.40	319.22	16.33
公司债券	1	9	800.00	15.00	117.50	683.33
中小企业私募债券	47	2	−95.74	53.94	4.00	−92.58
中期票据	14	29	107.14	127.50	444.20	248.39
短期融资券	53	148	179.25	794.50	1985.40	149.89

表2　2015年1月债券市场利率走势

债券品种	2014年12月AA级平均利率(%)	2015年1月AA级平均利率(%)	走势	2014年12月AAA级平均利率(%)	2015年1月AAA级平均利率(%)	走势
企业债券	7.05	6.71	−0.34	5.85	5.19	−0.66
公司债券	7.55	6.65	−0.90	—	4.70	—
中期票据	6.81	6.43	−0.38	5.57	5.12	−0.45
短期融资券	6.00	5.86	−0.14	5.18	4.75	−0.43

(2)企业债券

1月份共有30期企业债券发行,合计募集资金319.22亿元。

(3)公司债券

1月份共有9期公司债券发行,合计募集资金117.5亿元。

(4)中期票据

1月份共29期中期票据发行,合计募集资金444.2亿元。

(5)短期融资券

1月份共有148期短期融资券发行,合计募集资金1985.4亿元。

(6)中小企业私募债券

1月份共有2期中小企业私募债券发行,合计募集资金4亿元。

(7)中小企业集合债券

2015年,湖南省中小企业集合债券于1月26日成功发行。本期债券发行金额3.22亿元人民币,为6年期固定利率债券,票面利率为8.8%。

经鹏元资信评估有限公司综合评定,本期债券信用等级为 AA。

（8）中小企业增信集合债券

2014 年,第二期抚顺市城建投资有限公司小微企业增信集合债券于 1 月 28 日成功发行。本期债券发行总额计人民币 10 亿元,为 4 年期固定利率债券,本次发行剩余 4 亿元,票面利率为 7.08%。经大公国际资信评估有限公司综合评定,本期债券信用等级为 AA。

3. VC/PE

（1）新募集基金

2015 年 1 月份,中外创业投资及私募股权投资机构新募集基金共计 25 支,24 支基金披露金额显示新增资本量 11.99 亿美元,募集规模较小,与 2014 年 12 月 59.12 亿美元募集规模相比,环比下降 79.7%,基金募集规模继续回落。

1 月完成募资的基金中,值得关注的一支基金为深圳远致富海三号投资企业。深圳远致富海三号投资企业成立于 2014 年 12 月,目标规模约 14.16 亿元,存续期 5 年,主要用于对深圳市高新投集团有限公司增资。

（2）新设立基金

2015 年 1 月份,中外创业投资及私募股权投资机构新设立的基金数共计 24 支,披露目标规模的有 19 支。其中,值得关注的基金有中小企业私募股权投资基金。中小企业私募股权投资基金成立于 2015 年,目标规模 20 亿元,由合源资本投资管理有限公司负责管理,是首家由险资设立的私募股权投资基金,主要投资于中小企业。

（3）投资案例

2015 年 1 月份共发生投资案例 138 起,披露金额案例数 129 起,总投资金额达 38.12 亿美元,投资数量环比上月回调 6.12%,融资金额下降 4.2%。从投资案例角度来看,1 月获得大规模融资的投资案例全部集中于互联网行业和移动互联网行业。1 月 18 日美团网完成 7 亿美元融资,排名第一。

（4）退出交易

2015 年 1 月份共有 70 起 IPO 退出,涉及 55 家机构、35 支基金,其中,16 家有 VC/PE 的支持。成立于 2005 年的"快乐购"经历了湖南广电体制改革、引进外部战略投资者的历程,最终在深圳创业板 IPO,其背后的 5 家 VC/PE 获得退出。

四、国外数据

1. 美国

美国制造业采购经理人指数。美国 1 月 ISM 制造业采购经理人指数(PMI)回落至 53.5。分项数据方面:物价指数降至 35.0,预期会略微上升至 40.0,前值为 38.5;新订单指数降至 52.9,前值为 57.3;就业指数降至 54.1,前值为 56.8;产出指数降至 56.5,前值为 58.8;只有库存指数上升至 51.0,前值为 45.5。

美国消费者信心指数。美国 2015 年 1 月谘商会消费者信心指数102.9,创 2007 年 8 月来新高,大幅超过预期的 95.5。美国谘商会经济指标总监 Lynn Franco 表示:"当前对商业与劳动力市场环境的评估改善,帮助消费者提升了信心。消费者也对经济、劳动力市场和收入的短期前景表达了显著提高的乐观程度。"

美国非农业部门失业率。美国劳工部 2 月 6 日公布的数据显示,1月失业率从去年 12 月的 5.6% 升至 5.7%。1 月季调后非农就业人数增加 25.7 万人,增幅高于市场预期的 23.4 万。新增就业人数主要归功于零售、建筑和医疗保健行业。

美国工业产值。美国 1 月工业产出月率增长 0.2%,前值为下降0.3%。美国工业产出虽然在 2015 年 1 月略微上升,但并不足以抵消2014 年 12 月出现的下滑问题,表明美国工业领域 2015 年开局并不是那么令人振奋。

2. 日本

日本制造业采购经理人指数。日本 1 月制造业 PMI 终值为 52.2。产出分项指数终值为 52.7,高于 12 月的 52.5。新出口订单连续第 7 个月扩张,并且升速快于 12 月。

日本家庭消费者信心指数。日本 1 月一般家庭消费者信心指数从2014 年 12 月的 38.8 增加 0.3 至 39.1,创 2014 年 9 月以来的最高值。

日本失业率。日本 12 月经季节调整后的失业率为 3.4%。12 月新增就业岗位较上月增加 4.7%。12 月求才求职比升至逾 20 年高位,失业率创 1997 年 8 月以来低点。

日本工业产出。日本政府经产省最新调查表明,日本工业生产近期开始回升。据统计,日本 2014 年 12 月工业生产环比增长 1%,四季度工业生产同比增长 1.8%。其中,电子和机电业增长 5.2%,汽车业增长 2.8%。

3.欧元区

欧元区综合 PMI。欧元区 1 月综合采购经理人指数(PMI)终值为 52.6,为 2014 年 7 月以来最高,初值为 52.2,2014 年 12 月终值为 51.4。

欧元区消费者信心指数。欧元区 1 月消费者信心指数终值上升 2.4 点,至−8.5,预期−10.5。

欧元区失业率。2014 年 12 月,欧元区失业率为 11.4%,低于 11 月的 11.5% 和 2013 年 12 月的 11.8%。失业率最低的国家为德国 (4.8%),失业率最高的国家是希腊(2014 年 10 月数据为 25.8%)。

欧元区工业产值。2014 年 12 月,欧元区工业产值环比保持稳定,同比下降 0.2%;欧盟工业产值环比增长 0.1%,同比增长 0.3%。2014 年全年,欧元区和欧盟工业产值分别同比增长 0.6%和 1.0%。

第三章 中小企业融资的国际经验

中小企业融资问题不是中国特有的,基本上所有发达国家与发展中国家都面临这一问题。美国、德国、日本、韩国是中小企业融资问题解决得相对较好的国家,我们发现这些国家在处理该问题时有一个共同点,那就是政府较好地发挥了作用,积极介入中小企业融资领域,或是妥当有效地使用了法律或政策措施。

第一节 美国的中小企业融资

美国是世界上第一大经济体,其经济规模是位居第二的中国的两倍。美国拥有一批像通用汽车、波音、福特、苹果以及微软这样的巨无霸企业,同时也有从数量上看占比很高的中小企业,因此无论是联邦一级还是州级政府,都很重视中小企业的融资问题。对美国这样的发达经济体来说,经济政策与社会政策的基点是实现充分就业。在产业升级完成后,制造业等传统的劳动密集型产业被快速转移到国外,涌现出一批以知识、技术为基础的高科技中小企业,这些企业在助力经济增长的同时,带动了就业增长。众所周知,衡量政府政绩的主要指标包括新增就业岗位。自 2007 年次贷危机爆发以来,大企业纷纷大量裁员以节约成本,所以增加的就业岗位基本上是由中小企业提供的,这与美国较发达的中小企业融资制度有直接关系。

完备的金融体系,发达的资本市场,有针对性的专门法律制度,高效运作的行政机构,统一、规范、透明和相对真实的财务会计体系,使得中小企业在金融市场上也占有一定份额。美国中小企业融资制度归结起来有以下几方面的特点。

（一）创制和不断完善保护与促进中小企业发展的法律体系

为了扶植中小企业的发展,美国的立法机构首先从立法上加以规制,陆续通过了多部涉及中小企业融资的法律。早在 1953 年,美国国会就通过了《国家中小企业法》。1958 年对该法进行了修订,其中规定了政府应设立专业中小企业管理机构,加强对中小企业的管理和融资支持,对中小企业融资提供信用和信贷担保的对象、用途、担保金额以及保费标准等都有明确的规定[①]。如对担保企业资格就做了如下规定:只有符合中小企业标准的企业才能获得担保,要求企业主动投入一定比例的资本金,要求借款企业有足够的流动资金保证企业的正常营运等[②]。1958年,美国国会通过了《中小企业投资法》,给小企业的投资者以低息长期贷款和减免税收等优惠;制定并通过《小企业法案》,规定由政府成立中小企业管理局,为中小企业提供融资服务。此后,历届政府又陆续制定了十几项维护中小企业权益的法律,主要包括《中小企业政策法》、《扩大中小企业输出法》、《中小企业投资奖励法》等[③]。2012 年,美国通过了《创业企业法案》(JOBS),在七个方面对创业企业融资提供支持,包括允许私募基金公开宣传,允许银行引入更多投资人,放宽信息披露义务,使小企业上市更为便捷,允许企业通过网络平台融资等。2013 年通过了《创业企业扶助法》,该法又被称为"乔布斯法",进一步简化了 IPO 发行程序,降低信息披露义务,减轻审计成本。中小企业通过证券市场以及民间资本等融资方式,获得日常经营所需的资金。法律一直在加强对中小企业的融资支持,而与此对应的是限制大企业的《反垄断法》。可见,美国从一开始就认识到了发展中小企业的重要性。

（二）建立中小企业管理与援助机构以及资金援助制度

美国成立了隶属于联邦政府的独立机构——中小企业管理局,且在

[①]　荣冀川.中小企业融资制度比较研究[J].河北法学,2010(8):121-124.
[②]　贾康.中小企业信用担保的总体情境与财政政策匹配[J].改革,2012(3):5-20.
[③]　荣冀川.中小企业融资制度比较研究[J].河北法学,2010(8):121-124.

各州设立了众多办事处和分支机构,主要职能是向中小企业提供援助和咨询。中小企业管理局的主要贷款形式有以下三种:第一种是直接贷款。在至少1家私人银行(在人口超过20万的城市至少2家)拒绝向中小企业提供贷款或参加由中小企业管理局担保的贷款时,中小企业管理局可直接向中小企业贷款,最高额度不超过15万美元,贷款利率低于同期市场利率。第二种是协调贷款。根据1958年《中小企业投资法》的规定,这种贷款由中小企业管理局与地方开发公司和金融机构共同提供,包括地方开发公司贷款、小建设承包商贷款、季节性贷款、能源贷款、自然灾害贷款、控制污染贷款等。第三种是担保贷款。美国《小企业法案》第七条第一款规定,担保贷款授权中小企业管理局向不能从一般渠道获得合理条件贷款的中小企业所获得的贷款提供担保,即由中小企业管理局向放款机构担保,而由后者提供贷款。如果贷款逾期不还,由中小企业管理局保证支付占贷款总额一定比例的款项。担保贷款占中小企业管理局资金援助的绝大部分,其担保部分一般不超过贷款总额的75%,若贷款在10万美元以下(含10万美元),则保证支付80%。为鼓励中小企业扩大出口,中小企业管理局积极地为进入国际市场的中小企业提供信贷担保,担保贷款额不低于50万美元,担保比例可高达90%。另外,中小企业管理局还通过中小企业投资公司向中小企业提供间接融资。可以看出,美国中小企业管理局实际上起到了"最后贷款人"的作用,是推动金融机构为中小企业提供融资的重要制度保障。除了发挥"最后贷款人"的作用外,中小企业管理局对中小企业融资的促进,还体现在督促商业金融机构执行与中小企业融资有关的法律上。其主要依据是两部法律:一部是《公平信贷机会法》,该法规定,对申请贷款创办企业的个人或规模较小的借款企业不得实行歧视性政策;另一部是《社区再投资法》以及美联储的实施细则《BB条例》。根据该法与相关条例,美国的各类存款金融机构必须为所在社区的中小企业提供融资,这是衡量其"社区再投资表现"的一个重要方面①。

美国联邦中小企业管理局创建于1953年,1958年被美国国会确定为"永久性联邦机构"。局长由总统任命,直接向总统负责和汇报工作,

---

① 荣冀川.中小企业融资制度比较研究[J].河北法学,2010(8):121—124.

全国 10 个地区局的负责人也全部由总统任命。中小企业管理局的主要任务是,听取中小企业的意见及需求,及时向总统报告,并就保护中小企业的权益向联邦政府提出政策建议,促进中小企业的健康发展。美国中小企业管理局总部设在华盛顿,在美国 10 个大城市设有分局,有 69 个地区办公室,17 个分支办公室,960 多个服务点,员工总人数超过 4000 人。

从 20 世纪 40 年代起,美国就开始设立扶持中小企业发展的官方机构。美国政府的中小企业管理机构主要由三个部门组成:一是参众两院设立的中小企业委员会,主要听取中小企业管理局和总统中小企业会议对有关中小企业发展政策的建议和意见。二是联邦中小企业管理局,它是美国中小企业的最高政府管理机构,负责向中小企业提供资助和支持,并维护其利益。三是白宫总统中小企业会议,它主要就中小企业的法律制定、政策协调、资金融通、信息咨询和社会服务等问题进行讨论,以便总统做出决策。

近年来,联邦中小企业管理局为中小企业提供了超过 900 亿美元的贷款担保组合,还利用政府采购项目为 100 万家中小企业提供了近 100 亿美元的免费咨询和技术援助。美国中小企业管理局主要有以下几个方面的职责。

一是资金扶持。主要任务就是帮助中小企业创业者获得贷款。在提供中小企业贷款融资方面,中小企业管理局并不直接向中小企业提供贷款,而是通过向银行、信贷机构及其他贷款机构提供担保的方式向中小企业提供贷款。它还向中小企业提供风险资金,此资金由中小企业公司提供。在纳税方面,美国政府还专门颁布了有助于中小企业发展的税务计划,帮助中小企业推销产品,并简化为中小企业员工设立退休金计划的手续。国家税务局为中小企业提供 6 个月的纳税宽限期。在研究与开发方面,根据《中小企业创新发展法》,美国国会在 1982 年制定了中小企业创新研究计划,规定凡拨给本部门以外研究与开发费用 1 亿美元以上的部门,都必须按一定的比例向该计划拨出经费(比例逐年加大),符合条件的中小企业均可向该计划申请经费,以将其创新思想付诸实践。

二是咨询与管理培训服务。首先是咨询服务,中小企业管理局在全国有由 1 万多名经验丰富的退休人员组成的经理服务公司和 960 个中小企业服务点。中小企业管理局通过自愿和签订合同的方式为中小企服务,提供创业准备、计划拟定、公司成立、行政管理、商业理财等多方面的咨询。其次是管理培训,中小企业管理局通过商会、大专院校、中等学校、贸易协会和成年教育小组等为中小企业提供技术、经销及决策等管理方面的培训,开办讲座和讨论会,并配合发行各种出版物。

三是获得政府采购合同。为帮助中小企业尽可能多的得到政府合同,在初级合同中,中小企业管理局主要集中于"搁置购买"、"拆散购买"和"颁发能力证书"这三个方面。"搁置购买"是指中小企业管理局参与合同招标,事先选出适合于中小企业的合同搁置一边,待中小企业投标;"拆散购买"是指从专项合同中分离出一般性合同,或将一个单一合同分成多个小合同,以使中小企业获得更多订货;"颁发能力证书"是指如果合同招标方面对中小企业实履行合同的能力或信用有怀疑而拒绝与中小企业签订合同,中小企业可以请求中小企业管理局给予帮助。除此之外,中小企业管理局还积极推动政府机构和大企业在二级合同中向中小企业订货,为中小企业从联邦政府的采购计划中争得合理份额的货物和服务合同。

四是促进中小企业的进出口贸易。中小企业管理局制定了"中小企业出国流动资本项目",来帮助中小企业扩大出口,使多数商业银行可以利用这个项目为中小企业提供短期出口信贷。中小企业管理局还在中小企业集中的地区设立了出口服务中心,帮助中小企业寻找出口项目、设计出口战略、制定出口计划、评估出口可行性报告、申请出口信贷等①。

奥巴马政府在 2013 年的财政预算中也专门提出,将通过中小企业管理局支持中小企业发展的预算方案。该方案包含以下 7 个方面内容:一是通过促进中小企业获得信贷来刺激就业增长。预算中将对中小企业管理局的贷款项目提供 160 亿美元,分为 140 亿美元的长期贷款和 20 亿美元的循环信贷额度,后者将通过取款和偿还过程支持约总值 460 亿美元的经济活动。二是对寻求增长和扩张的中小企业实施减税。奥巴马已经签署生效了 17 项针对中小企业减税的法案,包括对一些关键的中小企业投资实施减免资本利得税,对新增加工资支出的中小企业提供 10% 的所得税税收抵减,对向员工提供卫生医疗类的中小企业进一步扩大税

① 科技中国."美国小企业管理局"词条[EB/OL]. http://www.techcn.com.cn/index.php? doc-view-73420,2009-03-25.

收抵减额度。三是鼓励对中小企业的投资。预算草案提出,对于中小企业通过股票进行的投资,其资本利得税永久减免。四是促进对经济陷入困境地区和对国家至关重要行业的投资。五是帮助创新性企业获得早期贷款。中小企业管理局通过中小企业投资公司,扮演类似于风投的角色,在中小企业起步阶段为其提供资金支持。六是促进中小企业,尤其是出口类企业更好地与联邦政府机构沟通,增加中小企业出口。奥巴马在 2009 年提出了 5 年出口倍增计划。财政预算中有 5.17 亿美元用于国际贸易管理局继续执行国家出口计划,该计划用于增加美国出口并增加相关工作岗位。七是促进地域性创新活动。中小企业对于地方经济发展至关重要,中小企业管理局每年动用约 340 万美元用于促进中小企业参与地方经济发展,包括科技创新以及增加地方就业等[①]。

(三)拥有发达的资本市场

美国拥有全球最发达的资本市场,其市场规模几乎可与商业银行等量齐观。中小企业在资本市场中也扮演着非常重要的角色。

(1)公司债券

美国公司债券没有对发行人的规模进行限制,因此很多中小企业可以通过债券发行取得融资。根据有无抵押品,公司债券可以分为有抵押品的公司债券和公司信用债券。前者根据抵押品的不同又可以分为 3 种:以产业或建筑物作抵押发行的抵押债(mortgage bond);以公司的机器设备作抵押发行的信托债券,如航空公司购置飞机时常常只付 20% 的定金,其余部分则通过发行信托债券的方式筹资支付;以公司拥有的其他证券作抵押发行的担保债券(collateral trust bond)[②]。

美国债券市场最值得研究的是高收益债券(high yield bond)。顾名思义,高收益债券的利息比一般债券要高很多,其特别适合中小企业。理论上,信用评级 BBB 以上的公司债券被称为投资级债券,违约概率很低,受到市场人士的认可。而那些投资级别较低的公司债券,风险较大,

---

①　纪振宇.美国小企业管理局三大渠道支持中小企业发展[EB/OL]. http://world. xinhua08. com/a/20120326/928651,shtml,2012-03-25.

②　人大经济论坛经管百科.美国资本市场—金融市场[EB/OL]. http://www. pinggu. com/index. php? doc-innerlink-%E7%BE%8E%E5%9B%BD%E8%B5%84%E6%9C%AC%E5%B8%82%E5% 9C%BA,2015-01-03.

只有较高的利息才能吸引到投资者。

虽然高收益债券理论上的违约风险较大,但实际上很多债券都能够按时赎回,因此专门有风险偏好较高的投资人投资于该类债券,很多成长性良好的中小企业成为发债主体,使得高收益债券的质量大大提高。1991—2011年,高收益债券的年平均发行规模在1000亿美元以上,超过公司债发行规模的20%,在促进美国中小企业发展、推动产业结构调整升级方面发挥了重要作用。

高收益债券的发行主体主要有以下几类企业:一是成长型公司,这类公司处于快速成长阶段,但由于设立时间较短,公司营业规模、历史和财务状况尚未达到获得投资级评级的标准。二是衰退期公司,此类公司曾获得过投资级评级,但因经营困境而被降低了信用评级,后续经营得到改善后,有可能重新获得投资级评级。三是高负债公司,公司的规模和收入属于蓝筹股的范围,但负债水平较高,评级公司给予其债券投机级的评级。此类公司通常通过发行高收益债券来进行债务再融资,以高利率来偿还银行债务、回购债券、债务合并或资本融资,以抵御恶意收购。四是用于杠杆收购的特殊目的公司,杠杆收购公司或上市公司的管理层通过设立特殊目的公司并发行高收益债券获得资本,用于收购目标上市公司的股权[①]。

(2)股票市场

美国有5个全国性的股票交易市场。公司无论大小,在投资银行的支持下均有上市融资的机会。

美国资本市场规模最大,体系最复杂也最合理,主要包括三个层次:一是主板市场。美国证券市场的主板市场是以纽约证券交易所为核心的全国性证券交易市场,该市场对上市公司的要求比较高,主要表现为交易国家级的上市公司的股票、债券,在该交易所上市的企业一般是知名度高的大企业,公司成熟性高,有良好的业绩记录和完善的公司治理机制,有较长的历史存续性和较好的回报。从投资者的角度看,该市场的投资者一般都是风险规避者或风险中立者。二是以纳斯达克(NAS-DAQ)为核心的二板市场。纳斯达克市场对上市公司的要求与纽约证券

---

① 贾昌杰.美国高收益债券市场发展的经验及其启示[J].金融论坛,2012(11):64—71.

交易所截然不同,它主要注重公司的成长性和长期盈利性,在纳斯达克上市的公司普遍具有高科技含量、高风险、高回报、规模小的特征。纳斯达克的历史虽然较短,但发展速度很快,按交易额排列,它已成为仅次于纽约证交所的全球第二大交易市场,而在上市数量、成交量、市场表现、流动性比率等方面则已经超过了纽约证交所。三是遍布各地区的全国性市场和区域性市场及场外交易市场。美国证券交易所也是全国性的交易所,但在该交易所上市的企业较纽约证券交易所略逊一筹,在该交易所挂牌交易的企业发展到一定程度可以转到纽约证券交易所上市。遍布全国各地的区域性证券交易所有 11 家,主要分布于全国各大工商业和金融中心城市,它们成为区域性企业的上市交易场所,可谓是美国的三板市场(OTC 市场)①。

(四)具有多层次的商业银行体系

(1)双轨银行制度

按对商业银行的管理体制划分,美国的商业银行可分为在联邦政府注册的国民银行和在州政府注册的州银行两种,这就是美国独特的双轨银行制度。国民银行必须是联邦储备体系的成员银行,受财政部货币总监、联储和联邦存款保险公司的监督管理,州银行则不一定要参加联储及联邦存款保险公司。

长期以来,美国的商业银行总数一直保持在 1 万家以上,其中国民银行占 50%左右。但国民银行中有许多是实力雄厚的大银行,如花旗银行(City Bank)、大通银行(Chase Manhattan Bank)、美洲银行(Bank of American)等,这些银行也是美国主要的国际性大银行。

(2)单一银行制度

单一银行制度是美国在 20 世纪 30 年代世界性经济危机后开始实行的,其目的是为了保证银行经营的安全性。单一银行制度不允许银行跨州设立分支机构,同时商业银行也不能经营投资银行业务。因此,美国商业银行的经营无论是在地域范围还是业务范围上,都受到很大限制。

20 世纪 80 年代以来,金融自由化的浪潮遍及全球,美国的单一银行制度也受到了很大冲击,商业银行纷纷要求放松这方面的限制以适应日

---

① 俞靖.中国多层次资本市场体系的现状与构建研究[J].科技创业月刊,2006(6):26—27.

趋激烈的竞争,有关法律已有所松动,美国商业银行的经营自由度也正在逐步扩大①。

(五)建立风险投资基金

受惠于美国高度发达的证券市场体系,美国中小企业融资的一个典型特点就是风险资本的参与和主导。美国拥有一个从纽约证券交易所(主板)到纳斯达克证券交易所(二板)、场外交易(OTC)以及地方证券交易所的完整市场体系。不同于新兴资本市场,美国证券交易市场实行注册制,企业不论大小,也不论所处市场板块的级别高低,其股票发行只需在证券监督委员会(SEC)完成注册登记即可,无需审批。此外,美国政府为支持中小企业发展,先后通过各项法案,鼓励和支持风险投资机构投资于中小企业,这种良好的外部环境支持和铸就了美国高度发达的风险投资制度。中小企业既可以借助中小企业管理局的支持实现债务融资,也可以通过引入风险投资企业的股权资本充实资本金比例,优化资产负债结构,降低经营风险。

风险资本对中小企业而言是一种重要的资本来源,中小企业的高风险和高成长性决定了风险资本存在的经济价值,因为对商业银行机构而言,向中小企业发放贷款意味着其在承受中小企业经营失败的高风险的同时却不能分享中小企业快速成长的收益,而商业银行风险厌恶的特征则决定了中小企业融资之路的难度和高昂的成本。所以,将中小企业这种高风险和高成长性结合起来,对风险偏好者而言是一种理性的选择。

风险资本并不回避风险,为了寻求中小企业成长价值的剩余索取权,其愿意承担更高的风险。事实证明,美国这种证券市场体系中的风险投资制度是相当成功的。对中小企业而言,风险资本的引入既可以充实企业资本、满足资本需求,也可以借助风险资本家的指导和培育规避经营风险,实现价值增长②。

---

① 上海疯狂英语. 美国的银行业系统[EB/OL]. http://www.crazyenglish.org/zhuanyeyingyu/bank/2009/0307/39753.html,2009-03-07.

② 陈晓尘. 我国中小企业融资创新的政策研究[D]. 上海:上海交通大学,2008.

第二节　德国的中小企业融资

与美国不同,德国企业融资主要通过信贷市场,资本市场居于次要地位。德国的金融体系与我国具有一定的相似性,但是德国的中小企业融资问题解决得比较好。这应归功于德国政府建立了一套开发性金融机构,以及引导商业性金融广泛参与的金融服务体系。德国联邦政府和州政府、开发性金融机构——包括德国复兴信贷银行(KFW)和州担保银行、商业银行、工商协会和担保银行等,是德国中小企业社会化融资体系的主要参与主体。这些主体相互合作,形成风险共担、收益共享的中小企业社会化融资体系。

（一）政府在中小企业社会化融资体系中提供政策性支持

联邦政府通过《德国复兴信贷银行法》,保障德国复兴信贷银行在中小企业融资体系中的地位和作用,为德国复兴信贷银行在资本市场上的融资提供政府担保,并为担保银行提供一定份额的再担保,通过专项资金向担保银行发放低息长期贷款,以冲销部分担保损失。一方面,担保银行不必缴纳企业所得税;另一方面,州政府和联邦政府一起,对担保银行的担保进行一定份额的再担保,份额最高可达再担保额的 65% ～ 80%。德国复兴信贷银行是 1948 年按照《德国复兴信贷银行法》建立的国家政策性开发银行,联邦政府持有 80% 的股份,州政府持有 20% 的股份。同时,德国复兴信贷银行在经济危机出现时还能起到稳定经济的作用。

德国复兴信贷银行主要通过市场发行债券筹资,不吸纳存款。超过 90% 的资金从资本市场上筹集,剩余资金来自于由德国联邦政府提供的预算资金。长期以来三大国际评级机构均给予其 AAA 的最高评级,与德国政府评级相同。由于评级高,其发债利率较低。德国复兴信贷银行关于中小企业融资的业务由该行中小企业银行开展,约占业务总量的三分之一,是该行最大的业务领域。德国复兴信贷银行提供的中小企业融资项目结构简单、条件优惠,对重点支持领域提供更多低息优惠,体现政府产业政策导向,受到商业银行和中小企业的欢迎。融资产品以中长期贷款、夹层融资、股权投资为主,产品目录简明清晰。中长期贷款最长可达 20 年,保证了中小企业在发展过程中长期稳定的资金来源。夹层融资是一种介于优先债务和股权之间的融资方式,形成的夹层资本实质上是长期无担保的债权类风险资本。夹层融资较好地满足了德国中小企业对保持企业控制权和获取风险资本的需求。股权投资主要通过一些特殊基金来实行。

德国复兴信贷银行发挥了对商业银行的引导带动作用,特别是该行在某些促进发展的特定产品贷款上与商业银行风险共担,最高可承担80%的信用风险。

德国复兴信贷银行在中小企业融资业务中也具有核心作用,其 90%以上的贷款通过转贷方式发放。转贷模式是指德国复兴信贷银行选择地方银行作为转贷银行,通过转贷银行向中小企业发放贷款并由转贷银行承担最终贷款风险的一种贷款模式。德国复兴信贷银行以政府信用从资本市场筹资,在某些情况下政府还会给予适当的利息补贴。由于德国复兴信贷银行信用等级很高,其本身筹资成本就很低,加上政府给予适当的利息补贴,保证了该行能够以非常低的利率向转贷银行或中小企业提供资金。德国复兴信贷银行选择转贷银行也有一套公开、明确的方法、标准和流程。首先是有合作意向的银行可以联系德国复兴信贷银行销售部门,提交相关文件和信息;然后,德国复兴信贷银行专家会对银行进行评级,从定性、定量两方面评估其业务能力和风险控制能力,为转贷银行提供产品和流程的指导。德国复兴信贷银行对发放的每一笔转贷款都会明确客户对象。中小企业客户可以直接联系德国复兴信贷银行或者向转贷银行申请贷款,但不管何种申请渠道,都由转贷银行负责客户筛选、现场调查和评审,并由德国复兴信贷银行做出审批。在转贷银行承担最终贷款风险的情况下,德国复兴信贷银行实际上承担的只是转贷银行的信用风险,因此该行对具体贷款客户和项目的审批重点在于是否符合产品政策要求,而不必对中小企业客户的信用、财务状况进行分析,审批时间一般是 4～5 天。在德国复兴信贷银行共担风险的情况下,会审查中小企业客户信用、财务等情况,审批时间一般是两周左右。审批通过后德国复兴信贷银行会与转贷银行签订转贷协议,不论是否分担风险,均由转贷银行与客户签订借款合同并负责贷后管理。商业银行愿意按转贷模式与德国复兴信贷银行开展合作并承担风险的动力,一是满足客户对中长期低息贷款的需求,留住客户;二是德国复兴信贷银行在转贷模式中给予转贷银行足够的利益,其向转贷银行收取的利率要低于转贷银行向客户收取的利率。转贷银行通过转贷业务获得的收益在某些情况下甚至会超过自营贷款。通过利益分成,德国复兴信贷银行将资本市场筹集的低利率资金和政府利息补贴的好处转给了中小企业客户及转贷银行,自身也获得了低风险收益。

(二)储蓄银行集团和合作银行直接与中小企业合作

储蓄银行集团和合作银行地区性网点密集、贴近客户,专注于直接面向中小企业的零售融资服务,是中小企业的主控银行。德国的中小企业一般都有自己的主控银行。主控银行和中小企业关系密切且稳定,在多次重复博弈情景下能够较大程度地克服信息不对称问题,从而有效控制融资风险。储蓄银行集团是德国最大的银行集团,也是德国最大的中小企业银行,占中小企业贷款市场份额的43%。储蓄银行集团由乡镇储蓄所、地区储蓄银行、跨地区汇划中心等构成,包括433家相对独立的中小型银行,共有21.5万个营业网点。合作银行也是中小企业银行,占中小企业贷款市场份额的15%。合作银行由地方、区域、中央三级体系构成,共有1150家独立法人实体,1.97万个营业网点。由于德国银行实行混业经营,各种金融产品和服务都没有准入或退出限制,业务对象均包括所有的客户群体、行业以及地区[①]。这些商业银行在以下方面进行了创新。

首先,创新银客关系与金融产品。为了拓展中小企业客户,德国商业银行组建了专职中小企业客户的经理团队,协助银行将原来面向大型企业客户的产品改造成适应中小企业需求的产品。如根据客户经理反馈的客户需求,为使中小企业客户同样能够获得像资本市场直接融资一样的便利,德国商业银行降低了票据融资业务的门槛(原来的票据融资仅适用于大客户和2000万欧元以上的交易,新的票据融资将适用于金额在50万~500万欧元的交易)。此外,还针对中小企业设计开发了多银行资金管理系统,该系统除了基础的现金结算、资金管理服务外,还逐步

---

① 王怀宇.德国中小企业融资体系的经验借鉴[J].中国产业经济动态,2014(13):13—18.

增加了产业信息、新闻和股市行情发布等服务,并与一些外部机构合作提供其他增值服务[①]。

其次,积极转变角色,从"贷款人"变成"贷款中间商"。在拓展客户渠道的同时,德国商业银行也在拓展贷款资金来源。在充分借助政府力量和外部合作的基础上,2003年德国商业银行专门发起了一项针对中小企业"积极贷款"的活动,成立了中小企业贷款基金,并与其他银行合作向中小企业贷款[②]。此外,为了减轻资产负担,德国商业银行还尝试用证券化方式出售中小企业融资票据,2006年将第一批400份中小企业融资票据证券化出售(销售规模在1000万~5000万欧元),后来又将总额两亿欧元的中小企业可转债证券化出售。在证券化通路受阻后,德国商业银行开始拓展银团贷款渠道。2008年,银行业贸易融资协会(Bankers' Association for Finance and Trade,BAFT)通过了一项新协议,简化了银行间分担贸易融资风险的程序,使银团合作下的贸易融资成为可能。在此协议下,2008年德国商业银行开出了一张总额10亿欧元的信用证,然后充分发挥结构化融资能力,"分销"了其中的大部分风险。通过证券化、银团贷款安排和信用风险分销,德国商业银行实现了从纯粹的资金提供商到贷款中间商的角色转变,不仅帮助广大中小企业客户获得了更多资金来源,而且帮助其他银行和投资人接近中小企业,识别风险和发现机会[③]。

再者,创新中小企业中间业务。中小企业业务经营的不确定性决定了其业务经营的高风险性。除转变贷款人角色外,德国商业银行还创新中小企业中间业务,以降低风险和提高利润[④]。

最后,除传统对公业务外,德国商业银行还通过旗下基金管理公司(Commerzinvest)为中小企业提供利率、汇率风险管理产品,以及年金产品。2001年,德国商业银行成立了一家子公司Pensor Pensionsfonds AG,专门为中小企业提供成本更低的简化年金服务。在2007年、2008

---

① 丁振辉. 德国中小企业金融发展探究[J]. 杭州金融研修学院学报,2015(10):10-13.

② 曹金飞. 创新型企业融资新路径问题研究[J]. 经济研究导刊,2014(31):107-109.

③ 百度文库. 破解中型银行生存难题——德国商业银行的经验及教训[EB/OL]. http://wenku. baidu. com/link? url=Sxgs5sldvehB6TlnEgCsf3I2zYD7wIRCXYtVKHah8df0400FPeJSMqIiiUWJSKhfgfUwpu_S_EQA7BhGvIi5S4j0oeOtUstst9x1f9GAw2y,2013-10-31.

④ 丁振辉. 德国中小企业金融发展探究[J]. 杭州金融研修学院学报,2015(10):10-13.

年的金融危机中,企业的风险管理意识增强,对风险管理产品服务的需求大幅上升,这成为德国商业银行在逆市中稳定业绩的重要手段①。

(三)建立信用担保体系

依托覆盖全国的工商协会对中小企业的扶持和中介作用,建立社会化的融资服务和信用担保体系。工商协会在德国中小企业社会化服务体系中扮演着重要角色,包括为会员提供出口、创业、技术转让和法律等方面的咨询,提供一系列关于管理、生产、投资和融资计划等方面的培训,介绍各种政府支持项目,就融资和担保问题向银行提出建议等。

覆盖全国的工商协会对中小企业的扶持和中介作用,对于成功的社会化融资服务意义重大。根据德国有关法律规定,所有德国境内企业均必须加入德国工商协会。该会在德国国内承担着大量的公益任务,为企业提供各种服务,非常了解企业情况,可以为中小企业融资提供有价值的建议,并为它们提供相关信息及扶助②。

为了解决中小企业贷款抵押不足的问题,德国还建立了信用担保银行。政府为中小企业投资高风险的项目和开发落后地区的项目提供担保,其目的是为中小企业提供较为公平的贷款环境,最高担保额可达贷款额的80%。政府还有一些专项贷款贷给某些特殊类型的中小企业,设立了专门的贷款担保基金和对部分贷款进行贴息。其具体做法是,对中小企业的自由贷款给予高出市场平均利率部分的利息补贴,对中小企业最难获得的长期贷款给予贴息。与我国目前设立的以地方政府出资为主的信用担保不同,德国中小企业信用担保体系建立在经济界自助组织的基础上,政府的支持主要体现在再担保领域。在政府的主持下,代表经济界利益的中介机构承担了大部分担保银行的资金③。

---

① 百度文库.破解中型银行生存难题——德国商业银行的经验及教训[EB/OL].http://wenku.baidu.com/link?url=Sxgs5sldvehB6TlnEgCsf3I2zYD7wIRCXYtVKHah8df0400FPeJSMqIiiUWJSKhfgfUwpu_S_EQA7BhGvIi5S4j0oeOtUstst9x1f9GAw2y,2013-10-31.

② 王怀宇.德国中小企业融资体系的经验借鉴[J].中国产业经济动态,2014(13):13—18.

③ 王淑贤.中小企业金融、财税扶持政策的国际比较[J].经济师,2005(2):227—228.

第三节　日本的中小企业融资

在日本的近 700 万家企业中,约有 99% 为中小企业,它们集中分布于制造业、批发业、零售业和服务业。中小企业在带动出口和增加工业附加值等方面都占据着重要的位置,并为日本提供了近五分之四的就业岗位。日本金融体系偏向银行融资,中小企业和大企业一样,外部资金的供给主要来自于银行,同时也有资本市场的直接融资,并且直接融资具有不断深化的趋势。从总体上来看,日本企业的资金主要来源是银行贷款。日本中小企业融资模式的特征,可以概括为"间接融资为主,直接融资为辅"。

（一）扶持中小企业融资的立法保障

1949 年以后,日本政府前后制定了 30 多部关于中小企业的法律,形成了相对独立且比较完整的中小企业法律体系。1949 年出台的《国民金融公库法》批准设立了国民金融公库,帮助和促进了中小企业的小额贷款;1953 年出台了《中小企业金融公库法》,据此设立了中小企业金融公库,向中小企业提供长期低息贷款,以满足经济高速增长对固定资产的投资需求;1963 年的《中小企业基本法》,是战后日本制定的有关中小企业政策的根本法律。该法将原来的中小企业政策进一步系统化,包括政府对中小企业培育的基本态度、中小企业的定义等,又列举了政策项目,但对于项目政策的具体措施则由各项专门制定的法律来规范。这部法律将原来的中小企业政策进一步系统化,在此基础上,日本又陆续制定了《中小企业投资扶持股份公司法》、《中小企业现代化资金扶持法》等法规,支持中小企业的经营管理现代化和资金筹措。20 世纪 90 年代泡沫经济崩溃后,在国内经济长期萧条的形势下,日本进入了战后最大的经济结构调整期。随着日本制造业对国外投资的增加,制造业中小承包者也开始走向国外,特别是在亚洲地区融资。日本从中小企业现行领域的发展政策转向促进中小企业向新领域发展的政策,延迟了《特定中小企业者事业转换对策等临时置措法》的有效期,又制定了《中小企业新领域进入等圆滑化法》(1993 年),以支持中小企业的融资。同时,由于制定促进结构转变法律的必要性日益突出,日本又制定了《中小企业创造活动促进法》(1995年)、《新事业创出促进法》(1998年)。1999年,日本还对《中小企业基本法》进行了修订,为中小企业融资保驾护航①。这些法律的制定和实施进一步确立了中小企业的法律地位,并从不同方面鼓励和保护了中小企业的发展,为中小企业的快速、健康成长奠定了坚实的基础②。

(二)设立管理与促进中小企业发展的行政机构

早在1948年8月,日本就在通产省设立了中小企业厅,地方政府也相应地设置了中小企业局,从而形成了全国范围内的中小企业行政组织体系,在经营、管理、资金、技术等方面为中小企业提供必要的指导,并对政府部门制定的中小企业方针政策提出参考意见,反映中小企业的要求和愿望,协调企业之间的矛盾,对中小企业进行宏观管理和支持,以此提高其整体经营水平。此外,日本还依据《中小企业基本法》设立了具有各种职能的审议会,包括中小企业政策审议会、中小企业经营领域调整审议会、中小企业现代化审议会、中小企业稳定审议会等。它们作为总理大臣或省、厅首长的咨询机构,负责研究审议有关中小企业的政策和法律。政府从财政预算中拿出大量资金,建立了一个自上而下的官助民办、官办民营或官民协办的遍及全国的管理机构网络,即由中小企业厅、中小企业厅派生机构、中小企业审议会、社会团体与企业联合会构成的管理组织体系。与此体系并行的是遍及全国的中小企业情报网络,它们收集国内外与中小企业有关的各种经济、技术资讯,并通过中小企业地区情报中心和各地的中小企业局,将资讯提供给中小企业。

(三)设立专门服务于中小企业的政府金融机构

由于中小企业规模小,贷款风险较高,融资数量有限,为了弥补民间融资机构的遗漏和不足,扶持中小企业发展,日本在二战后相继建立了5个直接由政府控制和出资的为中小企业提供优惠贷款的融资机构,分别是主要向中小企业提供生产用短期小额贷款的国民生活金融公库(NLFC)、主要向中小企业提供为解决其设备投资资金不足和长期流动

① 荣冀川.中小企业融资制度比较研究[J].河北法学,2010(8):121-124.
② 彭十一.日本中小企业融资的政策性扶持及启示[J].商业时代,2007(35):42-44.

资金问题的长期低息贷款的中小企业金融公库(JASME)、商工组合中央金库、环境卫生金融公库以及冲绳振兴开发金融公库。前两个金融公库的资金来源于政府拨付的资本金和向政府借款,后三个金融公库主要向中小企业提供专项贷款。其中,商工组合中央金库主要向中小企业协同组合和中小企业团体发放贷款,资金来源于自己发行的债券,是半官半民性质的机构,政府对它的干预较大,不仅购买商工组合中央金库的债券,而且还掌握着任免该机构官员的权力,并委派金库监理①。

日本长期信奉政府主导型的市场经济观念,这些机构都由日本政府提供资金或由政府提供债务担保,资金来源也主要依靠政府。因此,日本中小企业的融资体系主要不是通过市场自发形成的。

2008年,日本政府依据《日本政策金融公库法》对其政策性金融体系进行改革,于10月1日成立了株式会社日本政策金融公库(JAC),统合了原有的国民生活金融公库、农林渔业金融公库(AFC)、中小企业金融公库以及国际协力银行(JBIC)的国际金融部分②。

(四)设立为中小企业融资服务的民间融资机构

日本设立了大量为中小企业提供融资服务的民间融资机构,主要有地方银行、互助银行、信用组合和信用金库等,其贷款对象为会员中小企业和所在地区的中小企业。在大阪府就有阿波、池田泉州等28家地方性银行以及尼崎、永和等30余家信用机构。据统计,地方性金融机构向中小微企业发放的贷款占企业贷款总量的60%以上,资金流动量占全社会总流动量的70%以上。为了改善这些民间机构的经营,国家允许它们建立全国信用联合会,使这些民间融资机构形成真正的全国性的经营系统,在更大的范围内进行资金调剂并经营一些特别的金融业务以获得额外的收益。另外,政府还允许它们买卖公债、贴现票据、代理证券投资,甚至买卖金银。可见,这些民间融资机构与股份制银行相比安全性更高、经营成本更低,减少了全社会的金融风险③。

---

① 荣冀川.中小企业融资制度比较研究[J].河北法学,2010(8):121-124.

② 谢沛善.中日高新技术产业发展的金融支持研究[D].大连:东北财经大学,2010.

③ 陈凤娣.日本中小企业融资体系建设及对我国的启示[J].财经科学,2002(S1):155-157.

（五）建立信贷担保系统

日本全国各地政府都设有信用保证协会,在中小企业从民间金融机构借贷经营资本时对债务给予保证,并由政府出资的中小企业信用保险金库对信用保证协会保证的债务进行保险。信用辅助制度的实行,可使保证协会分散70％～80％的担保风险。在主要依靠信用保证协会对中小企业进行担保的同时,另一个有利的配合机构是中小企业信用保险公库。信用保证协会是根据《信用保证协会法》设立的特殊法人,成立于1953年,它是以中小企业为基本服务对象,实施公共信用保证的政策性金融机构,其宗旨是通过信用保证提高中小企业的融资能力,促使其健康发展。而1958年日本政府出资107亿日元设立的中小企业信用保险金库,则旨在对信用保证协会进行保险。具体做法是,当符合条件的中小企业向金融机构申请贷款时,如果企业不能提供相应的抵押和质押品,就需要信用保证协会为企业提供担保。当信用保证协会对中小企业实行信用保证时,即可按一定条件自动取得中小企业信用保险公库的信用保证保险。信用保证协会向保险公库缴纳相当于保证费收入40％的保险费,当保证债务实际代偿后,由保险公库向信用保证协会支付代偿额70％的保险金。如果代偿后债权最终收回,信用保证协会将其中的70％交还给信用公库。在日本,信用保证制度与信用保险制度的配套使用被称为信用补全制度。由此可见,日本主要依靠政府的政策性贷款和完善的担保机制来解决中小企业的间接融资问题,以及间接融资中因信息不对称和逆向选择等造成的中小企业融资难问题[①]。在日本,由政府和银行共同出资成立的中小企业信用担保公司,负责对中小企业申请贷款提供担保。信用担保公司在全国设有52个分支机构,它们在为中小企业的贷款提供担保后,可以将相当于担保贷款的金额转到政府独资的中小企业信用保险金库进行再保险。当获得贷款的中小企业偿还贷款遇到困难时,可以从保险金库领取相当于应偿还金额70％～80％的保险金。在日本,不仅有政府全额出资成立的中小企业信用保险金库,还有民间的信用保证协会。保险金库和保证协会订立一揽子保险合同,只要在一定限额内,协会对某一企业的担保便可自动生效。信用保证协会提

---

①　荣冀川.中小企业融资制度比较研究[J].河北法学,2010(8):121-124.

供的担保额为:普通担保(有抵押或有保证人)4 亿日元,无抵押担保(有保证人)1.6 亿日元,无抵押、无保证人担保 2500 万日元,即中小企业最多可获得 5.85 亿日元的贷款担保。

在日本,中小企业可以用持有的赊销债权(包括应收的货款、运输费、诊疗费、工程费等)作为抵押向银行申请贷款,信用保证协会对其债务提供担保。此外,日本各地的信用保证协会还可以对净资产在 3 亿日元以上的中小企业发行的企业债券进行信用担保,这一制度为中小企业实现直接融资开辟了道路。担保费用为年利率 0.75%(有抵押)和0.85%(无抵押)。担保额度为 4.5 亿日元,如果加上一般担保和无抵押担保,最高担保额度为 5 亿日元。

(六)开辟多种形式的直接融资渠道

为了加强对中小企业的资金支持,日本政府鼓励中小企业到资本市场直接融资,积极拓宽其直接融资渠道。首先,允许中小企业公开发行股票和债券。对此,日本政府不仅积极认购,在 1996 年还建立了"风险基金",给发行债券的风险企业提供资金支持,为风险资本提供担保。其次,设立中小企业直接融资机构。主要有公私合营的中小企业投资育成公司以及由银行、证券公司和保险公司等金融机构出资设立的民间风险投资公司。再次,组建二板市场。在二板市场上,日本有柜台交易和交易所两部分,为中小企业提供股份转让和筹资服务,且上市条件十分宽松,亏损但有发展潜力的企业也可以上市。最后,加大社会融资力度。主要措施包括:设立专门的中小企业直接融资机构,如公私合营的中小企业投资育成公司,由银行、证券公司和保险公司等金融机构出资设立的民间风险投资公司等;允许并鼓励中小企业公开发行股票和债券,并鼓励政府金融机构对新兴的高新技术型中小企业进行风险投资,甚至以政府的名义直接认购中小企业的债券;在主板市场之外组建二板市场,为中小企业提供股份转让和筹资服务,使那些暂时亏损但有发展潜力的企业也可取得上市的机会[1];其他融资方式,如根据《中小企业现代化促成法》建立的设备租赁制度,为中小企业提供融资租赁业务,使中小企业能够及时更新设备,提高技术含量。

---

① 荣冀川.中小企业融资制度比较研究[J].河北法学,2010(8):121-124.

（七）成立中小企业互助基金

国外面向中小企业的基金很多，如韩国的中小企业信用保证基金、德国政府和银行共同出资组建的中小企业发展基金等。其中，日本政府设立的中小企业互助基金具有明显的特点，它一般采用会员制，带有互助基金的性质。如日本的小企业"自有钱柜"，入会企业可以随时从中得到无息贷款，贷款额为入会费的 10 倍，不需任何抵押和担保[①]。可见，日本已经形成完整的中小企业融资体系。

第四节　韩国的中小企业融资

在韩国的经济结构中，中小企业的数量相当庞大，占企业总数的95%。中小企业创造了 80%的就业岗位，是韩国经济及社会稳定的坚实根基。同样的，韩国的中小企业在创业、成长、发展的过程中，也被"融资难、人才难、研发难、销路难"等问题所困扰。韩国在破解中小企业融资难题方面有自己的特点。

（一）政府扶持中小企业融资

韩国政府有两项代表性的政府计划用于支持中小企业融资。一是信用担保计划。1976 年，为了降低中小企业融资中由于信息不对称、高交易成本及缺乏担保等原因导致的市场失灵，韩国政府成立了韩国信用担保基金（KCGF）。至今，韩国已经建立了针对中小企业的信用担保体系，即以普通中小企业作为援助对象的"韩国信用保证基金"，以科技型中小企业为主要援助对象的"韩国技术信用保证基金"，及以培育本地区中小企业为目标的"韩国地方性信用保证财团"。中小企业可以通过这些担保机构获得信用担保，并由此从银行取得贷款。研究表明，信用担保计划的实施，对韩国中小企业克服 1997 年亚洲金融危机具有重要的意义。二是政策性贷款。1954 年，韩国成立了支持产业开发和国民经济发展的韩国产业银行（KDB）；1961 年，韩国成立了专门为促进中小企业发

---

① 彭十一.日本中小企业融资的政策性扶持及启示[J].商业时代,2007(35):42-44.

展提供金融支持的韩国中小企业银行(IBK)。通过这两家专业银行,中小企业可以获得低于市场利率的政策性贷款。此外,韩国还有一些不同的政府部门,如韩国财政企划部、韩国中小企业厅(SMBA)等,都可以为中小企业提供政策性贷款。其中,韩国中小企业厅是政府政策性贷款的最大提供者。

(二)商业银行扶持中小企业融资

1997年亚洲金融危机后,韩国商业银行加大了对大中小企业的贷款。在亚洲金融危机中,大公司对银行贷款的需求下降,因此商业银行逐渐将贷款转向了中小企业。2001年,中小企业贷款业务总额占银行总贷款的69.6%,2007年9月,该数据上升到87.9%。

(三)创业投资基金扶持中小企业融资

根据《韩国中小企业支援法》,韩国政府于1986年设立了中小企业创业基金,重点对具有高新技术和有出口潜力产品的企业给予一定的支援、鼓励和支持。同时,韩国还启动了官民合作形式的投资基金,以其共同资金为启动资金,着力支持软件、机械等行业处于创业初期阶段的企业。韩国的一些公司,如韩国亚洲综合金融公司等,也设立了风险投资基金,向发展前景看好的优秀中小企业投资。此外,韩国政府还要求中小企业银行、国民银行等机构都设立创业资金,以此来支持中小企业创业。

(四)资本市场扶持中小企业融资

韩国还通过发展资本市场来逐渐改变中小企业融资单一化的状况。1996年,韩国政府参照美国纳斯达克市场,建立了自己的创业板市场——KOSDAQ市场,专门为知识密集型、创造高附加值的高科技公司以及中小企业提供融资,同时为风险投资提供退出的渠道,也为寻找高风险、高回报的投资者提供新的投资机会,对中小企业融资起到了积极的作用。目前,韩国的KOSDAQ市场已成为上市公司总市值位居世界第四、交易额和换手率名列全球第二的相对成熟的创业板市场。

从韩国的政策支持经验来看,以政策性银行、信用担保基金和创业板市场为主的韩国中小企业政策性金融体系,正在为保证中小企业稳定经营、风险投资、技术开发及国际化提供广泛的金融支持业务①。

（五）官民合作扶持中小企业融资

首先，适时改变政府扶持策略。韩国政府根据企业面对的不是区域市场或本国市场，而是全球市场的经营环境的情况，为强化本国中小企业国际竞争力，改变政府单边扶植政策，加大了民间机构的参与力度，充分发挥它们的资源优势和能力，使中小企业通过市场调节功能，自主提高自身竞争力。其次，官民合作加大融资支持力度。为了不影响民间机构的能力和自律性，韩国政府不采取直接干涉的方式，而是扮演支持者和合作者的角色。截至 2008 年 7 月末，已有 3000 亿韩元来自民间金融机构的资金，以民间技术评价机构的评估报告为基础，向技术创新型企业进行了投资，大大加强了对中小企业尤其是技术能力优秀的中小企业的融资支持力度②。同时，政府向中小企业支持部分研发费用，推动了中小企业的技术创新。

①　金小娟，陈志军.韩国支持中小企业融资政策的经验与启示[J].中国高新区，2010(4)：111－114.
②　杨晓庆.日本、韩国中小企业融资研究[D].长春：吉林大学，2013.

第四章　温州模式分析

改革开放以来,我国涌现出了珠三角模式、苏南模式、宁绍模式、温州模式、胶东模式等经济发展道路的不同探索。其中,温州商人的成功,使温州模式被世人乐道,产生极大的影响力。基于温州经济以中小企业为主的结构特征,以及民间金融复活和发育的状况,我们对温州模式进行解剖,这对研究中小企业融资问题也不无帮助。尤其是,温州民间金融的发展,从根本上讲就是传统信用模式的恢复。温州经济的崛起,与民间金融的活跃存在密不可分的关联。

第一节　温州模式的崛起

温州模式是对从改革开放早期开始温州民营商品经济发展迅速、人民普遍脱贫致富现实的总结与归纳。这一概念最早来自 1985 年 5 月 12 日《解放日报》刊登的题为《乡镇企业看苏南,家庭工业看浙南,温州三十三万人从事家庭工业》的文章,以及同时发表的题为《温州的启示》的评论文章。温州模式是在农村实行联产承包责任制的基础上,以个体私营经济为主要内容,以家庭和联户经营的民办工业与专业市场、农民购销员与民间信贷相结合为特点的发展农村商品经济的致富之路,也是一种以家庭为基础、以市场为导向、以小城镇为依托、以农村能人为骨干的一种新型家庭经济和市场体系相结合的农村社会经济发展模式。

当年的手工作坊制造曾创造了经济发展的奇迹,成为浙江乃至全国争相学习和效仿的新经济模式。直到 1994 年股份合作制在中国得到肯定和推广,温州经济模式一直领跑国内经济发展①。

　　温州模式的产生有其一定的时代背景。在我国实行计划经济时期,人民普遍贫穷,甚至基本的生活需求都得不到满足。俗话说穷则思变,但在当时贫穷是一种普遍性现象,温州人却率先脱贫致富,一定有其内在逻辑。温州人比较重实效,对没有吸引力的口号、宣传、政策、路线存在自然的抵制心理。当年家庭联产承包责任制也出现在了温州的永嘉。农民认识到集体性人民公社体制下农民个体的福利与收益是下降的。人民公社固然提高了农业生产率,但是农民不再是利益主体,没有独立的分配收益权、市场参与权,甚至没有劳动自主权、种植自主权。按新制度经济学理论,建立一种新制度的前提是交易成本因此下降。而人民公社模式,不仅使直接生产成本提高,更是导致交易费用大幅度上升。

　　其实,历史上永嘉学派的功利主义已经渗透在温州人的文化里。不尚虚名,反对空谈心性,而求实效。功利主义由南宋叶适倡导,吸引了一批追随者。因这个群体大多数人是温州永嘉人,故称永嘉学派。在儒家利义观笼罩思想界的背景下,永嘉学派提出利义一体的主张,"以利和义,不以义抑利",敢于冲断董仲舒的"正其义不谋其利,明其道不计其功"的正统意识形态,主张通商惠工,以国家之力扶持商贾,流通货币。尤其是,提出"钱行地上"的观点,认为财富就是像水一样流动,通过流动周转不断增值,道出了金融对财富增值和经济发展的重要作用,对温州民间金融发展有直接影响。

　　改革开放以来,国家以经济建设为中心,对社会经济实物的控制力有所松懈,给了温州模式一定的发展契机。当时温州虽然属于沿海地区,但是因为对台军事需要,很少有国家投资的大中型工业建设项目,新中国成立 30 多年来,国家累计才投资 6 亿多元,人均 100 多元。并且,温州自然资源贫乏,除了平阳矾矿,很少有规模储量的矿藏,人均耕地也不到半亩。在农业经济方面,温州属于自然条件恶劣型地区。当时交通条件也极差,不通铁路,没有机场,水路因为瓯江航道局限,沿海也只通往上海、宁波、福建,与外界相接的主要是一条路况较差的盘旋于崇山峻岭

---

① 李修科."温州模式"和"后温州模式"——温州经济中的温州人意识[J].中国证券期货,2011(9).

的 104 国道。1980 年全市工业总产值 4712 万元,人均 8 元,比一家大型工矿企业还要少很多。国有经济和集体经济本身薄弱,束缚少,这反而给温州人创业提供了有利条件。于是,利用国家允许个体工商户从事工商业的政策,以家庭加工业为主的温州模式应运而生。

温州模式从产生、发展到成熟,大致可以划分为以下几个阶段。

第一阶段是作坊式家庭工业的兴起。传统计划经济的最大弊端在于生产不是按市场需求而生产,而是按某些部门的意志而生产,生产决定消费,致使产品与市场产生巨大差异。温州人发现这种差异的存在,以市场需求为基础,让需求决定生产,从低端民生工业开始,联家联户,以需定产,在计划经济涵盖不了的空间地带活动,短期内获得了巨大成功,并发挥示范效应,带动当地的创业热潮,形成了较大的产业规模。如苍南的印刷业、乐清的低压电器业等。这些家庭型加工企业的技术并不复杂,操作简单,它们以市场为导向,通过几十万遍布大江南北的销售人员,形成供销网络,投资少,致富快。当然,这其中也有弊端,如假冒伪劣等,但毕竟不是主流,尽管它们容易被持负面看法的人利用来攻击温州模式。

第二阶段是小商品市场的建立。以 1983 年永嘉桥头纽扣市场的建立为标志。这也是此后浙江兴起的专业小商品市场模式的雏形。桥头市场模式被成功复制到义乌小商品市场、绍兴轻纺城、海宁皮革城、桐乡羊毛衫市场、余姚塑料城、台州路桥小商品市场等,成为浙江经济的一个共性选择。它是一种经营模式的转换,产生了全国性影响。从原先的走出去,几十万人跑市场,转变为客商自己跑来本地市场,信息、资金、最新需求变化、国际行业动态得以即时掌握,大大降低了原来跑供销模式的交易成本,促进了生产与销售的分离。

第三阶段是民间金融的复兴。温州是我国民间金融最发达的地区。其民间金融互助至少有上千年历史,民间金融互助普遍存在,名目繁多,性质各异。在制度金融资源有限、不能满足需求的情况下,运用传统组织形式、充分发挥资金的作用成为一种自然选择。1985 年,温州第一家钱庄"复活"了。1986 年,永嘉试水十几家信用合作社。小额贷款公司也是温州吸收民间金融在服务于中小企业方面的经验而成长起来的。

第四阶段是集团模式的形成。实现初步工业化以后,资本原始积累得以完成。随着民间财富的急剧增加,温州中小企业需要为资金增值寻求新的出路。原来劳动密集型产业的相对优势逐渐失去,转向资本密集型产业投资成为必然。最典型也最有影响力的是,温州中小企业组成了以人文地缘为纽带的松散型集团,集合大量资金,发挥资金优势向全国各地发展,并在资源、房地产业获得极大成功。

第五阶段是破旧立新的探索。2011年起相继发生的温州民间金融风潮一直蔓延至今。是有效突破,还是走向衰落?温州模式面临考验。国家设立温州金融改革综合试验区就是要利用温州民间金融的经验优势,探索出一条民间金融创新之路。浙江省人大也通过了《温州民间借贷管理条例》,助力温州民间金融获得新的发展机遇,早日走出危机阴霾,为我国金融改革做出新贡献。

第二节 温州模式的特点

每一种模式都有其独特性,温州模式具有鲜明的地域特色。我们认为,温州模式最核心的内容是以民营中小企业为主体的经济结构,以及发育较快的民间金融为它提供了不断发展的营养。其他的一些特点只是依附在这两者之上的外在形态。

一、以民营中小企业为主体

社会对温州模式的第一个印象便是民营中小企业发达。温州国有经济、集体经济基础的薄弱使得民营经济有了相对较大的生存空间。在改革开放之初,计划经济思想仍然笼罩着大多数人,他们把国有经济、大中型企业作为经济发展的寄托。温州模式从一开始就摆脱了这一框架的束缚,以小微企业或者家庭作坊为起点,迅速崛起,取得了巨大的成功。温州经济中民营企业数量占99.5%,所创造的工业产值占95.5%,上缴税收占80%,外贸出口额占95%,从业人员占93%。可以说,立足民力、依靠民资、发展民营、注重民富、实现民享,是温州模式的本质特征。这种民本型的区域经济发展模式,彰显了温州经济的旺盛活力,契合了发展依靠人民与为了人民的有机统一,造就了藏富于民的典范。温州民营中小企业的发展具有以下两个主要特点。

一是集群经济。在温州,一个村或邻近的几个村往往是某一类或某一种产品的产销小基地,一个镇或者邻近的几个镇是某一类或某一种产业的产销大基地。这种区域性集群经济,具备高度的社会化分工和专业化协作的产业体系,形成了温州中小企业群体规模、技术和资金等生产要素以及品牌集聚的优势。这种优势最终体现为成本优势、价格优势和竞争优势。温州的打火机企业就是凭借这个优势,打破了日、韩等国垄断世界打火机市场几十年的局面。

二是"两头在外"。这里的"外"是温州以外的意思。温州可利用的各种资源非常贫乏,温州企业自身也没有多少人才和技术,但温州人通过自己的创造精神,做到了"无中生有"。温州本身没有汽车生产企业,而瑞安市的塘下镇却有数以千家的汽摩配件生产企业,成为全国四大汽摩配件生产和销售基地之一。还有不少温州企业发展品牌经营模式,如美特斯邦威,自己专门负责产品开发和品牌经营,没有生产车间,把生产外包出去。这被称为温州发展中的"零资源现象"①。

二、民间金融发达

在现代经济条件下,一个经济体离开金融支持是不可能有大的发展的。我们知道,历史上的主要地域性商业集团,其成功的基础都离不开金融的支持。徽商横跨500年,其标志是当店;晋商纵横大江南北,也是以票号闻名;宁波帮更是与宁波钱庄连接在一起。相形之下,温州模式也不脱窠臼,以民间金融高调唱响。国务院批准设立温州金融改革综合试验区,就是对温州民间金融发展的直接肯定。

温州民间金融的发展走过了很长的历程,既有成功的经验,也有失败的教训。金融是经济的养料,没有足够的养料,企业很难正常运转。金融不仅有集聚闲散资金的功能,而且有直接增加财富的作用。一个高效率的民间金融市场的存在,可以有效促进资金向高效部门流动,提高资金的边际产出,从而增加社会财富。在计划经济时代,金融供给是国家的事,所有的资金集聚行为必须集中在国有银行、信用社,贷款也由银

①   许强,周德文.从旧温州模式向新温州模式嬗变[J].现代人才,2007(6):12—15.

行、信用社负责,除此以外的渠道基本被切断,而且资金供应是有计划的,不是取决于经济发展的需要。换句话说,银行即使有富余资金也不能放贷。民间传统融资模式只是时断时续的小规模存续,除了在消费金融领域的生活性借贷外,生产性融资几乎绝迹。温州模式成功的另一个原因在于它激活了民间金融,突破了国家金融的体制性限制,涌现出源源不断的活力。

150多年前,宁波钱庄把宁波市场上聚集的资金借贷给去上海从事与西方贸易的商人,这些资金带来了比在宁波本土更多的价值。那时候政府对金融不加监管,开设钱庄相当自由。然而,在温州模式登场的时代,环境已经发生根本性转变,社会经济缺乏活力,金融在严格的控制之下,正面突破体制框架难上加难。温州人便在两个方向上进行创新:一是从传统融资方式入手,如合会;二是以改革的名义,尝试打开制度金融的缺口,创立一些小微金融机构,如钱庄、信用社等。

众所周知,合会原来是以生活性借贷为主的互助金融。为了弥补经济发展所需的资金缺口,温州人大胆利用传统合会的动能,使合会从生活性金融转变为生产性金融。温州合会里最有特色的是标会。标会的运作模式是,在会员中谁出标的利率最高,谁就获得该期会金。对急需资金的商人来讲,他们愿意出很高的利率,以满足本期资金周转需要,因此这与以前抓阄决定次序的方式相比有很大的创新。

温州模式在起步阶段以家庭作坊、小工场为主,需要的资金量不是很大,合会的发展在很大程度上弥补了银行、信用社等制度金融供给不足的缺陷。在原有的金融安排中,很少有人能贷到款,大部分人游离在体制金融之外。一方面,民间闲散的资金被强制吸收进银行与信用社;另一方面,个体工厂得不到所需要的周转资金。固有的金融体制存在很大问题,阻碍了金融效率的发挥。通过合会模式,可以把民间资金从银行与信用社系统中分离出来,使其成为民营经济的直接营养源。

一个商人接到了订单,要投入资金进行生产,必须进行外源性融资。这时,可以通过邀约众人,成立合会,集合资金。合会一般一个月一期,经过一个月资金周转,能够产生一定效益。而下一期,他不必归还全部集资款,而是归还十分之一或十二分之一即可。期间产生的效益足够支付每期本息,而且借款利息远远超出在银行的存款利息。早期的借款年息一般在 10% 左右,对民间资本的吸引力很大。其实,会员中的绝大部分人并不是资金需要者,而是资金的供给者,因为收益大他们愿意加入,甚至同时加入了多个合会。这样,以一个商人为中心组成一个合会,成千上万个商人就有成千上万个合会。有的商人资金需求量较大,就可以同时组织几个合会。温州民间合会的影响力由此扩大,密度也很大,参与者众多,后来发展到外地民众也可参与其中。

合会属于共赢模式。对会首来说,他达到了融资的目的,只要资金周转的收益大于利息支出,就可以获利,因为会首有天然权利获得第一次会款;对部分参加的会员来说,可以利用合会一次性获得一笔较大资金以从事一项投资;对于大多数以获取利息为目的的会员来说,他们是从融出方角度考虑的,银行存款就是机会成本,只要合会的利息收入比银行存款高都是可以接受的。当然,这些会员需要考虑到风险溢价。当银行存款利率为三、合会利率为五、风险溢价为二时,有一大部分人愿意选择银行存款作为无风险收益。但当合会利率达到十、风险溢价达到七时,多数人可能就愿意加入合会。这样的话,银行有没有损失呢?简单来看,银行损失了,因为原来的储蓄存款从银行系统流到了个人手里,体现为储蓄存款减少。但我们应该知道,在现代经济条件下,只有 M0 才可以游离于银行体系之外。这部分资金是进入生产与流通领域的,仍然没有离开银行体系,只不过变换为企业存款而已。由于企业的经营使产出更大,结果全社会的银行存款不是减少,而是增加了。其原因在于货币乘数。在国有银行体制下,货币乘数大约只有 3,而通过合会模式,货币乘数可以达到 4。

三、抱团合作

竞合观念与商业的繁荣有很大的关联。竞合是指竞争和合作的组合,即竞争中有合作。温州商人是世界上最活跃的商人群体之一。讲求地缘关系决定了温州文化具有不易融汇的特点。温州文化的不易融汇性,突出表现在外出谋生的温州人,通常很难与当地社会和文化融为一体。他们多以集团形式出现,并在当地营造出一个相对独立的"温州文化圈",如北京的"温州村"和法国巴黎的"温州街"①。

2003年的温州市统计资料表明,共有40多万温州人活跃在全球的87个国家和地区。据美国《世界日报》报道,纽约法拉盛人气最旺的超市,老板几乎清一色是温州人。而在国内各地活跃着的温州商人更是不计其数。温州人认为,经营关系是很重要的,建立起利益联盟,让联盟内的生意伙伴的利益都获得均衡,是商场上行之有效的潜规则②。古今中外,有很多成功人士就是借助别人的关系和能力,才顺利攀上了成功的巅峰。温州人在上海创业的人数达20万,创办企业2万多家,在上海的投资总额超过2000亿元③。即使是宁夏等相对欠发达地区,也有60多亿元的温州民间资本在那里"落户",推动着当地经济的发展④。

温州商人抱团合作在房地产业上表现得最为典型,影响力也最大。最多时温州有10万多人在"炒楼",动用的民间资金高达2000亿元。特色商铺、公寓、别墅是温州人"炒房"的首选标的。他们往往抱团组成温州购房团,采用团购模式,大量买进当地楼盘。然后等待房价上涨,出清房源,再转战下一个目标。也有人先在一个地方买一套房子,然后用这套房子作抵押,去买第二套房子,尽可能做大金融杠杆。大家已经知道,高杠杆在房地产业不景气时的危害性,温州金融危机不能不说也与此有关。

四、地瓜经济

某温州市领导同志曾对《经济日报》总编辑冯并时说,温州经济就像是一种"地瓜经济",不管它的藤叶长得有多盛、伸得有多远,但果实却始终长在根部。这与温州人生命力旺盛,善于"走出去",但最终总会"叶落归根"的特性很相似,也是由温州这个地方的特点决定的。温州人多地少,交通不发达,资源稀少,在本土发展的机遇越来越少,必须"走出去"。从当初几十万的供销员到今天的投资客,无论是投身实体经济还是从事套利投资,他们都是立足本土,把根扎在温州,向外谋求发展。

① 张苗荧.论温州文化的消极因素及其对温州经济的影响[J].华东经济管理,2003(5):4-6.
② 张小平.温州,中国"商界魔头"[J].中国中小企业,2007(12):31-35.
③ 尤海峰.内外温州人互动项目签约60亿[N].温州日报,2010-04-13.
④ 佚名.温州商人的九大生意要诀[J].中小企业管理与科技(中旬刊),2012(5):66-67.

温州经济虽然像地瓜那样不是很起眼,但都是"野生的",生命力很强,并且具有很强的扩张能力。地瓜藤叶四处延伸,占领外面的空间,充分吸收阳光雨露和养分,具有很强的扩张能力。温州经济善于"走出去",能够充分利用内外两个市场、两种资源。此外,它具有很强的反哺能力[1]。地瓜藤叶四处生长,但营养和养分最终还是要传送到根部来,最终受益的还是地下的茎果。

温州大约有 70 万~90 万人常年在外地或者国外经商。这些在外地经商的温州人喜欢把获利带回温州,反哺、滋养温州本土。这一点与 19 世纪末的宁波很相似。由于宁波帮经商十分成功,每年会有大量资金汇回宁波。然后,这些资金又通过宁波钱庄借贷给在沪、汉、京、津、杭等地的宁波帮人士作为经营资金。这种模式能够带来两个好处:一是促进本土经济发展,提高居民收入水平;二是通过分享机制,使大家共同获得利益。温州民间金融发展必然要求有相应的收益作为支持。温州商人利用本地的民间金融资源,向外发展,获得理想的收益,再输送回本土,使处在金融链各个环节的人们都能分享合理的利益。

第三节 温州金融危机

温州金融危机既可以说是发展过程中的曲折,也可以理解为现有金融体系下的必然结果。

一、温州民间金融危机的特征

温州民间金融危机有三个特征。

第一,众多担保公司资金链断裂。担保公司一直在温州民间资本链条中扮演着桥梁的角色,仅温州就有 270 多家的担保公司。但温州民间融资出问题之后,担保公司也集体"歇菜"了。担保公司在性质上属于金融企业,很多担保公司把融资套利作为主业,受前期"炒房"等投机因素的影响,把社会聚集资金提供给投机者炒作。由于宏观调控,我国房地

---

① 张斌. 创新招商模式　促进产业升级——以温州为例解读内源型经济的产业升级问题[J]. 领导科学,2006(16):10—11.

产市场曾一度濒临危机,致使许多炒房客投资失败,出现大面积不能按时还款的状况,担保公司也就出现资金流断裂,几乎全数歇业。

第二,老板跑路,弃置产业。2011年清明节后,首先是乐清的电缆制造企业三旗集团濒临破产,接着是龙湾江南皮革有限公司运营者黄鹤携家人"出走"停业,继而是温州餐饮连锁品牌波特曼、港尚记的老板……数起温州行业龙头企业资金链断裂或老板跑路的消息不断被爆出。其中,影响较大的是温州信泰集团。这家由胡福林创立于1993年的私企曾是温州最大的眼镜生产商,胡福林本人也被称为"眼镜大王",但真正让他风靡全国的是他的跑路。据估计,胡福林欠款达20多亿元,其中民间高利贷12亿元,月息高达2000多万元;银行贷款8亿元,月息500多万元[①]。

第三,温州金融危机具有延续性。2014年,温州又出现了第二波危机。13家著名温州企业倒在房地产投资上。如温州女企业家、腾旭服饰有限公司董事长徐云旭因资金链紧张铤而走险,涉嫌骗取国家出口退税2000多万元被立案调查。徐云旭曾介入地处温州龙湾的绿城"海棠湾"地产项目,合作商是绿城房地产集团的联合项目公司,腾旭服饰持股比例占30%。温州是全国房价下降幅度最大的城市,很多投资者血本无归,甚至出现大量弃置房产的案例,导致银行不良资产大规模上升。2014年温州受理金融借款合同纠纷案件6458件,涉案标的242.23亿元。这导致温州银行业坏账飙升,不良贷款率从2011年6月份的0.37%,上升至2014年3月份的4.01%[②]。

二、温州民间金融危机的原因

对温州民间金融危机的总结与反思还在进行中,不过我们看到的最主要的观点认为,2008年中央为应对美国次贷危机的负面影响而实施的4万亿元刺激措施,使得温州大批需要转型的制造业企业得以缓解纾困,同时刺激了我国房地产价格飞涨,使温州人敏感地认为这是一个机会,从而大举进军房地产业。据温州商会统计,几乎全国的每一个县都有温州的开发商,温州本地就有500多家房地产开发商。从项目分布上看,这

---

① 刘新宇,黄佩.温州担保业几近歇业状态[N].广州日报,2011-10-10.
② 21世纪经济报道.温州多家企业资金链断裂 大多倒在房产投资上[EB/OL].http://news.qq.com/a/20140709/002726.htm,2014-07-09.

些项目主要集中在三、四线城市,这正是房地产过剩最严重的地方。在银行贷款极度宽松的情况下,实业企业大规模涉足房地产开发①。一方面,银行贷款、民间借贷比较容易;另一方面,房地产也获利高企。当然,这显然只是表面现象,还有其深层次的原因。

一是资本需要寻找出路,而市场提供的出路狭隘。温州经济以小工业起步,利用资本、信息、市场先发优势,在劳动密集型行业获得大发展,积累了大量的财富。温州的工业化与宁绍杭不同,高科技、大型企业很少。家家都开工厂,门槛低,靠低工资、大市场、进出口维持经营。据估计,温州的民间资本在 6000 亿元左右,加上银行贷款,总数高达万亿元。这么庞大的资金堆积,需要寻找出路,实现增值,而温州本土产业已经容纳不了它们。民间借贷利率都在二分到三分之间,房地产业给温州人提供了临时性的资金出口,于是温州商人集中涌向了房地产业。2011 年温州的 GDP 是 3351 亿元,年末贷款余额是 6194 亿元,贷款余额是前者的1.85 倍。而房地产业属于资本密集型行业,很大程度上需要依靠资金来推动。同时,房地产业与政府、银行合拍。房地产价格上涨,政府可以卖出更多土地,地价也更高,对需要发展地方经济的地方政府有利益上的好处,可以增加政府财源,使城市建设新上一个台阶,推动 GDP 高速增长。对于银行来说,房产抵押资产属于优质资产,它们也乐意贷款、按揭,以此扩大银行资产规模。与此同时,央行在货币政策上采用宽松的货币政策,人民币汇率保持较低水平,每年贸易顺差甚大。央行买入美元,势必向市场投放相应的人民币,M2 每年以 20％以上的速度增长,货币过度供给,使房地产业获得源源不断的资金供应。温州"炒房大军"只是推动力之一。在示范效应下,各地投资客纷纷效仿,成为全国关注的焦点。然而,市场不可能永远扩张。一旦房产业出现停滞,原本进入房产领域的资金就会出逃,以减少损失。房产作为一种资产,与此对应的负债是银行或民间短期借贷,长期资产与短期借贷的不匹配性加剧了动荡。如果存在其他的有较高收益的市场,分流部分资金,而不是集中于房地产业,危机程度就会缓解很多。然而在我国现有的金融监管条件下,金融业是国家统一控制、监管的重点行业,具有很强的垄断性。虽然

---

①　黄秋丽.煎熬温州[J].中国企业家,2013-09-05.

从来没有一部法律禁止过民间借贷,但也没有法律明确鼓励过,民间借贷的活动空间极其有限。其实,温州资本也面临着 100 多年前宁波帮面对的同样的问题。宁波帮在宁波市场上积累的资金量曾高达 3000 万两,相当于清政府一年的财政收入。好在当时宁波金融业发达,为这些资金提供了一个较好的出口。通过钱庄等金融渠道,宁波市场上的资金没有流入投机领域,而是流入实体产业。当时在上海、汉口、天津、南京、杭州等地,都活跃着数量庞大的宁波帮群体,他们投资近代新式产业,获得了丰厚的回报。宁波帮也得以完成产业转型,从原来以商贸为主转向近代工商业。在宁波帮集中的地区,也有相应的金融服务,宁波钱庄通过在当地开设新钱庄,形成关联银行模式,把本土充裕的资金输出外地。回过头来看温州,温州既没有高附加值的产业支撑,金融业也受到强力控制,可以发挥的空间不大。外地的温州帮也以传统中小企业为主,房地产业对他们的吸引力很大。换句话说,温州经济现有的产业机构与资本存量出现了矛盾,不能提供合适的资本渠道,而金融又不开放,这是导致温州出现金融危机的本质原因。

二是互保模式违背金融风险控制原则。互保原本作为一种金融创新广受推崇,其实这是存在理论误区的。担保是一种或有负债,但是它具有债务传递性。当经济运行正常,借款人顺利还贷时,担保只是起到信用固强作用,给贷款人一种信心。但是当被担保人违约时,担保人就要承担连带责任,代偿欠款。小额担保可能不足以影响担保人自己的生产经营,但若是一笔很大的损失,则势必会抽空其生产经营资金,导致其出现现金净流出,需要寻找新的资金来源。此时,其信用的市场评价就会降低,若借不到足够的资金弥补缺口,只能坐等歇业。尤其是在经济不景气,出现大面积违约时,所有担保人也会跟着遭殃。温州金融危机中,互保问题特别突出。在乐清有 15 个贷款互保链受到巨震。每一个担保链都有复杂的结构,第一圈是 5 个企业,第二圈是 10 个企业,最后有几十家企业因此而捆绑在一起,其中的任何一家企业违约,最终都会传递到所有企业。经营正常的企业利益受损最大,因为它代偿了别人的债务。如果是一对一的互保模型,风险相对可控。问题是,互保模式普遍是一对多的格局,形成甲对乙、乙对丙、丙对丁的间接债务链。甲与丁也许根本没有往来,也不知道彼此的经营状况,但互保模式把不相干的它们连接在一起。丁出现违约,丙受拖累,传递到乙,最后甲承担了乙的债务,而债务的实际起源却是丁。

三是产业转型未完成。产业不转型,没有新的经济增长点,资本边际收益下降,吸纳不了大量资金,资本自然就会进入投机领域,追求高回报。2008年,信泰集团进军太阳能光伏产业,向银行和民间分别借贷6亿元,共计12亿元。将巨资砸进太阳能后,才知道这个行业的信贷政策都是向大型国资背景的企业倾斜,民营中小企业备受歧视和接踵而来的欧债、美债危机导致的国际市场缩小,产能过剩,欧美政府取消对太阳能的补贴,使行业利润率从70%骤降为10%。这些产业的机械装备投资动辄几百万上千万元,不可能一下子退出来。还有温州当地服装巨头庄吉服饰。2004年该公司进军造船业,曾被视作温州多元化经营的突破性试水。然而不久后,执意涉足造船业的庄吉服饰就传出资产清算的消息,后由政府牵头才与山东如意重组救市。一个经济体必须要有坚实的实体经济基础。当传统产业逐渐被淘汰时,产业转型就变得刻不容缓。反观温州,在产业转型上乏善可陈,这就值得反思了。因为温州不缺资本,而是缺资本输出地。当资本密集产业大批倒下时,没有高科技、高效益的中坚产业支持,其脆弱性就会被充分暴露出来。

四是高杠杆化。高杠杆化体现在过度借贷上。正常的企业一般需要维持一定的资产负债率。企业财务杠杆越高,意味着抗风险能力越弱。80%的资产负债率与50%的资产负债率显然是不同的。资产负债率越高,财务杠杆越大。一个企业的资产负债率是80%,意味着公司的全部资产中,每一元里有八角是借入的资金形成的。理论上负债是必须归还的,而自己的资产却有可能收不回,或贬值减价。产能2亿元的信泰集团,贷款有12亿元,其中民间高利贷6亿元,月付息高达2000多万元,银行贷款6亿元,月息500多万元。这表明其负债率大大超过资产的承受力,财务杠杆被过度放大。除了银行贷款以外,温州还有大量民间借贷,甚至出现大量套利人群。2011年7月,中国人民银行温州市中心支行发布的《温州民间借贷市场报告》显示,2011年上半年温州民间借贷市场规模约1100亿元,约89%的家庭个人和59%的企业都参与了民间借贷。2011年,民间借贷的月息已达六分甚至七分,最高的达到一毛五分。这意味着借贷100万元,一年光利息就要还72万~180万元。很多公务员和银行职员也参与其中。有报道称,曾有近6000套公务员房产被拿到银行抵押,抵押额达房屋评估价的七成,然后这些人将贷款拿去放高利贷。大多数公务员因收入稳定,银行还会给他们提供小额授信贷款。据悉,处级干部50万元,科级干部30万元①。正常的企业借贷,绝大部分流动资金来源于银行贷款,属于低成本资金,民间高息借贷只是一个补充,占比不大的话,总体借贷成本还是可以接受的。若民间高息借贷占比较大,利息成本就会形成压力。温州的状况是实业只是一个融资的平台,融资不是为了生产经营,而是为了投资金融、房地产业等高风险领域,而且借贷额远远超过正常承受力。其后果是所有投资不能有一笔出现问题,房产市场一旦停滞,整个债务链就会发生连锁反应,而且出现问题时几乎境况相同。民间借贷基本上是个人行为,以个人为名义,没有计入资产负债表。民间借贷资金成本高,企业必然要优先归还,生产经营难免会受到影响。企业经营受到影响,银行基于自己的风险控制,必然会减少授信,或提高授信条件。

五是预警不足。市场利率高企就是信号。温州民间高利贷在2006年就已大规模展开,一开始是三分,到了2008年慢慢变成了四分、五分,到2010年,八分、一毛的价格都出现了。开发商之所以敢借高利贷,是因为他们认为房地产业是暴利行业,再高的利率也能够承受②。2010年5月温州的民间借贷利率高达六分时,资金紧张,银行利率不能反映真实情况,民间借贷利率才是晴雨表。利率越高,风险越大,因为只有急于得到融资的人才愿意支付高息。民间借贷业者也有他们的风险控制手段,除收取较高的风险溢价外,也要做一定的信用调查。当很多人急需资金维持时,利率就会急剧上升。以单一借贷来看,高达10%的月息没有人会愿意承担。但是从借款人的角度考虑,借入相对小的资金,希望撬动其他资金链条正常运作,等待市场转晴,平均利率成本并不高。这也是高利贷之所以能风行的基础。若企业不能保持运转,原有资产就会大幅缩水,损失将远远大于高利贷的利息。当很多人都把希望寄托于高息资金而没有其他现金流的时候,金融风潮其实已经开始酝酿了。

---

① 本章部分内容引自:庞清辉.温州炒房团弃房跑路　炒房夫妻半夜裸身跳楼自杀[N].中国新闻周刊,2013-09-26.

② 黄秋丽.煎熬温州[J].中国企业家,2013-09-05.

第四节　温州金融综合改革前景

2012 年 3 月 28 日,时任国务院总理温家宝主持召开国务院常务会议,决定设立温州市金融综合改革试验区。会议提出构建多元化金融体系、鼓励发展新兴金融组织等举措,其目的在于通过加大金融资源的供给,缓解企业融资难、融资成本高的问题,从而实现资金的供需平衡,最终促进经济的平稳健康发展。会议批准实施《浙江省温州市金融综合改革试验区总体方案》,要求通过体制机制创新,构建与经济社会发展相匹配的多元化金融体系,使金融服务明显改进,防范和化解金融风险能力明显增强,金融环境明显优化,为全国金融改革提供经验①。

四年多过去了,除了浙江省人大出台了《温州民间借贷条例》,温州民间金融危机并没有得到根本性的改善,金融体制创新与再造方面也没有出现大的突破。我们认为问题的核心在于,我国目前的金融二元体系使得温州金融改革的空间极其有限。金融二元体系的指导思想是,既要使庞大的民间资金发挥正面作用,又不能冲击现有的金融秩序,这与温州民间金融的内在要求是背道而驰的,效果不彰也在情理之中。

我国目前实行的是制度内金融和民间金融并存的二元体系,对于民间金融,定位是消极的,法律是不健全的,市场是低层次的,功能是受限制的,发展方向也是模糊的。以法律为例,只有一部《民法》,而民法中虽然有债权一节,但对民间金融引起的债权却刻意回避,采取不鼓励、不否认的消极态度,与社会主义市场经济的现实要求相去甚远。民间金融的每一步突破都会面临法律的考验。当民间金融发展顺利,有利于经济发展的时候,法律会采取"有益的忽视"的态度;而当民间金融冲击到制度金融的时候,法律就会扩大不利于民间金融的解释,这恰恰是对金融创新最大的阻碍。

详细研读《温州民间借贷条例》可以发现,《条例》中明显存在对民间金融的偏见和与生俱来的不信任。比如,《条列》规定民间借贷要进行登

---

① 蔡春智.温州金融试验一小步　中国经济改革一大步[N].民营经济报,2012-04-02.

记,这既缺乏法理支持,也挫伤了民间金融的积极性。要知道,民间的普遍文化心态是"财不可露白",借贷属于个人商业秘密,没有人会愿意让他人知晓自己的借贷行为,包括借款方。如果强制登记,那就要存在一定的可视的效益使借贷者认为进行登记的结果好于不进行登记。像抵押登记一样,其能够确立抵押物优先受偿权,不进行登记,则会失去优先受偿权。如果借贷登记有利于债权人从债务人那里优先获得财产,那么借款人不必有法律规定也会主动进行借贷登记。《温州民间借贷条例》第十二条规定"不得对借款人逾期还款的利息部分计算复利",则体现了立法的思维混乱。逾期利息,不是利息的一部分,而是违约金的一部分。《合同法》等法律是允许收取违约金的。违约金属于正当得利,当然有足够理由收取利息。

在民间借贷中,若是一一对应的直接借贷,则根本不需要有人来管理和限制。问题在于出现了套利者。我国金融二元体系的本质,就是允许特许的金融机构经营套利业务,即资金中介。民间套利活动的风行,势必挤压银行等金融机构的发展空间。温州民间金融的问题要害也在这里,改革突破也必然要选定这里,才会有预期效果。

民间融资也是有风险的套利,逻辑上因承担风险而收取一定的风险收益也是合理的。当许多人从事套利活动时,积极方面是有利于资金资源的有效配置,消极方面是不仅可能导致市场秩序混乱,还可能产生区域性的金融风险。因此,政府对套利活动进行管制是有客观需要的。

核心的问题在于,是否应该允许民间套利存在。正确的思路应该是允许小额的零星的民间套利存在,不允许大规模的、大范围的、公开的民间套利存在。温州民间金融市场上存在着大规模套利的环境、条件、资源、心理、人群与需求,我们的改革应该因地制宜,切合实际,发挥优势,进行创新。

鉴于民间合会发达且规模大,有必要引导合会制度化运作。在现有的金融体制之外,新建合会储蓄机构,类似于储蓄银行之类的社区金融机构。应允许对当地中小企业进行贷款,其优点在于合会的公开化、公司化、制度化,既吸引了绝大部分民间资金,也有利于必要的金融监管。

合会储蓄机构不同于传统合会,也不同于以前的农村基金会、资金合作社,它是一种正式的浅层次的储蓄金融机构。利用合会的原有渠道、资源进行活动,保留一定的金融合作内容,其性质是营利性金融机构。比如,储蓄者可以优先得到借贷,享受最优惠利率等,应允许其进入资本市场、货币市场。但是,应该制定比例指标限制,防止从事过度投机的活动,或者因杠杆过高而出现流动性危机。又如,拆出资金不受限制,拆入资金要受到限制。在资本市场中,除债券投资外,允许有一定程度的股权投资,特别是中小型科技产业的风险投资。这一点有别于商业银行,《商业银行法》规定商业银行不能从事股本权益性投资。合会储蓄机构投资于本地的高科技中小企业,有利于促进经济转型,获得较高回报,充分发挥资本增值作用。合会模式与小额贷款公司、村镇银行模式也有区别。小额贷款公司不接受股东以外的社会存款,村镇银行可以吸收公众存款,但不能跨地域开展业务,是纯粹意义上的商业银行。合会公司是通过合会方式吸引公众存款,相当于是一个合会发起人,可吸收会员入会。会员可以是单纯的存款人,也可以是存款人、借款人双重身份,可以从合会公司借到钱用于生产经营或生活消费,有一定的合作成分。由于合会公司是由多个合会的发起人组成的,能够吸引到一定规模的资金用于对外借贷。在合会模式里,会员一般是亲友,属于熟人社会范畴。合会公司采用公司化、社会化经营,会员之间的关系不再局限于亲友,甚至大家都不认识。根据规则、约定与规例,合会发起人负有垫付违约会员款项的义务,这就使得信用半径扩大了。另外,合会实行注册制。由于温州合会市场基本上是成熟的,不必设置准入限制。若出现问题,市场必然会将其淘汰。因为有大量的合会同时存在,出现个别的支付危机是很正常的。可以先行做试点,试点期内采用准入制,以后再开放。

政府金融办监管合会,实行机构监管与职能监管双重监管,机构由温州金融办监管,业务接受监管当局指导。合会公司定位为民间金融,在法律上有一定障碍,这也正是需要创新与突破的地方。在《证券投资基金法》里,有一个阳光私募的概念,即允许私募基金公开化运作,向市场集资。合会公司业务就类似于阳光私募。单一合会属于民法范畴。合会公司涉及向不特定对象集资,尽管每一个合会参加者有限。如果我们以积极的态度、创新的理念去看待这个问题,很多事情就可以迎刃而解。合会公司就相当于是一个市场运作的私募基金。

除制度化运作合会以外,完善与加快区域性资本市场建设也是非常重要的。目前,全国已建成并初具规模的区域股权市场包括:青海股权交易中心、天津股权交易所、齐鲁股权托管交易中心、上海股权托管交易中心、武汉股权托管交易中心、重庆股份转让系统、前海股权交易中心、广州股权交易中心、浙江股权交易中心、江苏股权交易中心、大连股权托管交易中心、海峡股权托管交易中心等①。温州的现实条件不允许全国性资本市场落户,只能创造条件完善区域性资本市场。具体可以从以下几个方面进行。

一是发展股权资本市场。现有股权转让市场流动性不足,因此难以吸引更多的资金进入。为了吸引温州民间资本,有必要借鉴上海和深圳的股票交易所模式,设立温州股权交易市场。可考虑只允许温州企业的股权上市交易,且以中小企业为主,相当于一个袖珍型的股票市场,采用相似但略有不同的交易规则。把相当一部分资金吸收、保留在温州本土,促进本土经济发展和产业转型。

二是采用做市商制度。做市商就是合法注册的庄家,其业务受到监管。采用做市商制度有利于发现价格,稳定价格,保证流动性,对广大投资人是一种保护。

三是创新投资模式,允许有契约型投资存在。即除了股权投资外,还允许存在契约式的、约定赎回时期的、约定回报的投资模式。

四是开发票据型债券。因受到《证券法》的限制,我国目前只有大中型企业才有条件发行公司债券。温州是中小企业集中的地区,发行企业债券受到很大限制。要突破限制,就要创新机制,利用票据与债券性质、功能的近似性,开发票据型债券。票据型债券其实已有先例。中国人民银行的央行票据就是票据型债券,它介于票据与债券之间,兼有两者的特点。票据型债券是可以被分割成一定单元、以一定条件转让流通的票据。传统票据是完整的票据,不能分割。票据型债券就是把完整票据分割成一定金额的若干单元,便于投资人投资、认购。

五是利率市场化。利率市场化是我国金融改革的发展方向,目前已经完成主体设计。贷款市场利率基本开放,存款市场已经完全放开存款利率上限。温州的利率市场化始终走在全国前列。我国实施利率市场

---

① 程湘萍.我国多层次的资本市场解析[J].中小企业管理与科技(上旬刊),2015(12):151-152.

化完全可以在温州试行,放开存款利率下限。在货币市场上允许多层次金融机构同时进行交易,以获得市场均衡利率。根据金融实践,市场利率也是多层次的。第一层次是银行间货币市场;第二层次是银行间债券市场;第三层次是大宗信贷(批发)市场;第四层次是信贷零售市场。针对不同的借贷对象,应采用不同的利率水平。

附录:

温州市金融综合改革的十二项主要任务

(一)规范发展民间融资。制定规范民间融资的管理办法,建立民间融资备案管理制度,建立健全民间融资监测体系。

(二)加快发展新型金融组织。鼓励和支持民间资金参与地方金融机构改革,依法发起设立或参股村镇银行、贷款公司、农村资金互助社等新型金融组织。符合条件的小额贷款公司可改制为村镇银行。

(三)发展专业资产管理机构。引导民间资金依法设立创业投资企业、股权投资企业及相关投资管理机构。

(四)研究开展个人境外直接投资试点,探索建立规范便捷的直接投资渠道。

(五)深化地方金融机构改革。鼓励国有银行和股份制银行在符合条件的前提下设立小企业信贷专营机构。支持金融租赁公司等非银行金融机构开展业务。推进农村合作金融机构股份制改造。

(六)创新发展面向小微企业和"三农"的金融产品与服务,探索建立多层次金融服务体系。鼓励温州辖区内各银行机构加大对小微企业的信贷支持。支持发展面向小微企业和"三农"的融资租赁企业。建立小微企业融资综合服务中心。

(七)培育发展地方资本市场。依法合规开展非上市公司股份转让及技术、文化等产权交易。

(八)积极发展各类债券产品。推动更多企业尤其是小微企业通过债券市场融资。建立健全小微企业再担保体系。

(九)拓宽保险服务领域,创新发展服务于专业市场和产业集群的保险产品,鼓励和支持商业保险参与社会保障体系建设。

(十)加强社会信用体系建设。推进政务诚信、商务诚信、社会诚信和司法公信建设,推动小微企业和农村信用体系建设。加强信用市场监管。

(十一)完善地方金融管理体制,防止出现监管真空,防范系统性风险和区域性风险。建立金融业综合统计制度,加强监测预警。

（十二）建立金融综合改革风险防范机制。清晰界定地方金融管理的职责边界,强化和落实地方政府处置金融风险和维护地方金融稳定的责任。

第五章 传统信用模式分析

在传统信用模式里,影响最大的是以山西票号为代表的北方票号系与以宁波钱庄为代表的钱庄系。两者虽然都属于中国本土金融,但发展到清中叶已具有商业银行化的倾向,国外一般称之为 Old Style Bank 或者 Native Bank。典当的产生比钱庄、票号还早,它的作用已渗透到中国社会经济生活的各个方面,直到今天仍在发挥着部分作用。合会属于民间自发的互助金融,对农村产生的影响较大,近期有复苏的势头,以温州表现为最。此外,传统金融还有很多表现形式,诸如帐局、谷借、义仓等,甚至还有大家族基金从事放贷,但影响力都不大。本章主要探讨前四种传统信用模式。

第一节 票 号

一、票号的产生与盛衰

山西帮是经营票号的主要代表,从事的业务以汇兑为主,也兼营信贷。但是票号的存在范围不只限于北方,也不只限于山西帮,南方也有很多票号。如 19 世纪的上海,除了钱庄外,也有数量不少的票号。在宁波钱庄的根据地宁波,著名金融家严信厚、严义彬父子就设有源润丰票号。"红顶商人"胡雪岩的阜雪康钱庄,实际上也有票号的性质。而在票号的大本营山西,也有很多钱庄在活动。钱庄与票号作为两种不同的金融机构,各有业务重心,形成一种互补共生的关系。山西票号的中心在天津,但在山西本部往往设有总管理处,金融业务完全交由票号经理打理,不予干涉,东家只决定营业方针、会计核算、分红制度。许多人都提到票号的总部在山西,实际上是不理解总管理处这种金融管理模式。

据说最早的票号是 19 世纪 30 年代由平遥"日昇昌"颜料庄经理雷履泰创办的。该票号原来是颜料行,每年到重庆采购铜绿做原料,因发现有很多商人存在两地资金汇兑的需求,于是改组为票号"日昇昌",专业从事金融汇兑。19 世纪的中国,商品经济已经非常繁荣,各种记载大规模交易与商业活动的文献数不胜数。全国性市场逐渐建立,山陕商人南下湖广、福建,宁波商人北上天津、登莱,徽州商人更是遍布全国。这当中,汇兑业务必然客观存在,只不过不是由专业机构从事,而是委托商号兼营。如雷履泰,因经营铜绿业务,必然与重庆的商号建立长久的联系,彼此就有可能构建委托代理付款的关系。雷履泰利用自己的商业渠道为天津其他欲赴重庆采购的商人提供服务,收取相应的费用。经过长时期发展后,汇兑业务日渐成熟,专门从事汇兑业务的票号应运而生。其实,唐代的"飞钱"就是一种以票据为基础建立的汇兑系统。南北朝有民谚"腰缠十万贯,骑鹤上扬州",应该也是指汇票之类。

票号的重点在于票,与今天的汇票几乎完全同义。汇票是一种出票人(票号)出具,交由持票人(商人)向异地指定第三方收取款项的票据。其实,在明朝已经出现会票,会票即汇票。也就是说在票号产生之前,金融票据的雏形已经初具。另有一种会票,属于本票性质,也在民间流行,主要用于欠款清算。会票到期日,持票人无条件向出票人收取票面金额。

自"日昇昌"诞生后,以平遥、太谷、祁县山西帮为代表的金融资本获得飞速发展。此后一个世纪里,山西票号基本垄断了汇兑业务,号称汇通天下,后期甚至把业务拓展到了日本、韩国、俄罗斯以及南洋。

清末民初,在具有压倒性优势的银行业的新科技手段(电汇)的冲击下,票号显得疲态尽露,发展空间收窄。辛亥革命后,票号陆续退出历史舞台,并在 1934 年全部停业。中国银行草创初期,需要很多金融人才,还特别电令各地优先招录票号员工,同时也解决他们的失业问题。1911 年10 月以前,全国尚有 26 家票号存世,次年减为 24 家,1913 年减为 20 家,

1915 年再减为 17 家,1917 年只剩下 12 家,1920 年只有 9 家,1921 年只有 5 家,到 1934 年,全部停业。

二、票号经营模式

票号除专营汇兑外,还从事存贷款业务。票号经营模式很大程度上保留了传统金融的特色,也在一定程度上含有现代金融的元素。山西票号与官府联系密切,票号的管理者十分注重官场应酬,经常出入王公大臣之家,与之保持良好的关系,以此招揽业务。如"蔚盛长票号结交庆亲王,百川通票号结交张之洞,协同庆票号结交董福祥,志成信票号结交粤海关监督某氏"[①]。

(一)代理人制度与激励机制

代理人制度是现代企业制度的核心。尤其是金融业,必须由具有一定金融知识的人士担纲代理人。票号的东家作为出资人不参与经营管理,而是全权委托自己物色的经理来经营。无论是独资还是合伙,业务基本上由经理说了算,东家很少干涉。当然,东家也不可能不考虑到道德风险的存在,因此会采取一定的制衡机制。一般而言,东家会同时物色账房作为会计主管,经营往来得以基本掌握。经理要明目张胆地进行贪污、挪用资金比较困难。这在没有审计制度的情况下不失为解决代理问题的最优选择。在早期,道德风险较少出现,后期则越来越多。早期少,是因为在传统的熟人社会里,传统道德、宗教、教育等软约束还是比较有效的。而后期,中国社会的开放性加强,逐渐向陌生人社会转型,国人易受到金钱的诱惑,软约束弱化。

为了减少道德风险,激发经理和员工的积极性,票号一般采用干股分红的资历股机制,把票号的盈利与员工的收益相挂钩,这在增强凝聚力的同时也减少了道德风险。一般而言,经理在所有权上没有股份,但具有一定的分红权。东家通常会把经营收益分为十五六股,而不是资本的十股。也就是说,东家可以获得盈利的三分之二,另外三分之一由员工共享。经理由于职务的重要性及所负的责任,可以享受二股的分红。

---

① 乔建伟.山西票号的风险管理研究以及对我国现代银行的启示[D].石家庄:河北经贸大学,2013.

其他员工,按职务重要程度以及资历和年功享有不同的红利,占盈利的三到四股。学徒是没有工资的,也不享受花红,但是随着资历增加,具有一定年功的学徒可以分享年度红利。员工的从业时间越长,花红数额就越大,甚至超过工资很多,这对强化员工忠诚度和发挥员工积极性有较好的作用。宁波钱庄也有类似的激励机制,称为"恩股"。

在激励机制方面,票号"人身股制"具有以下特点:第一,享受"人身股制"的员工只占全体员工比例的三分之一左右,只有职务较高、资历丰厚的员工才有享受"人身股制"的权利,相当于管理层持股;第二,"顶身股"受惠面很大,基本以年资为主要给予依据,一定年限的服务可以折算成股份,但是高管与一般员工的折算比例不同;第三,因为学徒转正,年资增长,"顶身股"的人数与股数是逐渐增加的;第四,"顶身股"数量早期只相当于银股数的一半左右,后期最多时则超过了银股总数。

"人身股制"使票号的员工也能获得分红,打破了"谁出资,谁就有分红权"的传统模式,将票号经营的好坏与员工的自身利益结合起来,有效地控制了风险,也形成了票号发展的强大动力①。

(二)存款

票号也吸收存款,一般能达到几百万两。票号的存款一般分为几个部分。一是汇兑业务的短暂留存资金。二是股东存款。股东存款又称副本,虽不是资本,却能起到资本的作用,在特别情势下成为偿付债务的资本,相当于今天的次级长期债务。股东存款的大小对票号信誉有着较大的影响。因为票号相当于是无限责任公司,完全凭信用经营,资金实力雄厚,信用就好。在资本以外,东家也把自己的钱存入票号,作为长期存款,起到了博取利息、扩大规模的作用,还发挥了杠杆作用,吸收了更多存款,但与其他存款比不具有优先受偿权。三是王室宫廷存款。票号成立前,王室的大量现金储藏于内务府库与户部度支库。不但没有利息收入,还要支付高额的安全保卫费用。宫廷收入还要进行专业货币鉴定。票号成立后,清政府加以充分利用,把一部分国库功能外延到票号,因此国库存款成为票号的重要来源。清政府存款进票号,相当于开立一个银行账户,若需对外支付款项,只要开立一张付款凭证(支票)就能完

---

① 刘永春.从山西票号内控模式看银行风险管理[J].银行家,2014(1):56-57.

成,不必像以前那样现银称量、搬运,而且还要付利息。而当国库不足又急需用钱支付时,可以向票号透支,先行垫款,这极大地方便了宫廷财政的运行。北京是一个消费型城市,其收入完全依赖各省上缴的税款。有了票号,各省也不必把现银运送到北京,而只需把银两通过票号开具成支票即告完成,户部凭票到票号取钱,这就使效率大大提高。尤其是在太平天国运动时期,长江流域的战争把中国分割为南北两部分,广东、福建的税款对军饷意义重大,票号在其中发挥了极大的作用。美国学者琼斯和苏珊把票号比喻为清政府的中央银行,指的就是票号代理国库的功能。因此,票号对清政府财政产生了较大的影响,清末各地方政府纷纷设立官银号,民国时期改组为各省地方银行,代理地方国库。票号在北京的存款约占其所有存款的 30%,国库存款占了其中很大的比重。八国联军之役,慈禧太后西逃所需经费由票号垫支并汇解后,票号更加受到政府的青睐,慈禧还未回宫,顺天府和都察院就咨会山西巡抚催票号返京复业,票号进而承揽了各地庚子赔款的收解汇兑业务,还负责化解汇丰银行①。四是吸收富裕人士,主要是官僚与富商地主的存款。存款有定期与活期之分。活期存款随时可以提取,利率较低。定期存款与如今无多大差别,存款期限也是一个月、三个月、六个月以及一年。一年以上存款按一年期利率计算,但超过一年后,可以随时提取。由于中国一直采用金属货币,富裕者窖藏银两不会产生利息,所以他们纷纷将银两存放票号,博取利息。如福州将军文塑在阜雪康票号存款 70 多万两,福建藩司宋宝靖的存款也有 38 万两之多。

(三)贷款

票号集聚了大量资金,这些资金必须放贷取息。在放款业务上,票号比钱庄要保守。票号的资金大部分采取同业拆借,即不直接放贷,而是借给钱庄、典当等放贷机构。在近代中国经济由外贸推动发展的时期,票号获益不多,这也是它衰落的原因之一。19 世纪 70 年代,上海已经是中国的金融中心,经济发展需要大量的资金支持,本地融资需求大大超过钱庄的供给。钱庄从票号获得了大量的资金,从而为近代上海的

---

① 鲍夫,当代金融家. 信用与权力二重奏 票号与清政府关系述评[EB/OL]. http://finance.qq. com/a/20100812/004715_2.htm,2010-08-12.

繁荣发展做出了重大贡献。票号的放款业务主要有以下几个方面。

一是对清政府垫资。清政府不但透过票号将各地财政收支汇解,而且内务府也把积存的资金存放在票号。毫无疑问,面临财政短绌困扰的清政府也经常向票号借款。鸦片战争后,清政府的对外赔款压力增加,开始向"西商"(即山西票号)借贷,不过只是临时性调剂,旋借旋还。太平天国运动时期,财政窘迫加剧,尤其是地方财政解缴中央的京饷,求助于票号的垫款,即先由票号支付给户部,以后再归还给票号。如广东海关在 1862 年闰 8 月到 1863 年 8 月这一年的时间里,由票号垫款 130 万两。1879 年,福建省向票号垫支的金额达到 70 余万两,到 1910 年上升至 110 万两。浙江尚称富裕,20 世纪初,每年地方财政与海关款共短少近 200 万两,不得不重息以借商款,票号也是主要供应者。1874 年曾国荃向平遥帮借款 21 万两。左宗棠部用兵西北也前后向票号借款百万两。

二是扶持官员。这是一项特殊的业务,广为后人所诟病,并被视为封建金融。在中国传统社会,朝为田舍郎,暮登天子堂,科举制度使很多优秀的平民子弟得以跻身为官员。有些低级别官员,想在朝中活动谋取更高级别的职位,也需要大量资金。票号发现了这一客观上的需求,把这一人群作为放贷重点。在政治稳定时期,风险自然不太大,但在政治不稳定的时期就可能血本无归。因此,辛亥革命使票号的经营受到很大打击,原来风光无限的官员,一下被废黜,借款也就石沉大海了。若是新晋官员,赴任所需银两,向票号借贷,一个月或一定时间内是免息的。到任一方,除有薪金收入外,另有规费、杂项,甚至非法所得,还贷自然没有问题。同时,由于这种资助所形成的人脉关系,各种金融资源,包括地方国库无形间就被票号所掌控了。对于在京候补官员来说,清末卖官鬻爵半公开化,有了票号的金融支持,这些候补官员大半也能成功谋得理想职位,票号的后期回报非常丰厚,由此形成了从中央到地方与票号的密切关联。后人评论票号的封建落后性也不是空穴来风。

三是对商号钱庄存放款。票号向钱庄存放款是两者之间的一种商业交往关系。起初,钱庄的资本薄弱,需要向票号借贷。票号愿意支持钱庄,借以消化各地的存款;钱庄则依赖票号取得民间信用,以开展业务。票号与钱庄的性质、组织和营业范围不同,且可互补。钱庄的性质是兑换与放款,票号是汇兑;钱庄的营业范围只限于本地,一般不在外埠设分庄,票号的分号遍布全国各大商埠;票号的存款以公款为大宗,放款只借给钱庄、官吏及少部分殷实商号,钱庄的存放款则以一般工商业主为对象;钱庄做贴现、兑换、买卖金银、交换票据等,票号均未涉及;票号交结官吏,发行自己的纸币,钱庄规模较小,不发纸币,只开发有限的庄票,同城交换;票号主体业务集中于各地的往来汇兑,其他金融业务交由钱庄办理,在一些地方,票号委托当地有实力的钱庄为代理行。因此,票号与钱庄之间的竞争强度不大,业务鲜有交集。相反,钱庄得到票号的资金支持,可以更好地促进工商业的发展。

　　四是对近代工业、交通业发放贷款。到 19 世纪 80 年代后期,票号除对钱庄进行商业放款外,也开始对近代工业、交通业发放贷款。尽管数量不大,但无疑有其积极意义。1887 年,以李鸿章为后台的中国铁路公司为修筑津沽铁路,曾求助于山西票号,争取票号的支持。20 世纪初,在全国开展的收回路矿斗争中,山西票号曾做出过较大的贡献。如在山西成立保晋矿务公司向英国公司赎回山西矿权的过程中,山西票号曾垫支赎矿银 150 万两,并且是保晋公司的主要集股者。山西全省的同蒲铁路在修建过程中,得山西票号贷款 57 万两,占全部 72 万两借款的 79%。川汉铁路股款储存有 310 万银两,其中 106 万两股款交由山西三晋源、协同庆、天成亨、蔚长厚、蔚丰厚、新泰厚等票号收存,表明山西票号与商办铁路之间存在着融通资金的关系。山西票号还为近代企业收存股款、代招股金。1904 年,"大德通"票号曾在开封、上海、汉口、北京等地为河南均窑磁业公司代招股金。1906 年,"日昇昌"等票号曾为河南广益纺纱公司代为收储股金①。山西票号极重自身信誉,对从票号贷款的客户,也给予完全之信任。《清稗类钞》总结了山西票号的经营特色:"向重信用,不重契据,不做押款。"也就是说,山西票号向客户发放一笔货款,通常情况下并不要求客户提供抵押与担保,只要票号认为这个人值得信赖便可。山西票号界中流传的"万两银子一句话",说的便是山西票号的"信用贷"模式。

　　五是信用放款,不重抵押。票号放款的范围也仅限于钱庄、殷实商店和官吏,平常人无论支付多高的利率,都很难得到借款。票号对于借款人的信用审核异常严格,只有那些势力强劲、信用卓著的商人才能获

---

　　① 本章关于票号的描述部分引自:MBA 智库百科. 票号-金融机构[EB/OL]. http://wiki. chinaemb.

得融资。为控制风险,票号将大客户分为若干个信用等级,不同的信用等级代表不同的授信额度。如"大德通"票号规定:上上招牌授信不得过3万两;上招牌不得过2万两;上中招牌不得过1万两;中招牌必须审慎。这与现代金融业的信用评级有点类似,尽管评级方法不同。这足以说明票号的信用放款是建立在一定的专业与科学基础上的,值得肯定。

六是借款利率因人、因时、因地而异。票号放款的利率并不是固定的,而是根据当时金融市场的银根紧缺度与经济状况及借款人而定。放款的利息从八厘至一分二三厘不等。对于官吏,因为成功后的收益较高,贷款利率自然也会较高。票号也根据季节性因素以及银根松紧度的不同作出合理预期,推行满加利,即利率上浮。由于票号吸收的存款以大额存款为主,相对资金成本比较低,故其利差远远大于钱庄。

以上并不是票号的全部。票号立身的根本基础还是在商业领域。一边是从社会吸收存款,另一边是必须回款社会,发挥资金融通的功能。对商人贷款始终是票号的主营业务。因为近代中国制造业不发达,借贷对象自然以商人为主。商业贷款特点取决于商业流通模式:一是资金需求量大,长距离贸易,必须有一定规模才有规模效应。二是周转期短。商人自己也不想较长时间占用资金。三是或有性。商人为了完成交易,有时候不必使用资金,但要借助票号的信用。比如,商家购入某产品,不支付现金,票号提供10天远期票据。7天时,商家已经把货物卖出,用自己的货款支付票款。票号通过存放款支持商号、钱庄的经营活动。以"日昇昌"票号清江浦分号1852年为例,贷款给商号"郁丰号银500两月息7厘;丰兴典银4000两月息7厘;裕泰典银1000两月息6厘;德馨堂银2000两月息8厘"。

作为曾经发挥过重大影响力的金融机构,票号在银行业兴起与政治动荡的双重挤压下,可谓一夕崩溃。汇兑业务也在银行电报汇划的冲击下烟消云散。清朝覆灭,不但国库资金不再存入,原有欠款垫支也一笔勾销。最关键的是票号抱残守缺,不肯与时俱进,实现转型。曾经任"蔚丰厚"票号京都分号总经理的李宏龄,联系京城票号同仁,几经商议,在1908年4月23日以京都祁太平三帮票号名义和京都平帮名义,分别向祁太平三帮和平帮总号发出各家共同出资组建大银行的号召,以便抓住时机,实现转型,但可惜最终沦为空议。

第二节 钱 庄

一、钱庄的产生与发展

从 16 世纪明代开始,白银大量流入,带来了货币间的兑换需要。钱庄最早是作为兑换机构而非信贷机构应运而生的。英国人对钱庄的认识,最初也是"Shroff Shop",相当于印度的钱币鉴定兑换机构。后来随着人们认识的加深,钱庄被认可为银行的一种,即"Native Bank"。再后来钱庄积累了一定的资金,也做信贷业务,到 18 世纪中叶以后,才演变成以信贷为主的金融机构。特别是在南方的商业中心,往往都可以看到钱庄活动的影子。其中最有代表性的是宁波钱庄,包括清末在上海的钱庄,主要也是"宁波帮"钱庄。这里,我们以宁波钱庄为例介绍其发展历史。

在鸦片战争前,钱庄试图发行庄票,类似于今天的银行本票,以期起到流通中货币的作用,但由于没有准备金,很多钱庄滥发庄票,出现流动性危机,纷纷倒闭,持票人利益受损,成为普遍性的社会问题。于是,道光皇帝下旨各地方督抚,要求清查清理。这一事实表明,当时钱庄势力和影响已经很大。当时的浙江巡抚乌尔恭额在奏折里提到"杭州居民稠密,钱铺较多",宁波"逼近海关,商贾辐辏,钱铺稍大","俱以本铺之票向本铺取钱,从无注写外兑字样"(乌尔恭额:《浙省钱票情形折》,道光十八年十月二十三日)。杭州属于大都市,在被太平军占领前有 80 万人口,钱庄大多是兑换钱庄,从事社区业务,故数量很多,但规模普遍较小,而宁波钱庄的规模却很大。虽然宁波只有 20 多万人口,但宁波是中国沿海贸易中心,浙江海关就设在宁波,所以航运业与贸易相当繁荣。上海未开埠以前,福建与广东商人大都以宁波为基地从事南北洋贸易。在宁波从事贸易的商人分南洋帮和北洋帮。这与船舶结构有关,南洋船只走闽广,北洋船以走天津、登莱为主。1864 年,宁波恢复被太平军毁灭的钱业市场,即有大小同行钱庄 36 家。这些钱庄绝大多数集中于江厦街,故江厦街又称"钱行街"。

咸丰年间,宁波的钱庄业已相当发达。做过鄞县县令的段光清在《镜湖自撰年谱》里提到宁波钱庄开始实行过账制度,即在现金交易之外,信用货币被创造出来,通过记账与交换,完成清算。大约在1858年,钱庄业建立了同城票据交换系统,类似于今天的票据交换所。

宁波钱庄有广义与狭义之分。狭义的宁波钱庄是指在宁波开设、营业的钱庄,以及在外地注有宁波资本的钱庄;广义的宁波钱庄是指宁波模式的钱庄,即实行过账制度的钱庄,又称甬式钱庄。如嘉兴、湖州、苏州、福州等地,都采纳甬式钱庄的做法。据保留下来的1864年的庄规记录,同行过账30两起,即30两以上的交易,不再使用现金交手,而是通过钱庄过账清算。而据我们研究,过账制度早在1810年左右就已经出现,也就是说,它是一种完全本土化的制度创新。1918年宁波旅沪同乡会因宁波钱业风潮而致财政部的信函中也明确提到宁波钱庄的过账制度。

宁波钱庄还有一个值得关注的特点,就是出现了我国最早的金融投资业——空盘。空盘是一种沽空机制,俗称"买空卖空"。空盘的交易对象有多种,既有实物空盘,如桐油、银块等,也有金融空盘,如银钱兑换价、现水、上海规元等。据记载,宁波的空盘交易最早出现在19世纪70年代初。宁波的空盘市场是不是受到西方的影响已经无法考证了。一般推论,以宁波的历史地位,应该是受到了西方一定程度的影响。美国纽约人玛高温——一个1843年宁波开埠后第一批来华的西方人,记载了当时空盘交易的情形。玛高温是一个传教士兼医生,长期在宁波住留,最有名的事迹是建立了华美医院。他在《中国的行会》一文中写道:"直到最近,该城的银行家们每天在一条大街(或许可以名之为宁波的华尔街)上开市二次,以进行依苏州或上海(当它取代苏州成为货币交易中心后)货币市场对货值报价后的投机。对于不精此道的人来说,他可以想象出这样一幅场景:情绪激昂的疯子正从囚禁之地争先恐后地夺路而逃。在每天午前及午后的一个多小时中,他们充斥着那条街道,使之几乎不能通行。他们一直在大叫大嚷,喧闹声震耳欲聋,以致交易成否不得不靠手势来表达——伸出手指以表示货币出价和给价多少——比如伸出手指表示10银元,1银元兑换1130文铜钱,若买方同意了,则投机双方退出市场,做出交易记录。如果从货币市场传来信息,银元与铜钱之比价与已达成之协议有一文之差,则一方应付给另一方一万文铜钱。

一般来说,买卖双方都是经纪人,诸如银号老板,钱庄主、商人、小贩、学者——总之所有阶层的人都投入交易。这项生意是如此令人神往,以至于无数人都被卷入了投机的漩涡。超出该城市流通所需的现金会在几小时中在市场上被买卖。偶尔一次停顿,就会影响这些疯子。当损失惨重的投机继之出现破产和自杀的情况后,就会出现一份对此现象大加苛责的官府公告,禁止货币的卖空买空,并且在一段时期中,以前的赌场弥漫着平静的气息。但官方的幻想很快变得模糊起来,其禁令亦成具文。华尔街又变得和以前一样充满生机。"①当年《申报》对宁波空盘也有详细的连续跟踪报道,其情形与玛高温的记录几乎完全吻合。

19 世纪末,上海成为金融中心,钱庄业主要掌握在宁绍帮手里。实际钱庄的老板多是宁波人,而经理多是绍兴人,因此被归为绍帮,使人们以为绍帮大于宁波帮。那时候宁波已经成为多单码头,即资金输出地,出现大规模的外地放款,对上海、汉口、杭州等商业中心的宁波帮发放贷款。据估计,1919 年的贷款总额有 3000 万元之巨。福州的钱庄也主要由宁波帮经营,被称为北号。汉口也是以宁绍帮钱庄为主角,钱业交易所由宁绍帮人士主持。享誉京城的四大恒钱庄,也是宁波帮所开。1911年辛亥革命,仅方家钱庄在汉口的损失就达 400 万元,可见宁波钱庄的规模之大。从 20 世纪 20 年代开始,银行业兴起,30 年代前后兴起一股银行热,全国以上海为中心出现上百家银行,这些银行很多都有宁波帮的影子。第一代银行家由钱庄转行而来,如严信厚、王槐三、孙衡甫等。1947 年建立全国钱业联合会,两任会长秦润卿、沈日新也都是宁波人。

二、钱庄的类型

钱庄是有不同类型的。许多人对钱庄的类型缺乏必要的了解,由此产生很多误会,以至对钱庄的研究不能深入展开。今天金融业发达的香港仍存在的货币找换店就是钱庄的一种。兑换型钱庄也是钱庄,而且数量众多,不过它们不是钱业的主体,不能混淆在一起,搞清楚这一点是研究钱庄的必要前提。商业银行型钱庄与货币找换店型钱庄当然不能一概而论,若将所有的钱庄混为一谈,结论自然南辕北辙、不得要领。

---

① 玛高温.中国工商行会史料(上册)——中国的行会[M].北京:中华书局,1995:26.

宁波钱庄可以分为四种类别。第一种是大同行，它们参加钱业公会，进入钱业会馆，可以直接办理票据交换事宜。它们是宁波钱庄的主体。其特征是实力强、规模大、资本雄厚，以接受存款、提供授信与转账结算为主，很少从事传统兑换业务。按现代商业银行的定义，银行是指从事存款、贷款与结算的金融机构。大同行钱庄完全符合现代商业银行的定义，因此我们说大同行钱庄已经是完整意义上的商业银行。近代中国，上海是全国金融中心，但据很多史料记载，其多的时候有 100 多家钱庄，少的时候只有 50~60 家，这似乎与人们的认知有落差。这里的钱庄是指入(南北)市钱庄，相当于宁波的大同行钱庄，即有资格直接从事过账结算的钱庄，而有钱庄名号的其实不下千家。汉口 19 世纪末有记载的钱庄达 500 多家，大多数不过是兑换钱庄而已。1932 年实业部对浙江进行调查，结果显示，浙江共有钱庄 500 多家，而其中台州居然是空白，这显然是各地对钱庄下的定义不同造成的。大同行钱庄是钱业公会的会员。

第二种是小同行，相对来说资本实力稍逊，不能进入票据交换所进行交换，但可以接受商号开户，参加过账制度，不过要以某一家大同行的名义进行交换与清算。这家大同行被称为"认家头"，相当于该小同行钱庄的清算行。大同行进行清算后，再与小同行进行清算，增加了业务办理的麻烦。但是为了方便，一般会在过账簿上在大同行钱庄名称下注上小同行名称，来划分各自的业务往来。比如"泰康"、"庚余"、"泰丰"三家小同行认大同行"久和"为家头，以它的名义开展过账业务，它们给客户记账的过账簿上就会先写上"久和"钱庄，再在下面写上"泰康"等名号，以提高清算效率。小同行也是以信贷为主要经营业务，同时还保留兑换业务。小同行可以进入钱业市场中的货币兑换市场，成为做市商，并且建有自己的同业公会，叫做永久会，与大同行钱业公会没有隶属关系。

第三种是数量最多的兑换型钱庄。这种钱庄在乡村集市上也存在，如 19 世纪 60 年代鄞县凤呑市的春生钱庄。它们以兑换业务为主，也经营存款业务，相当于储蓄银行，但很少从事授信业务，吸收的存款拆借给关系密切的大小同行钱庄，一部分借贷给典当行。兑换钱庄可以分成甲乙丙丁四组，在上海，分成元亨利贞四型。有的甲组钱庄资本很大，在兑换业务上有一定规模与优势，也被允许进入货币兑换市场交易。

第四种有时候被称为钱庄，名为钱摊，其实称钱桌更合适。一般没有固定门面,只是在街角人流多的地方放置一张桌子作为营业设施,专为过往行人兑换,赚取买入卖出价差,以博蝇头小利,但是营业成本低,灵活方便,也有一定的市场空间。

1932 年中国银行对宁波城区的钱庄做过调查,宁波城区有大同行 41 家,小同行 28 家,兑换钱庄 91 家,合计 160 家钱庄。

以上四种钱庄的结构与市场需求密切相关,彼此业务有交集,但各有优势。比如钱摊,固定费用少,在兑换价格上具有竞争力,而且就在街边,方便客户交易。大同行钱庄集中在江厦街及附近,那一带也因此形成了金融中心。兑换钱庄主要吸收附近小额存款,但是在信贷市场里没有优势,于是它们把资金拆借给大钱庄或典当行。小同行为小微客户提供各种金融服务。由此形成错落有致、高差有序的钱庄结构,以满足各个阶层的金融需求。这种结构是与社会经济结构形态紧密相连的,是市场自然产生而不是制度规划的结果。

三、钱庄的组织结构

钱庄的组织结构与现代商业银行既有相似之处,又有自己的特点。19 世纪末期,钱庄的组织结构已经基本定型,更早的初创期时的面目已不可辨。宁波模式的钱庄虽然可以归入传统金融的范畴,但也已发展到商业银行阶段。钱庄固然不能等同于近代商业银行,两者的差别是明显的,但是钱庄已包含很多近代金融的元素,是另一种类型的商业银行。毫无疑问,这与过账制度的实行是分不开的。

首先,钱业是最早实行所有权与经营权分离的产业,在全行业中采用职业经理人制度,具有一定的现代企业制度因素。究其原因,主要在于金融业的专业性与高风险性。资本家有资本,但缺乏专业知识与经验。于是,资本家要开钱庄,第一步也是最重要的事情,就是物色经理人。经理人品质的优劣会影响到钱庄的发展。我们发现,存在某一钱庄经理又兼任另外钱庄经理的情形,这是因为经理属于同行中资历深、有信用的人,钱庄需要借助他的信誉立足市场;同时又因为涉及利益均衡问题,此钱庄经理必是同一家族集团成员,其主要目的在于培养副经理,弥补其资历不够的缺陷。钱庄开业后,资本家一般不干涉经营活动,对经理绝对信任。经理的经营业绩体现在每年向东家报红账,也就是损益,这与票号完全一致。

钱庄属于无限责任制。钱业很少有独资的情况,大多是几个人合股,多的甚至是十几个人合资。原因主要有两个方面:一是能够扩大钱庄业务的信用半径,每个老板都有自己的客户资源,借此可以把他们引进到自己的钱庄里;二是给外界一个实力雄厚的印象,增加信用度,在出现风险时发挥合力作用,增加抗风险能力。通过对宁波钱庄的样本研究,我们发现,除了方家钱庄喜欢独资(虽然也有几个股东,但都是方家自己人)外,其他都是合资的。

钱庄的资本分为长本与副本。长本就是正式的资本。副本不是资本,类似于今天银行的次级长期债务工具,也就是股东在资本以外,再提供一笔长期资金存在钱庄,由钱庄运用生息。由于是无限责任,钱庄倒闭后股东仍然负有清偿责任,这对股东没有损害,反而能提振钱庄的信用,增加实力。这与票号也有相似性。到了汪伪政府时期,钱庄至少在形式上已全部改组为股份有限公司。

主要股东相同的钱庄形成连枝钱庄。钱庄之间是彼此独立的,但拥有共同的出资人,用法律术语来说即属于关联企业。宁波钱庄很早就开始运用这种制度,可见钱业的理念是很先进的。比如镇海方家、小港李家、庄市叶澄衷家族、三七市董家、腰带河头秦家等。按一般人的理解,钱庄越大,资本越雄厚,则抗风险能力越强。这看起来与分散化似乎有些矛盾,但却有其自身优势。一是各个钱庄的业务重点不同,各有优势,不构成相互竞争,即使有竞争也便于协调,大宗的业务可以开展合作,比如联合贷款。二是大钱庄人员多、层级多,不利于管理,而分散化便于管理。金融业是道德风险高发地,人员一多,控制力必然被弱化,管理成本就会增加。三是有利于风险隔离。若很多家钱庄中的一家出现问题,则其余钱庄仍能够正常营业。但若只有一家钱庄,则一旦出现问题,风险就会集中爆发。四是有利于集合众多股东的资源,发挥合力优势。在今日的美国也普遍存在着类似的银行集团:很多资本家控制着一群彼此独立的小型银行,以此构成银行家族,而不是去把它们整合起来,组建成新的大中型银行。

钱庄实行员工激励制度。一般钱庄在资本以外,把分红权设为包括资本在内的 12~15 股。资本享受 10 股分红权,剩下的由员工享受。经理人享有最多的分红权,其他员工则较少,视年资与职位不等,其目的是为了提高员工积极性,增加凝聚力。这种分红权有专门的称谓,叫做"恩股",意指东主的恩情。员工要回报东主恩情,就应该努力工作。

一般钱庄的内部岗位设置与今天的银行基本相同。大致有经理(行长)1人,副经理1人或2人,主要协助经理工作。有些钱庄里有一个"太上皇"的角色,是荣誉性的职务安排。那些年高德劭、资历深、辈分高、对钱庄贡献良多的钱庄经理,退休后被给予照顾,可领取一份丰厚的薪资。有的人名义上仍是经理,但实际管理工作却是由副经理全权负责的。

还有一种职位比较特别,称为"三肩",地位在经理之下、部门负责人之上。三肩不从事实际业务工作,主要是大股东的亲属,或者与钱庄有很大关系的官府的亲属,属于关系户性质。另一方面,三肩又类似于股东安插的耳目,有情况时使股东能够及时获知。

账房,担当财务部经理与总会计师的角色,属于骨干人员。账房又可分内账房、外账房,内账房地位高于外账房。内账房核算经营盈余,控制总账。外账房相当于主办会计角色,主管分户账,按不同科目进行核算,包括流水账。外账房的报表账目由内账房汇总。

跑街,就是客户经理,是授信业务的骨干,地位也较高。钱业很早就实行客户经理制,施行第一责任人制。招揽存款,发放贷款,出现坏账由跑街负责。

长头,从事柜面服务。相当于银行临柜出纳。

信房,负责收发文书,函件往来,管理密押,草拟函电,经办同业、大客户往来书函等。相当于秘书。

银房,负责"钱清簿"、"银清簿"的登记工作。相当于现金库房工作人员。

栈司,负责现金运送等。相当于后勤。

学徒,不算正式员工,不能独立经办业务,也没有工资,有微薄的生活费,从事勤杂。年长的学徒可以协助处理部分业务。例如,跟从办理过账、与跑街一起进行授信调查、拓展客户等。学徒制与银行的练习生制相比显得相对落后。

四、钱庄的业务特点

钱庄的业务主要有贷款、存款、汇兑、兑换。有些钱庄资本家同时开设银楼，从事金银修饰加工、金属货币鉴定、杂银回收、银锭铸造等业务。

存款业务有定期、活期业务，与现在的银行并无不同。

钱庄的汇兑业务自然不能与票号比肩。一般在与本地经济联系密切的附近城市开展，业务性质与现在的银行汇兑差不多，主要实行代理行模式。如某钱庄与苏州某钱庄建立联系行，客户要汇款去苏州，钱庄就开出一张以苏州钱庄为付款人的银行汇票交给汇款人。同时钱庄通过发达的民信机构，把另外一联汇票递送到苏州钱庄查验。往往持票人未到，钱庄的单子已到。民信局可以算是中国早期的快递机构。多的时候，在宁波城内有几千人从事快递业务。快递系统的技术支持，使长三角地区钱业的汇兑效率并不比票号低，这也是"票号不能过长江"的原因。

货币兑换是最传统的业务，主要由兑换钱庄经营，有些小同行也设有兑换柜。1935 年 11 月 4 日法币政策实行后，全国币制统一，银元退出货币领域，兑换钱庄消失。后来，钱庄也经营外币兑换业务，香港的货币找换店就是这类钱庄的遗存。

无论如何，钱庄最主要的业务还是授信。授信不是一个新概念，早在 19 世纪二三十年代，宁波钱庄就开始广泛使用授信。它主要包括贷款以及银行信用的使用便利。这是钱庄认识到信用作为一种资源，加以综合运用而发展出来的。由此可见，钱庄的经营理念在当时已经比较全面、完整、先进了。

钱庄贷款有活期、定期之分。早期的定期贷款分三个月、六个月两种，称三对、六对，没有一年期以上贷款。可见，钱庄以流动资金贷款为主，符合了商业周转的需要。有一种特殊贷款，叫"抲进笼鸡"，是指在年底银根紧缩、备货过年销售旺季，实际贷款时间为两个月期，却按三个月收取利息。

比较特别的是活期贷款，不确定贷款期限，给钱庄随时可以收回贷款的权利。这对钱庄来说有两个方面的好处：一是有利于资金头寸的流动性管理，在头寸紧张时主动收缩贷款；二是钱庄可以用突然收回贷款的方法借机考察客户的资信状况,看看客户有没有其他资金周转能力和渠道,尤其是在多家钱庄开户、授信的客户。

最特别的是钱庄的活期贷款采用透支的方式。钱庄给客户一个透支额度,客户在这个透支账户下支用,收回款项也进入该账户,透支账户与结算账户合一,与今天的银行比较,少了派生存款一项功能。钱庄也允许客户另外设立日常支出账户,两个账户是分别独立的,钱庄不能把其他账户资金划入透支账户还款。

钱庄贷款快速、便捷、灵活。需要指出的是,钱庄与商业银行的授信管理理念有明显的不同,主要在于钱庄以信用放款为主,而商业银行贷款以抵押担保为主。

从现代商业银行风险控制机理来看,钱庄的有些做法是不太合宜的。但钱业的实践证明,其做法是行之有效的,这正是值得我们总结借鉴的地方。钱庄以信用为基础,客户也把信用当作生命。与票号不同的是,票号虽然也是以信用放款为主,但只给信用最优良的商家授信。我们知道,一个地区社会经济结构的正态分布必定是,优良企业占比很少,大量的客户处于良好、良以下的等级范围内,它们也需要融资。这部分客户若得不到必要融资而经营恶化,则优良客户的基础也会动摇,商品会滞销,效益会下降。票号不想承担风险,就会把责任推给钱庄。如果钱庄也不愿承担,那么社会经济的正常秩序就会被打破,经济增长与发展步伐就会停滞不前。在实践中,钱庄需要寻找出信用放款与风险控制的均衡点。若有客户被钱庄要求提供抵押或担保人,则会被客户视为是大失面子的事。现代银行中信用放款也有,但只占很少比例。而在钱庄那里,抵押、保证虽也存在,信用贷款却占绝大多数。

早期钱庄以商业贷款为主,后期随着现代工业纷纷建立,钱庄也把业务向工业领域拓展,与银行展开竞争。有些钱庄开始发放长期贷款,有的甚至发展到银团贷款模式。如从20世纪20年代开始,多家宁波钱庄对南通张謇的大生纱厂进行联合贷款,前提是财务经理要由银行委派以作为风险控制的手段,这与现在国际上流行的项目贷款模式有相似之处。这说明钱庄并不保守,而是与时俱进的,吸收新事物的能力也很强。

钱庄的押汇业务也颇具特色。押汇的原始意义是抵押汇兑。今天专门指国际贸易中的出口票据买入的融资模式。商人在从事季节性收储货物时要向钱庄贷款,可以把收购的物品专门储藏于钱庄指定的货栈,作为贷款抵押品,出售货物收到的款项则要优先归还借款。因此,有些钱庄资本家也同时经营货栈业务。

钱庄也从事票据业务,称庄票。按现代分类,庄票有本票、支票、汇票诸类,给客户融资提供了极大的方便。远期支票最有利于异地采购。客户持钱庄的远期支票到收购地的联行钱庄认证后,交付对方。持票人向当地钱庄贴现,贴现钱庄再向出票钱庄收款。有时候,庄票付款日未到,客户就已经把货物出清了,此时钱庄不必垫付资金,纯粹只是信用交易。如果在收购地没有联系行钱庄,比如在湖南岳阳,宁波钱庄就会先开一张汉口钱庄为付款人的庄票,汉口钱庄再背对背开出岳阳钱庄为付款人的庄票,这样商人就可以在岳阳完成采购任务。

钱庄本票也是庄票的一种,如宁波市场的鸟头票,又称咸单、祈发票,信誉良好,受到市场的欢迎,曾代替货币流通。鸟头票在渔业上被广泛使用。宁波是渔业中心,渔行在19世纪50年代全行业实行了过账制度。渔民出海作业3~6个月为一个周期,需要海上补给,不必捎带现金,而是由渔行向开户钱庄申请开具各种金额的庄票,交给渔民。渔民就可直接以庄票支付对方。渔业生产结束后,渔民再同渔行结算。而得到鸟头票的人,可以向出票钱庄收款,也可以在市场上直接支付给别人,因为信用良好,市场愿意接受,而且比现金还要方便。

第三节　典　当

一、发展概述

一般认为典当发端于南朝(420—589年),并与佛教传播有很大关系。早期佛教从西域经丝绸之路传到长安、洛阳。同时,因为中国在东晋时出现分裂,佛教利用航海从海上传到南方。佛教倡导不杀生的理念与因果轮回思想,对处于动乱岁月的中国人在精神上给予了莫大的支持。杜牧有诗曰"南朝四百八十寺,多少楼台烟雨中"。佛教有一个特点是化缘托钵,号召信徒舍施,累积到一定规模便重塑佛像或新建山门,其间需要很长一段时间，因此客观上存在一定时期的资金富余。另一方面，社会大众毕竟是贫户细民为多，要在平民中扩大影响，吸引信众，必须有一个有效的、有实际利益的联络手段。佛教长老们发现利用化缘集聚资金借贷给贫民以作周急是一个有效的方法，于是佛寺尝试质押放贷，给贫民提供小额生活信贷，后来演变为一种产业化的融资模式。

唐代时经济文化发展迅速，典当也得以保持繁荣。柜坊既有"飞钱"汇兑业务，又有类似于保管箱的寄存业务，也兼营典当业。同时官方也在一定程度上参与经营典当业，既可方便人民，调剂余缺，又能够增值，提高官员的收入水平。唐代在各级衙门普遍推行"公廨本钱"制度，公廨本钱以典押为主。

到了宋代，典当逐渐向专营发展，成了一种专门产业。北宋前期，沿袭唐代制度，典当有专营与兼营之分，柜坊仍大量存在。但不久转向专营，形成了一种独立的专门门类。据记载，当时的汴梁，士农工商，百作千行，都有代表本行业鲜明标志的衣着，而典当业的鲜明标志是着皂衫角带布顶帽。在南宋临安，衣巾装着，各行各业也明显不同，典当业者裹巾着皂衫角帽，一望便知。可见，典当业已形成全国性统一的制服标识。同时，典当业也已经形成一定的行业规范。宋人吴自牧在《梦粱录》里提到，临安典当业主需雇佣店员，要由解库的掌事介绍。在宋人赵素的《为政九要》中也提到，地方官到任，体察奸细盗贼之事，要求茶坊、酒肆、柜坊、解库、银铺等业，"各立行老"，随时提供可疑人事。可见宋代已经出现初步的行会特征，并且各有行老司事，进行行业性自律管理。当时也有官府经营的典当机构，称"抵当所"或"抵当库"。北宋官府设立的"公使钱"，与公廨本钱类似，其中有相当部分是经营抵当所的。1103 年，北宋朝廷下令各州县在交通枢纽和区域性商贸中心设置抵当库，官当由此向农村集镇延伸，为农民提供必要的金融服务。官当不是政策性金融，仍以盈利为目的。

金代的官办典当被称为"流泉务"。据《金史·百官志》记载，金代中都、南京、东平、真定等处，"并置质典库，以'流泉'为名"。流泉即是资金周转的意思。各设使、副一员，"掌解典诸物，流通泉货"。1188 年，京府节度使添设的流泉务达到 28 所之多。

宋代的寺庙典当业仍然很兴旺。陆游在《老学庵笔记》中提到，"永宁寺罗汉院,用本钱开质库,储其息以卖度牒,谓之长生库"。新州龙山少林寺宝觉迟大师有钱 20 万作为放贷的"长生钱"。

元代的寺院典当也比较活跃,仅《元代白话碑集录》提到的就有 40 余处寺院典当,其中大护国仁王寺典押出去的本钱就多达 26 万余锭。

典当业在明代也获得了迅速发展。那时候,钱庄还在萌芽中,典当成为主要的信贷渠道。今天的生活俗语"上当"就与典当有关。据说在明代,当店出于风险控制以及利益考量,会尽可能压低典压物的价值,无形中使出典人受到利益损害,由此在民间形成"上当店必受骗"的思维定势。不过,因为社会经济客观存在着融资需求,观念上的偏见并没有阻挡典当业的繁荣,甚至在比较偏僻的集镇也有典当业活动。明代最有名的典当是由徽州人经营的。因为柜台比较高,形成高高在上的气势,执事者被称为朝奉,类似于员外、大夫、郎中,体现了古代中国人的官本位情结。

在明代,典当业主要形成了福建、徽州和山西三大地域性帮别。福建帮以南京为主要活动地区,徽州帮活跃于南方及淮、扬,山西帮占据北方。明代的典当业在宋代的基础上又有较大发展,南京一地的当铺就多达 500 家。从此,"典当"一词正式出现,一直延续至今。"要想富,开当铺"成为当时人们的共识,很多大富商在经营本业基础上,也同时投资于当铺。《金瓶梅》里的西门庆一般被认为比较真实地反映了明代商人的生活形态,当铺也是西门庆的主要产业。明代时典当商已经可以与盐商、木商相抗衡而鼎足了。

到了清代,人口规模与社会经济总量获得了空前的增长,当铺已经扩张到有一定人口聚集的乡村集镇。据罗炳锦估算,1685 年全国有当铺 7695 家,1724 年有 9904 家,1753 年增加到 18075 家,1812 年发展到 23139 座。仅北京城内的当铺,1744 年就达到了 600～700 家。据彭信威估算,1685 年全国当铺有 15080 家,1745 年有当铺 22781 家。由于是估算,存在差距也很正常。其实,真实的当铺数量远远大于此数。他们的估算以县城一级为基础,实际上江南地区很多经济繁荣的集镇已有当店,如苏州盛泽、湖州南浔等丝业中心,经济繁荣,当铺数量就有好几家。而且,他们的估算也排除了兼业的当业活动,广大乡村还存在着大量兼营典压业务的商号,有的占业务的大部分,有的占少部分,无法统计。无论如何,清代典当业的发展规模都远在明代之上。康熙时期,当铺主要集中在华北与江南,全国18个行省,典当业覆盖了14个行省。到乾隆时,几乎各行省和地区都有了典当业,特别是甘肃和贵州的典当也发展非常迅速,康熙时期尚未有当铺,乾隆时就发展到1500多家,竟然超过了江苏、浙江和陕西。当铺最多的还是山西省,达到4695家,占全国总数的12%,居全国首位。按全省98个州县计算,平均每县有47家。这主要与山西晋商的金融实力有关。

　　清代当铺投资者,主要是皇当、官当和民当三足鼎立。皇当由皇帝或皇室拥有或出资开设,属于内务府经营[①];官当可以分两类:一类是各级政府设立的当铺,一类是官僚阶层个人或集资开设的当铺;大量的是民间地主商人出资开办的民当。乾隆朝《内务府奏销档》记载的皇当多达30余家,有准确字号的有20余家。其中,"恩露当"、"恩吉当"、"万成当"、"丰和当"、"恩丰当"5家皇当,本利银共149660两。官当在清代之所以兴盛,是因为政府允许和鼓励官府利用典当业的较强获利能力,来弥补经费的短绌。乾隆朝《内务府奏销档》记载了各旗经营的当铺名称和数量,每旗一般拥有3～5家当铺,每家当铺的资本多为1万～2万两,最多的有4万两。各地方衙门经营或参与典当业形成常态,构成了全国范围的一个官当网络,光和珅就有75家当铺,本银3000万两,此外还有以他人名义开设的当铺4家,本银120万两。随着资本积聚,民当在清末的发展呈现集团化的趋势。最典型的是"红顶商人"胡雪岩,在杭州城有"公济"、"广顺"、"泰安"、"公义"4家当铺,在金华城有"源生典"、衢州城有"广裕典"、德清城有"公顺典"、新市镇有"庆余"、"恒牲"、"同庆"3个当铺,在海宁城有"义慎"、"裕丰"2个当铺,在硖石镇有"万和典"、石门城有"大亨"、"裕大"、"大生"3个当铺;在江苏省苏州府有"悦来典",在镇江府有"裕丰"、"祥裕"等3个当铺;在湖北省兴国有"乾生典",在德和镇有"乾泰典"、"乾利典"等,与他的钱业集团一起构成一个庞大的金融帝国。

　　民国以后,银行业风起云涌,钱业日渐兴旺,但也没有掩盖住典当业的风头,侵削其金融资源,压迫其生存空间。随着社会经济周转速度加快,典当的短期融资优势得到充分发挥。

---

　　①　李莎.典当业与明清社会发展关系探析[D].郑州:郑州大学,2000.

清康熙时期,当业课以二两五钱至五两的通税。1728 年,收牌照税。1924 年,北洋政府开始课以特等牙税。

二、典当利率

我国历史上关于典当利率的记载断断续续。唐朝时法律规定,典当利率最高不得超过五分。南宋时的典当利率最高有至十分的。金代的利率也高达五分至七分。明清时期,法律规定每月取利不得过三分,比唐宋时已有了大幅度下降。明代后期至清代中期,各地区的典当利率趋于下降,月利率降至二分左右。平定太平天国运动后,曾国藩深感民生凋敝,为了恢复战后经济,调剂余缺,遂以公款招商开设典当行,其章程规定,存息不得超过一分,当息由二分五厘、二分二厘,逐步减少为二分。湖广总督张之洞也以低息扶持典当业的恢复,经清政府批准,当息定为二分,这成为后来的普遍标准①。清末民初,由于典当业不景气,一些地区的利率又出现了反弹,但始终没有突破三分的上限。典当利率之所以存在着下降的趋势,原因如下。

一是行业间的利润趋于平均。随着商品经济的发展,生产经营性大额借贷越来越多,这些借贷以品质优良的不动产作为典押物,典当业的经营风险下降,经营成本减低,利润趋于稳定。同时社会上的货币积累越来越多,这些积累的货币投资于典当业,典当业自身得到快速发展,加上同行激烈的竞争,迫使典当商不得不降低利率。随着商品经济的发展,资金在各行业的流通速度加快,各行业的利润趋于平均,典当业的利润也会受到其他行业的影响而下降。

二是政府的干预。典当对象有很多是贫民,其因生活需要而典押资财,若典当利率太高,贫民利益势必受损较大,进而导致阶级矛盾激化。为了维护统治,缓和阶级矛盾,政府经常颁布各种法律、法规、命令,劝谕典当业调低利率。《大明律》《大清律》都规定了利率的上限,即最高不得超过月利三分,时间再长也不过一本一利,并规定了严厉的处罚措施。特别是最高统治者皇帝,有时也会亲自颁布上谕,下令减息。有的省份,如福建、湖南、江苏等,都经过非常严密、审慎的研究,制定了专门针对典

---

① 杜君立,CFP. 典当行——古人的银行[J]. 企业观察家,2014(4):110-112.

当减息的条例。府县一级的地方官,经常以告示的形式,劝谕典当业减息。有的地方官还把减息规定刻在石碑上,希望典当业长期遵守。政府采取的这些不同形式的措施,都不同程度地发挥了作用,从而促进了典当减息的进程①。

三是资金成本降低。原来典当业除资本金外,也吸收社会长期存款,存款利息比较高,甚至高达八九厘、一分。随着钱业兴起,典当业与钱业合作更加紧密,钱业把更多的资金提供给典当业使用,因其数量大,利率自然相对较低。

四是死当情形在减少。清代经济一直在发展,社会总产出大幅度增加,破产贫民比例逐渐下降。按期赎回比例上升,相对风险减少。同时,一个高效处理抵押品的二级市场——提庄的繁荣使抵押品的流动性增强,死当损失也相应减少。

典当业的高利率是市场规律作用的结果,不能判定它为高利贷。与钱庄相比,典当业的利率要高出很多,但是市场需求仍然很大,说明其定价机制是合理的,原因在于周转急需,资金的边际效用大,社会愿意承受较高利率,其次是因为短期借贷,实际负担的利息只是一小部分。本金1000元的典押,利息五分,一个月只支付50元利息;而如果放在一年的时间维度去考虑,就是600元的利息,很少有人能够承受。

众所周知,在利率市场上,期限越长,利率越高。然而在某些场合下,正好与此相反。因为能够借到长期资金的,风险比较小,风险溢价少,利率就低。期限越短,越紧急,借贷者愿意支付更高的风险溢价。

三、典当的营业

当业俗称三不当,棺材、花轿、官印,一般以动产作为质押。规定到期后,若出质人不能赎回质押物,则质押物归当铺所有。这与现代质押制度不同,根据《担保法》《物权法》的规定,禁止设定到期后不能归还债务时,质押物归质押权人所有。显然,前者比较好地保护了当铺的利益,有利于风险控制,后者比较有利于保护出质人的利益。出质人一般是在紧急情况下需要资金,博弈中当铺自然处于比较有利的地位,存在着压

① 刘秋根.中国古代典当业利率[J].中国金融,2015(5):94-95.

价和低估的可能性,进而损害出质人的利益。

与典当业相联系的,还有提庄这种机构。提庄实际上是拍卖行,相当于不良资产专业清理公司。当铺经常会有一批不能赎回的死当物品需要处理。理论上,典押只是一种担保,当铺经营的是货币资金,要保证现金流,减少当物价值流失,就必须及时处理当物。当物中以日常生存生活用品为多,季节性很强,比如衣服等。当铺打包交给提庄处理,提庄立即把价款交给当铺。一般而言,当铺与提庄有密切联系,属于关联企业,只是业务重点不同,有利于专业化,提高效率。提庄很多时候由当铺大股东开设。

当铺与钱庄的关系也很密切。有的钱庄资本家同时还投资一些当铺。虽然都是融资机构,但业务种类、性质、范围有所区别,有些业务钱庄不想做,就介绍给自己的当铺。钱庄的有些抵押品也需要当铺的专业估价师估价。更重要的是,当铺需要大量的资金,以发挥资本杠杆作用。当铺除资本金外,也吸收一定的社会存款,但很多时候远远不能满足市场需求,需要有大量稳定可靠的资金来源,钱庄、票号放款是一个主要渠道。钱业的贷款利率远低于当铺。当铺以资产质押为主,抵押品对风险保障好。由于当铺以小额、短期周转为主,属于零售业务,钱庄资本家往往通过另设当铺来获取更大利益。

20 世纪 30 年代,清华大学社会学系曾对典当行的客户群体进行过一次社会调查。调查结果显示,贫穷者和赤贫者占 82.8%,借贷在 1 元以下的占 48.5%,衣服入当的占 56.9%。对这些穷人来说,家徒四壁,身无长物,只能用旧衣服当来救命钱[1],因此典当行被称为"穷人的银行"实至名归。

新中国成立后,典当业曾一度被取消,改革开放以来又逐步恢复。由于典当业在现代金融中的比重微小,影响力弱,主管部门已经从中国人民银行变为商务部。

典当业因典押以短期周转为主,大都用于消费信贷,生产性实业融资较少,市场空间固定且有限,故对社会经济发展的作用与钱业当然不可等同,但其仍然是金融业不可或缺的一部分。

---

① 杜君立.CFP.典当行——古人的银行[J].企业观察家,2014(4):110—112.

第四节　合　会

一、引言

合会又称钱会，属于互助金融，其历史悠久，一般认为合会产生于唐代。《新唐书·循吏传·韦宙》载，"永州刺史韦宙，以民贫无牛，遂令二十家为一社，按月各出'会钱若干'，以抽签决定得会次序，再以所集会钱买牛，因使民'牛不乏'"。其优点在于集合多人的资金完成某项事业，尤其是对于平民作用很大，所以一经创设就风行城乡，延续千年。合会在乡村一度非常流行，成为农村地区的重要融资模式，即使在今天仍发挥着相当大的影响力。1916年颁布的《中华民国民法典》专门立有《合会》一节。合会不仅在汉族地区，在少数民族地区也普遍存在。李有义的《汉夷杂区经济》一书中提到，在云南少数民族地区合会被称为"寶"。一般地，会书前大多有类似于"盖闻戚友有通财之义，经营有襄助之情；是以义孚而成会，情洽以通财。虽会息之无几，幸始终以如一。既蒙雅爱，切勿逾期"等的一段话，表明其互助性质。

明清时期，合会非常流行，有民间文书契据表明，有一地同时存在多会的，有一人同时参加多会的。

徽州合会兴旺，与当地经商风行有关。据清《绩溪县志》记载，互助性的借贷俗称打会、邀会、助会、摇会。农家婚丧嫁娶、修房建屋、经商缺本，邀请亲友打会，入会者届时至会首家赴宴，交款，日后还本不计利息，叫干巴会。发起人为会首，先收会银，约定会期一个月或三个月，风雨无阻，带钱到会，每次会款交一人使用，轮流互助，叫月月红。又有按期摇会，摇骰子点胜者得。助工会是亲友之间帮助修建房屋等，事后以工还工，此互助传统延续至今。除此之外，合会还有其他名称，如以人名命名的"至公会"，以人数命名的"七贤会"、"九子会"，以筹资数额命名的"七十五千会"等。

民国《鄞县通志》里也有记载清末民初宁波城乡合会的情况。"民间一时窘迫或举办婚丧等事，费用不足，则集亲友而为会，名曰纠会。纠会者为之首会,被纠者谓之会脚。会脚大抵十人,亦有二三人而合成一脚者。收付会款之办法分为两种:一曰摇会,每人每年付款之数同,大抵百金之会,人年付十金。惟已收归者须加付息金若干。第一年为会首所得,第二年以后,则临时以掷骰子以点多者为应得之人;二曰坐会,亦曰集贤会,有会脚认定次第,而付款多寡不等……贫民及妇女亦有作月会者,按月付款,其数不过一二金,谓之月月红。"①

二、合会形式

合会有独会、摇会和标会三种。独会是发起人一人独得会金,其他出资人得到利息的互助会,徽州地区比较流行。它的融资色彩比互助色彩更为浓厚,大多是为了大额融资而成立的。立会人从参会的各个股东那里获得一笔大额的融资,成为各个股东的债务人。在随后的年份里,他都要付出一定的本息让各个股东均分。上海流行的单刀会,就是独会。"只交一次会银,以后由首会拈阄拨还",意思是会首向参会各位一次性收集会金若干以应急,以后按约定时间拈阄依次向各人还本付息,相当于分期还款。它对于小本经营的平民帮助较大。只不过这种互助会的受益人是发起人一个,是多对一的互助形式。

摇会是各个参加成员都有机会轮流获得一次会金,除发起人会首外,其他会员通过摇骰子决定各自得金顺序,是合会的主要模式,各地都流行。会首第一期得到会金后,以后各期都要支付该期本金与利息。已经获得会金的称为重保,尚未获得会金的称为轻保。最后获得会金的会员等于获取资金的利息。最先获得的会员意义最大。比如他要买入某宗土地100元,他就可以发起做一个100的会,获得会金,支付土地款,然后用土地收益来分期归还借入款项。只要土地产出大于所支付的合会利息,就是有利可图的。摇会的会金有两种方式,一种是每期应付会金不相等的,轻保者的各期会金是递减的,重保者的会金是每期固定的。因为随着时间推移,重保者越来越多,轻保者自然少付会金。另一种是轻保者每期会金都是固定的,重保者每期本金相同,但应付该期利息不同,因此是逐月递减的。两者本质一致,所得仍是本金加利息。

① 张传保,汪焕章.鄞县通志·文献志·商业习惯[M].铅印本.宁波:鄞县通志馆,民国—2614.

标会与摇会一样，也是会员有轮流获得会金的机会。不同的是，除会首外其他会员得会金的顺序通过竞标而不是摇骰子确定。根据出价最高所得原则，谁愿意出最高的利息，谁就可得该期会款，以后的竞标只在轻保者中进行。这对急需用款的会员帮助很大，因此这部分会员也愿意支付更多的利息。举例来说，某 10 人会每人每期 100 元，共 1000 元，某人欲得第二期会金，出价 10 元，意思利息 10 元借入资金。那么除会首仍然需支付 100 元外，轻保者只要支付 90 元会金，那么他将得到 910 会金。由此可见，标会模式更先进，其引入了竞标的元素。

合会有单会与复会。费孝通在《江村经济》一书中也探讨过合会，其中提到复会模式。其实，复会相当于伞型基金，即在一个大型合会之下又分设若干小合会，优势在于能够大幅度扩大融资规模，但其本质仍然是合会。比如一个复会由 10 个会员组成，共集资 1000 元。这 10 个会员又各自成立一个小的 100 元规模的合会，充当会头。一般来讲，单会主要满足以生活、消费为主的融资需求，复会主要满足生产性、投资性融资需求。

三、融资功能

合会得到广泛运用，是因为它在互助基础之上的融资功能非常适合满足金融覆盖不足的农村地区的平民的融资需求。一般而言，其融资利率略低于市场利率，避免了高利贷的盘剥，在生产经营与生活消费领域发挥着积极作用。

以徽州为例。合会对徽州商人的帮助是巨大的。徽州是一个商业社会，商人很多，商人总是希望风险最小化，成本最低化，合会恰好能满足这点。合会大多成立于亲友之间，利息不高。对资金的旺盛需求，极大地刺激了互助互利低息的合会组织的发展，这是徽州合会存在的最为重要的基础。在徽州合会的融资额中，大多在 50 两至 100 两之间，这与徽州存在着大量小本经营的商人是相一致的。商人利用合会在亲友中间筹集资本，在徽州是非常普遍的现象。

1822 年，徽州商人余英培收购了与别人合伙经营的"恒茂"碗店和"俭记"布店的全部股份，但苦于自有资金短缺，于是写信向他的长兄求援："奈弟力薄，资本不足，艰于转手，是以特恳长兄帮扶。望吾兄念一脉之情，手足之义，提携一把。望出信与二兄，同助弟五百金之独会……其会每年应付一百,作六年付楚,决不衍期。"①

很明显,这是一个独会,是徽州商人利用合会进行融资的典型例子。余英培请求兄长们帮他立会融资 500 两,以后分年还 100 两,6 年还清,共还 600 两,100 两是利息。简单计算利息是 5.5%,对商业经营者来讲并不高。可见,通过合会的融资对徽商业务经营与发展助益之大,无论是投资资本或是经营资金,都可以利用合会的互助功能达到目的。我们从这个例子中也可窥见,在徽州民间独会融资是一种普遍性的现象。

《绩溪县志》还记载了一种"济公会":"此会又称至公会,民国初期至 26 年(1937 年)间流行于十三、十四都。多见于商人集资开设菜面馆……发起人为会首,会友 10 至 11 人(股),会银总额 100 至 200 银元,额大者每股 100 元,一次交清,或分次于会友得会之日交出,轮转期 4 个月或 6 个月,由会首坐收或会友抽阄定期轮收。议定会书,每人持一册为凭,按轮转到期之日收缴会银。亦有在轮转到期前 5 日将会银交会首,然后由会首交得会者。中途不交者会书无效。每会轮满为终,会银不得对外抵押。"徽州既有财大势雄的富商,也有众多的小本营生者,以徽菜馆与茶叶店闻名。通过合会收集资金作为面菜馆的资本,到各地创业,以后每年都有一个人获得外出面菜馆创业的机会,在帮助同乡安身立命的同时,也使得徽菜遍地开花,名扬天下。合会筹资的数额虽然有大有小,但显然与商业都有着密切的联系②。合会使得大量零散的闲置资金被盘活,投入生产经营领域,促进社会经济的发展。研究发现,越是经济繁荣的地区,民间合会的规模越大,参与者越多。徽州如此,宁波亦如此,温州更是如此。

对普通老百姓来说,合会更是一种救急机制,能够及时缓解贫乏问题。在日常生活的婚丧嫁娶等活动中,合会的融资功能也得到了很好发挥,尤其是对一般平民而言。每一个家庭都必然会遇到婚丧嫁娶之事,需要一笔较大的支出,凭一己之力难以应付。在不需使用资金的时候,出借给他人,又有一定利息。自己需要用钱的时候,可以借入别人的资金,完成自己的目标,起到互助互惠的作用。因此,合会在乡村地区曾特别流行。

---

① 胡中生.古徽州活跃的民间金融组织——钱会[J].中国金融,2008(5):85-86.
② 胡中生.古徽州活跃的民间金融组织——钱会[J].中国金融,2008(5):85-86.

时至今日，合会在民营小微企业融资中仍然发挥着重要的作用。据调查，农村种植、养殖大户，比较愿意参加合会融资。小微企业主利用合会解决流动资金不足的，比重也较大。合会规模 10 万元以下为多数。利息大致等同于亲友借贷，远远低于市场利率，光是利息支出一项就可以大大节约成本。

四、合会举凡

张介人是民间文献收藏家，多方收罗民间散落契约文献，中有许多民间合会资料，后来把一部分集结在《清代浙东契约文献辑选》中。下述两个合会都出自其所藏资料，辑录在此以供更加直观地了解合会的运作模式。

十七十八会之则：

一议首会每友该多小会钱，大小算二千四百文。

一议每会证众钱，照串每千六文算，计钱二千文。证人千四百文。

一议酒每该二千文。

一议每会三同骰，摇毕重摇。

一议双骰对劈领取。

一议骰子十七点起得会。

一议轻保人到钱不到停签。

一议诸友重保人，人到钱不到，向会首保会友领钱。

一议英洋倘付，其价照兑，式次洋不许代押。

一议根付会每会钱一千六百文。

一议诸友每位重保保二千七百文。

一议诸友每位轻保保二千文。

一议会期每年三会，每年三、七、十一月（或者）四、八、十二月初二日。

以上是会规内容，很符合民间特征。十七指骰子十七点，十八是指会友十八人。以下内容为会首应坎友光绪四年（1878 年）十二月至光绪十年（1884 年）十二月的会费记录，可印证该会的运作。

应坎友十八会永二千七百文，付头会钱二千四百文，根一千六百文在内，酒利二千四百文，证众钱二百四十文，实得三十六千九百六十文。

光绪四年十二月初二,付钱二千文,收证钱八十文。

光绪五年四月初二,付钱一千九百六十五文,收证钱八十五文。

光绪五年八月初二,付钱一千九百十九文,收会钱(入)半会六百文,收证钱九十文。

光绪五年十二月初二,付钱以前八百六十九文,多十文,收证钱八十文。

光绪六年四月初二,付钱一千八百十四文,多十文,收证钱八十一文。

光绪六年八月初二,付钱一千七百五十文,收证钱八十一文。

光绪六年十二月初二,付钱一千六百七十八文,多一文(重保六个)。

光绪七年四月初二付钱一千五百七十二文,多二文。

光绪七年八月初二,付钱一千四百九十一文,多二文(重保八个)。

光绪七年十二月初二,付钱一千三百七十文,付钱三千七百文(怀疑误记或借别人会费,与其人自己会费无关),收证钱五十七文。

光绪八年四月初二,付钱一千二百二十三文,多七文,收证钱八十五文足(轻保九个)。

光绪八年八月初二,付钱一千零三十八,多四文。

光绪八年百阅初二,付钱八百文(重保十二个)。

光绪九年四月初二,付钱四百八十四文,多十文(第十五会证收八十文)。

光绪九年八月初二,付钱十四文。

光绪九年十二月初二,(下文缺失。)

光绪十年四月初二日,(下文缺失。)

光绪十年八月初二。

光绪十年十二月初二,金满。

共念会(应该是十八会)实得会钱三万六千九百四十文,光绪七年八月初二收会钱。

从该会费资料中我们可以看出,会费 2400 文,轻保者每期应付会费是递减的,因为重保的人越来越多,每期固定支付 27000 文。轻保者在光绪九年(1883 年)十二月期已经不需再付会费了。实际收会钱 36940 文,17626 文就是利息收入。以会首为例,得到 36960 文,以后共 18 期支付

48600 文,支付利息 11640 文,共 5 年,利率是比较低的。同时又可得知,会是一种权益,中途不能退会,但是可以转让,也可参加其他合会(第十五会)。按当时价值 1000 文约值银一两,良田每亩约价值 20 两,一期会费可以购买 1.85 亩良田。这种融资模式对平民投资有较大的现实意义。

民国二十二年(1933 年)龙头会:

一议十人会一个。

一议计会洋一百元。

一议酒食洋五元八角。

一议证中洋二角。

一议小样铜元照本村通用。

一议成元者准夫大洋。

一议重保人到钱不到向首保领取。

一议轻保人到洋不到,每月美元息二分。

一议私自来往不准扣除。

民国廿贰年拾月三日立

一、杨定昌十五元五角。　　　二、林敬祥十四元。

三、应兴根、张耀钱十二元五角。四、庄吕富十一元二角。

五、应径钱、张取木十元。　　六、王友情八元八角。

七、应友浙八元一角。　　　八、应昌根七元四角。

九、张安钱六元七角。　　　十、杜阿有五元八角。

这是一个座会,与摇会不同,在立会时就已经确定得会次序与应付会费,每期都是固定的。该会包括会首共 11 位会员。每期除去费用,实得 94 元。以杨定昌为例,第 1 期得到会钱 94 元,支付会钱 10 元,以后 9 期每期 15.5 元,共计 149.5 元,相当于支付利息 55.5 元。

以第 10 位杜阿有为例,第 1 期得到会钱 10 元,以后 9 期每期 5.8 元,共计 62.2 元,相当于收取利息 31.8 元。

本章所述的几种信用模式中,当铺、合会至今仍然存在,在民间融资领域发挥着一定的积极作用。票号已经彻底消亡,而钱庄也名存实亡。地下钱庄与这里讨论的钱庄不是同一个概念,事实上钱庄已经被银行完全吸收。研究钱庄,旨在挖掘钱庄的传统价值,运作机理,尤其是它的授信模式,为中小企业融资提供有益的借鉴。从本质上来看,钱庄就是一家完整意义上的小型商业银行。

钱庄之所以能够取代具有千年历史的典当而迅速成为主要社会金融中介,在于两者之间的本质差异。典当属于封建金融,对维持社会生活秩序有积极作用,但对促进社会经济发展功能有限;而钱庄一方面促进了社会经济的发展,另一方面社会经济的发展更使钱业繁荣,形成共生共荣关系。典当属于保守型金融,钱庄属于积极型金融。典当主要是生活、消费融资,消费的结果使借款人的财富减少,因而还贷能力下降,贷款风险增加。从风险控制角度,典当行采用足够的抵押品,较高的利息(相当于提取较高的风险溢价),以确保资金安全,由于社会上总存在一定人群有资金周转的需要,因而它具有相当大的市场空间;钱庄则以生产经营性融资为主,生产经营周期结束后,借款人的财富增值,还贷能力当然增强。钱庄勃兴是 17 世纪以后的事,与中国商品经济发展、资本主义萌芽产生、全国性市场形成在时间维度上有高度契合。以宁波钱庄最主要的客户群体航海贸易商为例,商人要采购大批货物,需要大额资金采办,运输到外地销售,需几个月的时间,回程时也是从当地采购物资回宁波销售,一个周转周期需要 3～6 个月,这在当时也只有钱庄才能提供融资。

至于银行的抵押、担保与钱庄的信用放款之间的差异,也与各自的市场环境与社会生态有关。银行业规模大、业务频繁,社会触角细长,面对的是陌生人社会,易产生道德风险,不得不采用抵押担保方式作为风险控制的补充手段。钱庄的活动半径相当程度上限于熟人社会,信息采集容易,采集成本也较低;可在放款以前就对放款人的信用、社会评价、道德、财产状况、生意往来进行详细了解。放贷后,放款人的一切活动也在掌控之中。加之当时社会的法律采用认同无限责任制,社会相对封闭,社交圈、经商圈狭窄,不大的负面信息立即会传递反馈到跑街那里。同时,钱庄比较喜欢以行业为基础选择客户。某行业中相当多的商人是钱庄客户,不仅有利于对行业情况的精深了解,也有利于及时评估客户的经营状况与信用变化。无论是银行还是钱庄,其授信原则基本上是一致的,授信完全基于借款人本身的经营状况。钱庄能够控制借款人、确认借款人风险程度并且可控,也就敢于采用信用放款。一般来讲,钱庄放款都是规模较小的,客户对象是小微商号、个人,只要不是系统性风险,出现坏账也是个别的,有限度的,不足以危及经营。钱庄对授信额度的确定与控制也有自己的规则与标准,不会过度授信。

钱庄与银行的区别还在于银行依靠众多的分支机构来拓展金融资源,注重于量的增长。钱庄类似于"单一银行",深耕社区,立足社区,服务社区,有利于更加精细化作业,与社区的联系也更精密,更关注社区金融需求的变化,从而及时调整经营方针与策略。

一般认为,钱庄产生于16~17世纪的明末,在清代随着商品经济的发展而迅速发达,凌驾于各金融机构之上,是18~19世纪中国社会最重要的信贷机构。钱庄是与票号差不多同时存在的主要金融机构,都有信贷融资与汇兑功能,但两者侧重点不同。票号业务中心在异地远距离汇兑,钱庄在于本地放款,促进地方经济发展,通过联行模式,也有一部分异地通汇业务。从形式上看,钱庄类似于"单一银行",一家钱庄一般只有一个营业机构,有些家族投资于多家钱庄,但各个钱庄是独立的,相当于构成金融集团。票号类似于"分支银行",在各地设有分号,利用网络从事汇兑业务。

典当是比钱庄与票号更为古老的金融机构。典当又称质库,晚近时代遍布城乡各处,给普通平民的生活带来了极大方便,被称为"平民银行"。20世纪二三十年代,曾有多人探讨转型设立典当业银行的议题,后来杭州有典当业银行开业,由各当业主担任股东,但不久即歇业。盖典当业虽然也是金融业,与现代银行业比却相去甚远①。

---

① 资料来源:赵云旗.成熟于宋元 极盛于清代[N].经济参考报,2008-04-11.

第六章　中小银行与中小企业融资案例分析

在前面的分析中,我们已述及日本的地方银行、美国的社区银行,以及温州的民间合会和传统的钱庄等对中小企业融资具有积极的意义。其实,我国目前也存在一些中小商业银行,特别是基层支行,它们扎根社区,服务中小企业,受到业界的关注与社会的好评。下面选取几家在中小企业融资领域有一定影响力的中小银行进行案例分析。

第一节　宁波银行

宁波银行在中小银行里比较具有典型意义,其市场定位就是中小企业的银行。

宁波银行于 1997 年在原来 17 家城市信用合作社和 1 家城市信用合作联社基础上组建而成,2007 年在深圳证券交易所上市。截至 2014 年年底,宁波银行已经拥有 10 家分行,1 家总行营业部,183 家支行,各项存款 3065.32 亿元,贷款 2100.62 亿元,不良贷款率 0.89％,拨备比 2.53。其中,中小企业贷款占全部贷款的 80％。宁波银行一直致力于服务中小企业,按照中小企业的划分标准,目前宁波银行的企业客户中有 97％属于中小企业,公司贷款客户以民营企业为主。近年来,宁波银行对企业的贷款额的复合增长率达到 58.84％,完成了从小型商业银行到中型商业银行的过渡。英国《银行家》杂志按照一级资本标准发布的 2014 年全球 1000 强银行排行榜中,宁波银行位列第 220 位;英国《银行家》杂志发布的"2014 年全球银行品牌 500 强排行榜",宁波银行位列第 264 位,品牌评级为 A＋;在中国《银行家》杂志、新浪财经等专业机构举办的银行业评选中,宁波银行多次获得"中国最佳城市商业银行"称号。

一、主要业务与管理特点

(一)扁平化管理

扁平化管理是企业为解决层级结构的组织形式在现代环境下面临的难题而实施的一种管理模式。随着企业规模的扩大,原来的办法是增加管理层级,而现在采用的有效办法是扩大管理幅度。当管理层次减少而管理幅度扩大时,金字塔状的组织形式就会被"压缩"成扁平状的组织形式。

扁平化得以大行其道的原因,一是分权管理成为一种普遍趋势,金字塔状的组织结构适应于集权管理体制,而分权管理体制下,各层级之间的联系相对减弱,各基层组织相对独立,扁平化的组织形式能够更有效运作;二是传统的组织形式难以适应快速变化的市场环境,为了不被淘汰,就必须实行扁平化;三是现代信息技术的发展,尤其是计算机信息管理系统的出现,使扁平化管理效率更高。在传统管理幅度理论中,制约管理幅度扩大的关键,是无法处理管理幅度扩大后指数化增长的信息量和复杂的人际关系,这些问题已经因有计算机强大的信息处理能力迎刃而解[1]。

相对于大型商业银行的总行、一级分行、二级分行、支行、分理处这样的多层次的垂直结构模式,宁波银行只有总行、分行、支行三个层级,精简层次提高了效率,使得信息的传递和反馈能更加及时,使总行管理层能及时了解基层支行的情况与市场变化,迅速做出决策。更主要的地方在于,突出利润中心的现代商业银行管理理念,使银行人力资源配置合理化,各分支行的自主权在风险可控的前提下扩大,能迅速回应市场需求,开发新产品适应市场需要,发现问题及时反馈,修正完善,有利于推动分支行推出适合本地区的新产品。

宁波银行一家分行平均下辖 18 家支行。分行不仅仅是管理机构,同

---

[1] 郭建光.构造扁平化管理体系　实行宝钢一体化运作[J].上海企业,2004(1):21—24.

时也是利润中心。各支行的分布设置完全以市场为基础,达到一定的金融资源基础,就可以设立。在总行授权下,分支行直接面对市场与客户,做出决策,与大银行的层层报批相比,在效率上大为提高。因为客户的需求是多种多样的,分支行更加清楚该如何采用有效的应对措施,在超出授权的情况下,因为层级少,可以与总部及时联系,获得批准。

扁平化管理在新产品开发方面的优势更加明显。产品创新是一家银行保持永久活力的不竭源泉,也是一家银行核心竞争力的重要体现。以产品创新为着力点,尽力满足客户差异化、多样化的融资服务需求[①],以丰富多样的金融产品和优质高效的金融服务满足市场需求,是商业银行的基本理念。扁平化后,分支行有权力也有积极性去开发有差异化的新产品,获得更大的市场份额。宁波银行根据各地实际开发的具有区域特色的"互助融"、"农贷融"、"科贷融"等授信产品,有效地满足了不同区域、不同企业差异化的、特色化的产品需求[②]。

(二)目标客户定位为个体户、中小企业

宁波民营经济发达,是中小企业的积聚区。作为一家本土商业银行,宁波银行始终将服务和支持中小企业的发展作为自己的使命,不断强化改革创新,持续加大对中小企业的服务支持力度,努力为中小企业创造更多的成长机会。宁波银行在 2006 年年底就成立了独立的业务团队服务于小微企业,实行独立考核,单独管理。为进一步加大对小企业支持力度,2008 年 7 月,宁波银行小企业部从二级部门升级为一级部门,同时改名为零售公司部,确立了以零售模式经营小微企业业务的基本理念[③]。到 2012 年年底,宁波银行已设有小企业金融专业服务团队 100 余个,从事小企业服务的人员达 500 余人。小企业业务的架构及人员配置比较完善,分管副行长、部门经理、业务经理职责清晰[④],客户经理、业务经理、业务助理等多岗位分工协作,共同服务客户,提升了客户服务的效率和效果。

2014 年,宁波银行首家小微企业专营支行——上海张江支行正式挂

---

① 王峰,魏路军.为 4000 户小企业发展助力[N].金融时报,2013-09-06.
② 杨绪忠.迎难而上,积极探索"宁波解法"[N].宁波日报,2012-04-13.
③ 郭莉,赵飞.宁波银行扎根首都创新金融品牌[J].投资北京,2013(4):57-59.
④ 王峰,魏路军.为 4000 户小企业发展助力[N].金融时报,2013-09-06.

牌开业,后又陆续在温州苍南、杭州滨江等地开设多家小微企业专营支行。张江支行针对小微企业"小、快、易"的特色经营模式,在有效防范风险的前提下,进一步简化流程,推出"贷款打分卡"自动审批全新模式,加快业务办理速度,为企业提供更加便捷的综合金融服务。

宁波银行在业内被称为"中小企业服务专家"。截至 2012 年年底,全行小微企业客户已达 12 万户,贷款余额 544 亿元,约占其总贷款余额的38%,并在上海、杭州、南京、深圳、苏州、温州、北京、无锡等地设立了 143个小企业专业服务团队。

根据小企业的金融需求特点,宁波银行推出了"金色池塘"小企业全面金融服务,在原有的"便捷融"、"贷易融"、"押余融"、"友保融"、"专保融"、"诚信融"、"透易融"、"业链融"等子品牌的基础上,开发了多户联保产品"联保融"和经营性物业贷款"定期融"。目前,该行"金色池塘"系列融资产品已达 11 个,其中非抵质押类产品数 7 个,可为小企业融资提供实实在在的帮助。

针对宁波进出口企业较多的情况,为切实满足进出口企业的金融服务需求,宁波银行开发了系列相关产品,包括信用证境外贴现、内保内贷、内保外贷等,建立了以境内外联动为特色的跨境金融服务平台,通过持续的产品创新,进一步强化宁波银行在国际业务领域的竞争优势。在宁波全市 1 万多家进出口企业中,有 3800 多家由宁波银行提供服务,占到全市同类企业的三分之一,位居全市 30 多家银行之首。2012 年宁波银行国际结算量已达 230 亿美元,其中出口业务占全市的 10%。

同时,在市场调研的基础上,宁波银行推出了"住宅通"、"物业通"、"商贸通"、"银企通"、"路路通"、信托代收付业务、代客贵金属交易、黄金实物代销、易百分卡等多种个人银行产品,有效满足了市民百姓日益丰富的金融服务需求。

(三)着力开发信用贷款

我们知道,中小企业可以用于抵押、质押的有形资产不能覆盖其全部融资。尤其是外贸企业,没有足够的抵押物一直是制约中小企业获得融资的重要因素。其实,从理论上讲,最优质的贷款是信用贷款,但是现代商业银行经营管理的风险控制理论要求借款人提供必要的担保。为了破解这一难题,宁波银行大力推行在一定风险控制基础上开展的信用借款,满足与吸引各类潜在客户。

宁波银行发行了 80 亿元金融债券,专门用于支持小微企业贷款及个人经营性贷款;设立 10 亿元信用贷款额度,向诚信企业发放信用贷款,小企业无需任何抵押或担保,凭企业信用就能获得 200 万元贷款额度。例如,2010 年,宁波圣瑞思服装机械有限公司的资金周转遇到严重问题,宁波银行为其设计了一个贷款融资方案,先期落实 100 万元信用贷款,后期视公司需求情况可续贷 200 万～500 万元,并替公司做了一个信用体系的长期规划①。"白领通"是一款比较有特色与影响的信用贷款产品。目前,宁波银行"白领通"的业务对象主要是教科文卫等事业单位以及部分行业的白领精英及管理人员,当授信有效期临近到期时,如果借款人的工作、家庭、收入及信用状况等未发生变化,还可向宁波银行申请续办。更方便的是,在借款人获得授信额度后,不仅可以通过银行柜面办理贷款业务,还可通过网上银行或手机银行进行自助操作②。除此以外,宁波银行还开发了"薪富宝"、"易百分"、"万里通"、"透易融"、个人消费贷款、"诚信融"等多个信用贷款产品。

（四）信贷资产证券化尝试

所谓的"信贷资产证券化",简言之,即指将银行信贷资产"打包"重组后,转换为可流通的证券拿到债券市场上出售。通过这样的信贷资产证券化,银行可以有更多的信贷资金支持实体经济。

2013 年 8 月,国务院启动新一轮信贷资产证券化试点,宁波银行获得试点资格,并于 2014 年 5 月 29 日发行了"甬银 2014 年第 1 期信贷资产证券化信托资产支持证券"（简称"甬银一期"）,发行总额 45.79 亿元,市场化发行效果较理想。从基础资产上看,"甬银一期"的基础资产以优质中小微企业贷款为主,符合支持小微企业的政策导向,可理解为真正意义上的 SME CLO（中小企业信贷资产证券化）产品创新③。

2014 年 11 月 20 日,银监会下发《关于信贷资产证券化备案登记工

---

① 和讯股吧. 宁波银行首家小微专营支行昨在沪开业［EB/OL］. http://guba.hexun.com/002142,guba,18379203.html,2013-04-26.

② 魏路军,肖秋. 宁波银行白领通　生活有你更轻松［N］.南京晨报,2016-03-09.

③ 陶君. 宁波银行信贷资产证券化获突破［N］.上海证券报,2014-05-30.

作流程的通知》,信贷资产证券化业务将由审批制改为备案制①。《通知》指出,本着简政放权的原则,银监会不再针对证券化产品发行进行逐笔审批,银行业金融机构应在申请取得业务资格后开展业务,在发行证券化产品前应进行备案登记②。27家银行获得开办信贷资产证券化业务资格,标志着信贷资产证券化业务备案制正式启动。获得资格的银行后续发行新项目时,只需向银监会报送备案,不必再走原有审批流程,而且发行规模没有特别限制,不再受限于原先试点额度,可以发起银行自身实际需求确定发行规模③。

宁波银行作为备案制实施后第一批获得开办信贷资产证券化业务资格的商业银行,目前正在推进第二期信贷资产证券化项目。同时,宁波银行将持续完善管理机制,提升服务能力,并秉承一贯坚持的经营策略和市场定位,通过信贷资产证券化业务实现信贷资产出表,所释放的信贷额度仍将继续支持中小企业和实体经济的发展④。

二、案例

案例1:宁波市某商贸公司成立于2004年,注册资本160万元,是一家代理销售美的电器的商贸类小企业。该企业为宁波市美的电器的总代理,凭着美的的品牌优势,结合企业家的良好经营手法,近年来该企业发展较为稳定。

每年的夏季和年底为企业的销售旺季,特别是临近年终的时候,为配合各大商场的年末促销活动,需大量购入存货。某年的这段时间,企业在业务运营过程中的流动资金较为紧张,又因该年经济形势的影响,资金回笼速度受到了影响,眼看着大笔订单接进来,却因为流动资金不足而无法及时备货。若交货时间多次拖延,将大大影响公司信誉,这对企业内部稳定及发展自己的客户群极为不利。任何企业主都不会在业务发展呈现良好势头的时候,让流动资金周转的困境拖住后腿。

于是,企业主想到了通过将自有房产作抵押,向银行申请流动资金

① 周鹏峰. 信贷资产证券化备案制启动[N].上海证券报,2015-01-14.
② 孙红娟. 管中窥豹:平安银行ABS"临停"放大监管角力[N].第一财经日报,2014-06-19.
③ 周鹏峰. 信贷资产证券化备案制启动[N].上海证券报,2015-01-14.
④ 陶君. 宁波银行信贷资产证券化获突破[N].上海证券报,2014-05-30.

融资。该公司先后与几家国有银行洽谈过贷款业务,但都没有成功。主要是由于洽谈过程中遇到了两个问题:一是抵押额度未能达到企业的融资需求,由于一般情况下房产抵押贷款额度为评估价值的七折,这样企业实际能够得到的融资额度与其融资需求有一定差距,不能完全满足企业的融资缺口;二是企业需要的是短期的流动资金贷款,经营收入回笼较快,贷款的需求期较短,所以更适合短期内可以灵活周转的额度产品。如果贷款期限太长,一方面没有必要,另一方面利息费用也是一笔不小的开支,这对于一家并不"财大气粗"的小企业来说也是一种负担。

在与多家银行洽谈未果后,企业主通过朋友介绍,得知宁波银行有专门针对小企业的一些融资产品,于是就找了宁波银行业务人员洽谈此笔贷款业务。之前与其他银行洽谈过程中存在的两个问题,通过宁波银行的"贷易融"和"押余融"两款产品的搭配获得了顺利解决。

案例 2:宁波某机械厂成立于 2005 年,注册资金 50 万元。该厂专业制造称重传感器的钢制弹性体,生产工艺先进,产品销路较好。该厂企业主虽然才 33 岁,但已从事该行业 15 年,18 岁从学徒工开始做起,最终自己独立办厂,从业经验非常丰富。而且,该企业主肯吃苦耐劳、自身技术能力较强,经常亲自开发设计模具。更为难得的是,他善于思考、总结,面对复杂的经济环境,往往能在关键时刻做出有利于企业发展的决策。

2008 年 7 月开始,企业主感觉到经济环境的逐渐恶化,及时采取了调整产品结构、谨慎引入新客户等措施,以保障企业在恶劣的经济环境下能够稳定发展。但是,由于经济大环境及上下游企业的影响,企业的资金周转终究受到了一定的影响。同时,由于企业订单不断增加,在种种压力下,企业出现了流动资金不足,无法及时补充原材料,使正常的生产经营受到了影响。

于是,企业主找了好几家国有银行申请贷款,但由于没有任何可用于抵押的房产,仅有的固定资产只有机器设备等生产资料,因此无法得到银行的贷款支持。

后经朋友介绍说宁波银行"政策很灵活",该企业主便抱着试试看的心情找到了宁波银行。宁波银行的业务人员在听取了企业主遇到的困难后,马上进行了实地的信贷调查。虽然该企业不能提供合适的抵押物,但通过贷前调查、分析,业务人员发现这是一家具有较大发展潜力的企业,对企业主的人品也十分认可。于是,针对该企业无抵押、无担保的情况,通过"专保融"产品予以解决。"专保融"是向小企业提供的由宁波银行签约担保公司保证的授信业务,由专业担保公司担保,企业无需另行提供抵押物。业务人员联系了签约的专业担保公司,三方达成协议,最终企业以专业担保公司担保的方式从宁波银行获取了 150 万元的贷款。

企业获得宁波银行的资金支持后业务发展非常迅速,至 2008 年 11 月,企业的销售收入已达 972 万元。宁波银行又根据企业的实际经营情况,增加其授信额度,并推荐企业使用企业网上银行产品,为企业带来了极大的便利[①]。

第二节　浙江民泰商业银行

浙江民泰商业银行位于台州,创立于 2006 年 8 月 18 日,注册资本 13.05 亿元,至 2013 年 8 月,浙江民泰商业银行设有杭州、舟山、成都、宁波、上海、义乌、嘉兴、绍兴 8 家分行和 53 家支行(含筹),发起并控股设立了江苏邗江民泰村镇银行、福建漳平民泰村镇银行、浙江龙泉民泰村镇银行等 9 家村镇银行,连续 4 年监管评级获得二级。目前,民泰商业银行已成为一家治理规范、经营灵活、内控有效、特色鲜明、服务和效益优良的小企业专营银行,并跻身英国《银行家》杂志"2010 年全球银行 1000 强"。

一、服务"三农"

为确立与细化市场定位,进一步下沉服务,作为主发起的广州白云民泰村镇银行首次尝试设立了水沥村金融服务站,积极向村民宣传金融政策与知识,深入了解村民的需求,热心支持村民创业致富,很好地发挥了桥梁与纽带作用,标志着该行在农村金融服务创新上迈出了重要的步

---

① 案例来源:王曦. 我国中小企业融资难的现状、原因及对策[D]. 成都:西南财经大学,2010.

伐。该行以水沥村金融服务站为触角,扎根农村第一线,深入了解村民需求特点,通过优质的金融服务支持村民创业和发展的理想,使广大村民得到了更多、更实惠的金融服务。

为进一步增强信贷支农服务功能,推动农村信贷业务发展,该行各分支机构陆续推出符合当地实际、具有良好前景的创新产品。舟山分行推出的"渔贷通"贷款,为舟山市范围内的渔业企业、渔民提供了方便、快捷、简便的信贷服务。台州管理部推出"农机贷款",适时解决农耕时节广大农户购买农机资金短缺问题,且融资成本低、放款手续简便、还款方式灵活多样。在适度降低准入门槛、简化业务办理流程的同时,实行优惠利率让利农户,加大支农惠农力度,切实加强金融支持农村发展力度。

截至 2013 年年底,该行涉农贷款余额 1526762 万元,占贷款余额的40.20%。该行积极利用"商惠通"贷款发放涉农贷款,2013 年年底,全行"商惠通"贷款余额为 352383 万元,其中涉农贷款 218168 万元,占到"商惠通"贷款全部余额的 62%;全行"商惠通"贷款户数为 15474 户,其中涉农贷款 10330 户,占到"商惠通"贷款总户数的 67%。

发起设立村镇银行,是该行支持新农村建设的重要手段。该行 9 家村镇银行新设了施桥支行、头桥支行等 10 家支行,进一步下沉金融网点,不断提高县域、社区和乡镇的覆盖率,更好地服务"三农",扶持小微企业。到 2013 年年底,该行发起设立的 9 家村镇银行,共实现存款 505342万元,贷款 442028 万元。

二、践行网点社区化模式

在网点布局上,该行要求所有支行均体现小微特色,逐步在村庄、小区、商圈等地设立更加贴近小微企业的社区支行。该行已在台州辖内批量化试点设立 7~8 家社区支行,配置存取款一体机、取款机、网银体验终端等自助设备。在营销模式上,该行根据小微企业分布呈"园区化、专业化、集群化"的特征,围绕"圈、链、点"来铺展金融服务的有效覆盖面,力推以实施"五个一工程"为抓手的"进村入居做市场"的批量营销模式,即紧紧围绕深耕市场的指导思想,"服务好一个乡镇,服务好一个社区(园区),服务好一个村居,服务好一个市场,服务好一个商会(协会)",将目标市场做深做透,惠及更多的小微企业和"三农"客户。

该行致力于小微企业金融产品的创新,推出了"商惠通"、"随意行"、"随贷通"等一系列符合小微企业融资需求和特点的小微特色金融产品,其中以"商惠通"贷款、"民泰随意行"两个产品最具代表性。

"商惠通"贷款主要针对小微企业、个体工商户市场,结合市场"短、小、频、急"的特点,能快速地为客户解决融资难问题。该产品被中国银监会评为"2010 年全国银行业金融机构小企业金融服务特色产品"。"民泰随意行"是将金融 IC 卡应用拓展到手机信贷领域的创新成果。客户可通过手机使用"民泰随意行"实现 7×24 小时随时随地在授信额度内的自助借款和还款,不受时空局限,十分方便快捷。"民泰随意行"的推广应用为"三农"和小微企业用户带来了极大的融资便利,特别是在农村、偏远山区、海岛等地域得到快速普及,有效填补了当地的金融服务网点空白[1]。

截至 2013 年,该行已累计向小微企业发放贷款 343.69 亿元,服务小微企业近 5 万家,直接支持了 50 万人就业,帮助失地农民、外来务工人员、下岗职工实现了劳动致富[2],得到各级政府、监管部门和社会各界的好评。2013 年,"商惠通"产品被浙江省银行业协会评为"服务小微企业和'三农'双十佳金融产品"。

第三节　浙江泰隆商业银行

浙江泰隆商业银行也是一家地方小型商业银行,总行在台州路桥。该行成立于 1993 年,由一家城市信用社改制而成。经过 20 多年的稳健经营,该行已经从当时的 7 个人、2 间门面房、100 万元注册资本,发展成为一家拥有 5000 多名员工的股份制商业银行,服务范围涵盖浙江、上海、江苏等长三角地区。值得关注的是,自 2013 年开始,该行专注发展小微专营支行,数量达到了 27 家,占到了该行机构数的 26% 以上。2007 年起,该行连续 7 次被银监会评为 2B 级,在全国 124 家城商行的监管评级中名列前茅;在《银行家》杂志 2008 年中国商业银行竞争力排名中,该行

---

① 黄柏松. 浙江民泰商业银行积极推进"支实支农支小"工作[J]. 浙江人大,2014(10):20—21.

② 资料来源:《浙江民泰商业银行股份有限公司 2013 年度社会责任报告》。

在全国 124 家城商行中名列第 7 位①。

多年来,该行在实践中探索小企业信贷服务和风险控制技术,总结出一套以"三品、三表、三三制"为特色的小企业金融服务模式,实现了小企业融资"事前低成本获取信息、事中低成本监控管理、事后低成本违约惩罚"的三个"低成本",为小企业融资难这一国际性的"麦克米伦缺口"提供了中国式解答。因此,该行被认为是台州小微金融机构的标本。

一、授信管理特色

(一)"三品、三表"——破解信息不对称难题

针对小企业信息不对称难题,该行打造了一支人数众多、自律性强的客户经理队伍,通过有效的沟通与服务,将数字化的"硬"信息和社会化的"软"信息有机结合,进行定性分析和定量测评,基本做到了解客户,知根知底。该行客户经理占全行员工的比例超过 50%,通过利用地缘、人缘、亲缘优势,遵循"到户调查"和"眼见为实"原则,通过"面对面"沟通和"背靠背"了解,多渠道、多方面了解客户的经营能力、家庭财产及道德品质等信息,具体包括客户有无不良嗜好、在朋友间的口碑、夫妻关系是否和睦等信息,全面观察客户的"三品"。在"三品"中,人品是第一位的。一看"人品",主要解决"信不信得过"的问题。考察客户"押品",主要解决"靠不靠得住"的问题,即考察客户的还款保障。同时,该行不再机械地考察客户的财务报表,特别是针对生产型、外贸型小企业,该行除了解财务报表外,更重要的是看另外三个表,即水表、电表、海关报表。生产型企业的用水量可以反映客户企业的生产经营变动情况,从生产型企业的用电量中可以判断出客户企业生产经营情况和变动情况;外贸型企业的报关表则基本能准确反映客户企业的经营情况。这三个表可以提供企业比较真实的信息,有效验证和补充企业财务报表,使银行真正锁定和明确客户的数字化信息。

(二)信用保证贷款——解决小企业担保难问题

根据小企业有效抵押物不足的实际情况,该行积极探索和创新担保

---

① 陈斌. 城商行客户经理绩效管理机制优化研究[D]. 上海:复旦大学,2013.

方式,不完全依赖抵押,全面推行保证贷款。在小企业提供担保人的同时,要求追加其法定代表人、股东、实际控股人作为担保人,把企业的"有限责任"转变为个人的"无限责任"。同时,该行还探索将传统的亲情和诚信融合在一起,推出了"小企业主贷款、亲人友人恩人担保"的道义担保贷款,提升了违约成本,有效防范了客户的道德风险。目前,该行信用保证贷款占各项贷款的比重为95.87%,抵(质)押贷款比重为4.13%,大大降低了小企业贷款门槛。

(三)"三个低成本"——解决收益难以覆盖风险问题

针对小企业贷款收益难以覆盖风险的难题,该行走出了一条差异化、特色化的发展道路,实现了"三个低成本"。第一,事前低成本获取信息。该行遵循"到户调查"和"眼见为实"的原则,通过"面对面"沟通和"背靠背"了解,查"三品"、看"三表",实现了低成本获取信息和准确评估客户信用。第二,事中低成本监控管理。该行基于存款信息和还款信息自主开发出一套现金流测评技术,通过建立以充分授权和严格问责为特点的扁平化管理体系,做到权、责、利相统一;同时,该行实行业务受理的"三三制",使得贷款像存款一样方便,满足了小企业融资需求"短、小、快、急、频"的特点,有效地降低了监控成本,提高了服务效率。第三,事后低成本违约惩罚。该行抓住员工和客户"两个人的管理":一方面,将客户细分,分行业、分专业、分层次区别客户,在利率定价上,实行一户一价、一期一价、一笔一价;另一方面,采取多项措施加强对员工的管理,防范员工的道德风险,使员工"不愿为、不能为、不必为、不敢为"[①]。

二、案例一

案例1:桐庐县横村镇以针织产业而闻名,针织企业多,针织产品丰富,销售渠道稳定。随着电商的发展,横村镇针织企业纷纷依托网络销售平台进行网络营销,迎来了新的发展契机。横村镇内有志之士更是自己出资拟建电商大楼。得知这一消息后,该行桐庐支行贯彻背包式服务的宗旨,决定将在新电子商务大楼建成后,派驻固定的客户经理为进驻

---

① 新浪博客. 详解泰隆银行"三品、三表、三三制"特色信贷技术[EB/OL]. http://blog. sina. com. cn/s/blog_43b66e2f0102v69p. html,2014-11-11.

大楼的所有电商进行上门服务,力求与横村针织类电商开展密切合作。

桐庐县分水镇分水电子商务孵化园是一个集办公、展示、仓储等为一体的电商创业聚集园区,目前电商孵化园已有入驻企业23家,其中已有5家在该行桐庐支行办理信贷业务。其中,戴某经营的许诺图书专营店是新近入驻园区的,经营状况良好,随着规模扩大,场地、资金等方面出现了困难。由于前期该行桐庐支行客户经理在园区积极走访与宣传,给戴某留下了深刻的印象,于是,他主动联系了该行。为及时解决客户需求,该行桐庐支行的客户经理第一时间对戴某经营的许诺图书专营店进行走访、调查,了解其经营情况,紧接着在短短的3天时间里从开卡到核保,再到30万元的"随贷通"贷款到账一气呵成。为给园区电商企业提供更便利的金融服务,谋求与孵化园的深度合作,客户经理更是积极走访,加强与园区里电商企业主的沟通交流,了解其运作流程及资金需求,并提供相关金融咨询服务①。

案例2:支持现代农业转型升级,浙江民泰商业银行坚持"绿色信贷"。油茶一直是开化县林业的主导产业之一,开化有油茶基地面积17.8万亩。

2010年,杭州久源林业的董事长黄老板和开化当地部门签订了"山茶树低效改造项目",计划在3～5年内完成低效林改造5万亩。但是收购林地要钱,改造林地要钱,收购油茶籽要钱,采购压榨包装设备等都要钱,钱从哪里来?黄老板之前做电器生意有点积累,当地政府有补贴,但这些还远远不够。最后,他想到找以前有业务往来的该行杭州分行帮忙。

不过,他心里没底:"以前我是做电器生意,有公司、有销量,银行肯贷给我钱。但现在银行来看我的资产,我只能带他们看后面的大山,还有山上刚种下去没有结果的油茶树,这种情况,银行肯贷款吗?"

久源林业的母公司——杭州久耀实业有限公司在2009年就和该行开始了业务上的往来。在接触了一段时间后,该行得知其子公司正在开化发展现代农业,对这个项目产生浓厚的兴趣,分行的客户经理主动和企业联系,实地考察,并且对产品的销售进行分析后,认为这是一个新的

① 中国商会经济网.民泰银行积极服务小微电商[EB/OL]. http://www.zgshjj.com/news/xin-wen/9080.html,2015-02-10.

产业,很有发展前景。

因为有了该行杭州分行的资金支持,在项目前期,已经在当地用工达 500 余人次,并带动了当地农民种植山茶树的积极性。在开化苏庄镇的首次低效林改造以及协议收购当地农民的茶籽,为后来当地农民的增产增收打下了坚实的基础。目前,久源林业通过收购的农户油茶籽生产的"之益堂"山茶油,早已经在杭州地区销售,为当地农户人均创收 8000 余元①。

三、社区化经营——农村社区

所谓的社区化经营,其实就是以物理网点为中心,以一定的服务半径为辐射,按照社区的选定、人员的布局,以及相应的开发模式和流程,实现一定的客户覆盖,并提供客户服务赢得口碑,最终扎根当地的综合性商业模式,其核心是"集群开发"的作业模式。也就是说,所选定的地区必须便于集中作业,客户群体应有一定的集中度,而这正是该行近几年不断推进的重点所在。

社区化建设,就是要做到客户群体的下沉,也就意味客户群体的增加以及覆盖面的扩大。如果局限于原来的"人海战术",固守于传统的开发模式、服务模式,产效将不断被拉低,成本也会越来越高。因此,除了借助于日益多样化的产品和服务,电子化的渠道、互联网渠道都是可以充分利用的现实路径。

自 2010 年以来,该行一直着力于城乡结合部以及农村小微客户群体的开发,并开始试点持有限牌照的社区支行。以该行临海大田小微专营支行为例。这家开设于 2013 年 10 月 18 日的小微专营支行,经过半年的发展,就累积了 4000 多名客户,贷款余额 7800 万元,而户均只有 23.3 万元。大田小微专营支行的入驻,为当地的种养殖户、彩灯加工户等小微企业主提供了优质、便捷的金融支持②。

---

① 中国农商银行网.民泰银行"绿色信贷"支持现代农业转型升级[EB/OL]. http://www.nongshang.com/news-28629/,2013-12-18.

② 市场导报.泰隆银行:搅动金融活水创蓝海[EB/OL]. http://www.zjtlcb.com/site1/article/i_news/mtjj/12/55156.shtml,2015-12-13.

四、打造新的小微金融模式

不同于过去的人海战术,该行的小微金融模式讲究到户调查、眼见为实,更多地通过"一体两翼"的方式。一体,就是以小微客户这一服务对象为主体;而两翼,则是通过社区化和网络化的手段去打造新的小微金融模式。农村、居民小区甚至专业化市场,都有可能成为一个物理集聚点,方便集群式作业,批量开发客户。以金融难以覆盖到的广大村居为例,目标客户数量多、客户有强烈的信贷需求,而市场竞争却很不充分。

金融普惠目前仍然停留在概念阶段。该行的农村市场调研表明,在农村市场里,有70%客户有信贷需求,但是没有得到过银行的信贷服务。抵押难、担保难、贷款难成为村居以及城乡结合部居民面临的共同难题。但对城市商业银行而言,这恰恰是它们可以下沉服务,不断激发和挖掘的蓝海。

对此,应从网络建设入手,扩大网络化的维度,升级线上服务,支撑社会化经营战略的实施。做到社区网络结合、线上线下结合,以及人机相结合。为了实现以上"三结合",该行在组织架构和电子化方面做了大范围的调整和改变。组织架构方面,将网上银行、手机银行、自助银行、电话银行等电子渠道都集中到电子银行部,进行统筹规划和推进发展,同时还组建了流动银行、网络金融等新兴团队,以更加开放融合的姿态,迎接全方位的电子化渠道整合。在电子化方面,则试图搭建一个O2O的闭环生态圈,通过灵活的机制,对市场迅速做出反应,也让产品服务能够更多的通过电子渠道或者互联网渠道得到高效率的实现,提高客户体验度。

五、量身定制信贷产品

该行根据小微企业客户的不同需求,不断开发新产品,助力广大小微企业发展。"创业通"产品是一种比较有影响的产品。其授信期限最长可达3年,最高额度可达100万元,是该行为正处于创业发展期的小企业、个体工商户、农户量身定制的信贷产品,力助小微企业解决发展路上的资金难题。

在该行的信贷客户中，很多人凭借自己的努力，勤恳地经营着自己的事业，却因为没有可用于抵押的资产和正规的财务报表等，被视为高风险客户，很难获得融资。创新、创业是我国经济转型的战略任务。为了更好地助推"双创"活动，作为一家服务小微企业的专业银行，20多年来，该行不断拓宽服务人群。"创业通"的客户可以是下岗工人、外来创业者、退伍军人、残疾人创业者、大学生创业者，等等。与市场上相同类型的产品相比，"创业通"具备门槛低、流程简化、无需抵押等多项优势。

该行开发了"立等贷"、"融e贷"、"创业通"等金融产品，通过这种自助或半自助的形式，真正提升客户体验，服务于广大小微企业群体。截至2014年1月末，泰隆"创业通"贷款余额达75亿元，贷款笔数近3.8万笔，而户均贷款仅为19.86万元，有效解决了个体经营户和小企业遇到的无抵押难贷款的困难[①]。

六、案例二

案例1：说起在该行新申请的"立等贷"，台州市路桥区做服装批发生意的吴阿姨有些眉飞色舞。虽然这一款金融产品自推出以来并未进行大面积的宣传，但是"立等贷"的名号早就"不胫而走"，许多客户甚至专门跑到该行柜面来体验这一新的贷款业务。

吴阿姨就是最早一批享受"立等贷"便捷服务的客户，如今她已俨然成为该行的"铁粉"，不仅自己开通了相关业务，还积极推荐身边的用户使用。

"贷款真得像存款一样方便，再也不用担心资金周转的问题了！"吴阿姨笑言。只需要签一个授信合同，客户就可以立等取款，还能享受随借随还、循环使用的便利，这再实惠不过了。

作为该行近期推出的创新型贷款项目，"立等贷"的最大优点就是简单便捷。因而，在操作上也十分简单，只需要借款人（个人或企业）预先与银行一次性签订授信合同，即可在合同约定的授信期限、授信额度内，凭相关证件原件通过银行柜面渠道快速获得贷款发放、立等可取、随借随还、循环使用的循环贷款。同时，如果客户已签约该行的专业版网上

---

① 李妙妙，朱健.泰隆银行"创业通"　创业路上的好帮手[N].都市快报，2014-02-24.

银行、手机银行,还可以通过网上银行、手机银行渠道自助放款①。

案例2:一个偶然的机会,40岁的王先生接触到了湖羊养殖,找场地、建羊舍、进饲料、买种羊,把积累的资金全部垫了进去。虽然养殖场慢慢进入正轨,但资金的周转却日渐紧张起来。心急如焚的王先生想到了去银行贷款,抱着试试看的心态,走进了该行的临海大田小微企业专营支行,简要地和客户经理小刘说了下自己的养羊场,不曾想第二天就得到了小刘的电话回访,说要和同事一起去他的养羊场实地看一看。通过具有泰隆银行特色的"三品三表"信贷调查,泰隆银行的第一笔贷款第二天就打进了王先生的账户,让他悬着的心终于落了地。

第四节　中国邮政储蓄银行

中国邮政储蓄银行于2007年3月20日正式挂牌成立,它是在改革邮政储蓄管理体制的基础上组建的全国性商业银行。2012年1月21日,该行依法整体变更为中国邮政储蓄银行股份有限公司②。截至2008年,该行已建成覆盖全国城乡网点面最广、交易额最多的个人金融服务网络,拥有储蓄营业网点3.6万个。该行已在全国31个省(自治区、直辖市)全部设立了省级分行,并且在大连、宁波、厦门、深圳、青岛设有5个计划单列市分行③。该行虽然体量较大,机构众多,覆盖全国城乡,但在内部结构上仍然保留着社区银行的特点。该行的特色定位在于社区银行、零售银行。

一、服务"三农"

截至2013年年底,邮储银行3.9万个网点中,有2.8万多个分布在县及县以下农村地区,占全行网点总数的71%以上。该行在服务"三农"和业务可持续之间探索出了一条"相互协调、相互促进"的特色发展之

---

① 新华网浙江频道. 泰隆立等贷,开启银行"闪融时代"[EB/OL]. http://big5. xinhuanet. com/gate/big5/www. zj. xinhuanet. com/2013market/zjtlcb/2014-05/15/c_1110707502. htm,2014-05-15.

② 张颖.金融支持河南农民增收问题研究[D].郑州:河南农业大学,2013.

③ 夏哲群.淞江市邮储银行小额信贷业务发展策略[D].长春:吉林大学,2012.

路。该行始终坚持服务"三农"、服务中小企业、服务社区的商业银行定位。截至 2013 年年底,该行在农村地区投放的小额贷款余额 2921 亿元,占全行信贷资产总规模近 20%;涉农贷款余额 3882 亿元,其中,2013 年新增 2004 亿元,增速近 107%。其中,涉农小额贷款笔均放款额仅 6 万元。与其他商业银行服务大企业,一次贷款动辄百亿元、千亿元相比,申请该行贷款的农户、小微企业贷款额度常常是几万元。加上农民居住分散、路途遥远,农业生产类型多样,小额贷款信贷员经常要到农场、农户家中了解客户情况,判断客户的贷款需求和还款能力。为方便农户办理贷款,该行还专门组织"送贷款下乡"活动,派信贷员深入田间地头,走近农户介绍该行小额贷款的特点及办理流程。

每户贷款仅几万元,可有时去了解农户情况在路上就要花费一天的时间。为了解决贷款成本高问题,该行由以前的"点"式服务逐渐转变为群链开发,立足于产业集群、总部集群、商业集群、产业链、销售链和供应链,以优质零售撬动批发,以优质批发带动零售。2013 年,该行进一步推进商圈开发、连锁贷、小企业综合金融服务等创新模式,并通过"公司+零售"、互助担保基金等创新模式,搭建了与政府部门、核心企业、担保机构和银行同业的合作渠道,全面提升小微企业金融服务水平。

在创新模式的同时,该行不断拓宽服务渠道。为解决农村普遍存在的小额提现难问题,该行在乡镇及以下农村地区选择有一定经济实力、信誉良好的商户,通过为其安装"商易通"固话设备,以商户先行垫付现金的方式为农民提供"银行卡助农取款服务"及余额查询服务。助农取款机深入到没有物理网点的乡村,延展金融服务触角。截至 2013 年年底,该行已建成银行卡助农取款服务点近 11 万个,同年累计交易超过 600 万笔。

金融服务"三农"的难点在于缺少信用体系。为建设农村的信用体系,该行发起了信用村镇建设活动,信贷员选择一些客户相对集中的乡村,确定目标信用客户,优先给予信贷扶持,信用好的乡村可整村集中扶持。该行在新疆、辽宁、黑龙江、吉林、山东、贵州等农业大省已评选信用村镇 3000 余个,评选信用农户数十万名。由信用农户担保其他农户,以信用村镇辐射周边村镇①。

---

① 常志鹏. 如何推进中国"三农"的金融服务?［EB/OL］. http://big5. xinhuanet. com/gate/big5/www. gd. xinhuanet. com/newscenter/2014-01-26/c_119107049. htm,2014-01-26.

二、拓展业务领域

一是小企业贷款。小企业贷款是该行向小型企业法人客户提供的，主要用于满足企业正常生产经营周转资金需要的人民币担保贷款。该行的小企业贷款具有申请简便、审批效率高、贷款方式灵活等特点，可以采用土地房产抵押、存货质押或应收账款质押等多种担保方式①。其授信有效期限最长不超过 2 年，单笔贷款期限最长不超过 18 个月；单户最高额度不超过人民币 500 万元（含）；提供等额本息、阶段性等额本息、一次还本付息和按月付息到期一次还本等多种还款方式。该行的小企业贷款，致力于破解中小企业融资难题，助力中小企业成长②。

二是小额贷款。小额贷款是指该行向单一借款人发放的金额较小的贷款，分为农户小额贷款（指向农户发放的用于满足其农业种植、养殖或者其他与农村经济发展有关的生产经营活动资金需求的贷款）和商户小额贷款（指向城乡地区从事生产、贸易等活动的私营企业主，包括个人独资企业主、合伙企业个人合伙人、有限责任公司个人股东等、个体工商户和城镇个体经营者等微小企业主发放的用于满足其生产经营资金需求的贷款），主要有农户保证贷款、农户联保贷款、商户保证贷款和商户联保贷款等品种③。

三是个人商务贷款。个人商务贷款是该行向18～60周岁，具备完全民事行为能力的自然人发放的，分为额度类个人商务贷款（该行向借款人发放的、用于本人合法生产经营活动、可循环使用的担保贷款）和非额度类个人商务贷款（该行向借款人发放的、具有地方特色的短期经营性贷款）。

四是个人质押贷款。个人质押贷款是指该行向借款人（18～60周岁，具备完全民事行为能力的自然人）发放的、以在该行开立的未到期整存整取定期人民币储蓄存单（即定期存单，包括特种存单）为质押担保且到期一次性收回本息的贷款④。

———————————

① 苏涧.基层邮储银行的中小企业信贷项目风险管理研究[D].湘潭:湘潭大学,2012.

② 百度文库.金融企业的业务范围［EB/OL］. http://wenku. baidu. com/view/3586992cbd64783e09122b2c. html,2012-12-02.

③ 时昆兰.邮储银行小额信贷业务发展阻滞与政策建议[J].时代金融,2011(1):31—33.

④ 钟焕焕.试论邮政储蓄小额质押贷款及服务"三农"的对策[J].老区建设,2007(12):19—20.

五是个人二手房贷款。个人二手房贷款是指该行向个人发放的、用于购置二手住房的贷款。适用对象为18～60周岁,具备完全民事行为能力的自然人;具有稳定的职业与收入,具备还款能力,信用记录良好;自筹购房款(首付款)不低于房屋购买价格的20%。

三、构建小企业特色支行

为应对新的业务机遇与挑战,保持自身领先优势,该行提出了以"特色支行"为抓手的"强支行"战略。其中,小企业特色支行在为小微客户提供特色、优质、全面服务方面取得了阶段性突破,成为该行特色支行建设的"名片"和"亮点"。

而该行自2007年成立以来,一直坚持服务"三农"、服务社区、服务中小企业的定位,逐步确立了自己在部分小微服务领域的先发优势。截至2013年年底,该行已累计发放小微企业贷款1500多万笔,金额超过1.8万亿元,贷款余额5375亿元,在全行各项贷款余额中占比近50%。

特色支行服务小微企业取得阶段性突破。2013年8月,该行公布了第一批10家总行级小企业特色支行名单,拉开了特色支行建设的大幕。通过4个月的建设推动,截至2013年年底,10家总行级小企业特色支行深耕石材、家具、水泵及电机、中药材、机械制造、纺织、高科技、花炮等8个特色行业,累计为超过1200户新增小企业客户提供6.78亿元信贷支持。其中,68.59%的信贷资源投向特色支行目标行业,69.34%的特色行业小企业客户来自政府部门、行业协会、核心企业等的推介,满足了客户在结算、理财等方面的金融需求,在为小企业客户提供批量化综合金融服务方面取得了阶段性突破。

在此基础上,该行强调要以小企业特色支行建设为抓手,推动产品创新,加大量身定制,全面提高对小企业的金融服务能力,用3年打造600家小企业特色支行。并且,确立了181家总行级小企业特色支行,囊括30个行业大类64个细分行业小类。这些小企业特色支行将成为邮储银行服务小微企业最为重要的业务渠道。

四、立足特色行业破解小微融资难题

近年来,我国商品交易市场、物流园区、工业园区等商圈的数量和规

模均呈现快速增长态势,已逐步成为促进城乡共同发展、推动新型城镇化建设和产业升级的重要力量。据不完全统计,全国交易额在亿元以上的商品交易市场有 5075 个,交易额高达 8.2 万亿元。全国国家级、省级工业园区总数达到 1500 个以上,单个工业园区产值从 300 亿元到 2000 亿元不等。

该行管理层深知,借助这些商圈和核心企业,可以批量化落实开发目标行业小企业客户群体,减少营销成本,提高开发效率,并得到更多的信誉保障。对于一直高举"普惠金融"旗帜,以服务小微企业为己任的银行而言,这无疑是一片亟待开发的业务蓝海。

而该行自启动小企业特色支行建设工作以来,一直强调全行小企业特色支行建设要紧密围绕当地包括特色产业、产业链、商品交易市场、物流园区、工业园区等在内的特色行业,在深入研究目标行业特色的基础上,为特色行业小企业客户提供包括信贷服务在内的金融支持。

该行福建、广东、北京等地分行下设的总行级小企业石材特色行业支行,依托石材商圈、协会的群式、片式开发,已初具规模。福建分行积极投入资源,在滨海支行打造了全新的石材客户俱乐部,在为石材行业小企业客户提供融资服务的同时,成了交流信息、撮合业务的客户综合服务平台。

该行在突出"特"的基础上做"优"做"全"。与银行同业布局小企业特色支行不同,该行要求各家特色支行在突出"特色"的同时,还要做"优"做"全"。换言之,就是要求特色支行围绕当地"特色行业",将商业模式、产品研发、服务质量做到最"优";通过小企业金融服务,延伸整个产业链开发,为客户提供包括资产、负债、中间和国际业务等在内的"全面"产品和服务。

如何做"优"? 该行在作业管理和产品研发方面进行了大量探索。该行通过深入分析自身机构特点、业务结构,把推动小微信贷技术升级作为小微服务转型的第一步。事实上,小微信贷作业效率低、客户营销成本高、风险控制难度大,是众多银行发展小微企业金融服务的主要瓶颈。针对这一问题,该行小企业金融部研发了"IT-Pads"信贷技术。这一技术在特色支行的推广,全面提高了小微作业效率和风险控制水平。截至 2013 年年底,10 家总行级小企业特色支行小企业信贷业务不良率仅

0.02％,远远低于银行同业平均水平。

在优化信贷技术的同时,该行按照"分步走"的思路,逐步通过转变产品研发,为做"优"特色支行提供更坚实的保障。2013年,针对小企业客户普遍缺乏抵押物的特点,该行以客户为中心,研发了弱担保类互惠贷产品,客户仅需缴纳部分保证金,承担连带保证责任,即可获得单笔最高500万元的融资支持。互惠贷产品已在该行北京、河北、福建、广东多家分行辖内小企业特色支行实现放款落地,不到6个月的时间,为近150户小企业客户提供了超过3.65亿元的融资支持。

2014年,该行针对存量小企业客户,对"商易通"结算服务进行了全面升级,在全行小企业特色支行优先推动针对小企业客户的"商易通"转账结算手续费减免活动,减免幅度最高可达100％,极大地提高了客户满意度,体验客户大幅上升。

该行还启动针对小企业客户综合金融服务产品手册的编写工作,这部集合了该行小企业金融部、个人金融部、电子银行部、公司业务部等多个部门现有产品的"综合宝典",将使该行依托特色支行为小企业客户提供更全面的服务成为可能①。

五、案例

案例1:该行黔东南分行于2008年成立,坚持践行"普惠金融"的服务理念,在坚持"服务'三农'、服务社区、服务中小企业"的市场定位中谋求发展。

一是充分发挥优势,支持个体经济、活跃商业氛围,支持居民消费、提升居民生活品质。该行有着覆盖城乡的网络优势、规模庞大的资金优势、扎根基层的队伍优势,"人嫌细微,我宁繁琐"。该行黔东南分行不嫌贫、不嫌小、不嫌烦、不嫌少,成立6年来面向个体工商户、农村专业户、小微企业提供金融支持,累计发放个人经营性贷款11500余笔、贷款金额13.61亿元。该行还为城市居民提供消费信贷支持,为辖内6个一手房项目匹配5.5亿元授信额度,发放个人消费贷款1100余笔,累计发放金额2.76亿元。

---

① 中国商报.量身定制　邮储银行力推小微服务转型升级[EB/OL]. http://www.zgswcn.com/2014/0411/369514.shtml,2014-04-11.

二是结合当地实情,逐步丰富产品体系。随着风控人员素质和风险管理能力的提升,该行黔东南分行在传统的小额贷款基础上逐步开办了个人商务贷款、小企业贷款、再就业贷款、烟农贷款、烟草贷款、家庭农场(专业大户)贷款、小额循环贷款等,真正做到让资金需求者都能找到最适合自己的贷款产品。

三是坚持创新,谋求更好发展。"互助贷"、"互惠贷"、"公司+农户"等模式的创新贷款品种,已经在沿海发达地区取得一定的成功经验,根据州内经济发展情况及风险状况的深入调研,与合作调研机构"世经未来"开展对州内林业、旅游、茶产业、中药材等重点行业及客户的走访调研,进一步提出契合本地经济特色的产品方案和思路,提升金融服务能力。

该行着眼于打造一家有特色的大型零售商业银行,将坚持市场化导向,全面深化改革,练好普惠金融服务的"内功",努力促进广大中低收入人群平等享受金融服务①。

案例 2:该行渭南分行依照总行发展战略,始终坚持服务大众的宗旨,为渭南城乡居民和中小企业客户提供优质便捷的金融服务。经过多年的积累,分散在全市城乡的 143 个网点集聚了一个非常庞大的客户群,开立企业单位账户 1178 个,个人实名账户 343 万个,存款规模达到110.8 亿元,绿卡持卡户 201 万户,发放个人和中小企业贷款 13.6 亿元。各项业务以居民大众和中小企业为受众对象,努力打造贴合基层客户需求的"大众银行"。

以贷款为转型打造特色产品。按照总行的部署,该行渭南分行从 2006 年 4 月起开始办理小额质押贷款业务,2007 年 8 月作为全国首批试点地之一,开始办理小额贷款业务,2009 年 8 月开办了个人商务贷款。该行渭南分行已推出小额质押贷款、小额贷款、个人商务贷款和个人房屋按揭贷款等多项贷款产品。网络式经营为服务"三农"和支持地方经济发展发挥了积极的作用。

"信贷作坊"与"信贷连锁"。该行渭南分行借鉴国外先进、成熟的小额信贷技术,开展了两种特色非常鲜明的服务方式,即"信贷作坊"和"信

---

① 黔东南日报.人嫌细微 我宁繁琐 邮政储蓄银行提供特色融资服务[EB/OL]. http://economy. gmw. cn/newspaper/2014-10/09/content_101328555. htm,2014-10-09.

贷连锁",更好地服务了农户和中小企业主,契合了渭南农业大市的特点。

因为农户、个体工商户、微小企业主没有标准化、规范化的财务信息,这就需要该行的信贷员帮助客户编制资产负债表和损益表,科学确定授信额度;实行"四只眼"办业务原则,由两名信贷员一同开展贷前实地调查;在县级支行设立审贷会审批贷款,贴近市场和客户,提高审批效率;同时,该行的业务特别分散,贷款的申请、审批、发放都在当地,规模非常小,如同小作坊。"信贷作坊"业务办理灵活,使客户感到亲切,符合该行"大众银行"的定位。"信贷连锁"是指全国各个分支行,像连锁店一样,提供统一产品、统一服务质量、统一信贷技术的连锁服务,如同"便利店"一样,既有高质量的产品、高水准的服务,又有随时随地、方便快捷的优点,符合个人客户和中小企业主的需求特点。

绿色信贷支持地方经济发展。该行渭南分行始终推行"阳光信贷"、"绿色信贷",贷款速度快,服务质量高,将服务"三农"、支持地方经济发展作为一项长期工程来抓。

该行渭南分行以农村质押贷款网点建设为重点,加大农村金融服务工作力度。自2006年4月渭南分行开办小额质押贷款业务以来,结束了20多年来"只存不贷"的历史,向全功能商业银行转型迈出了关键一步。渭南分行的网点都是在县及县以下的地方,具有网点广、渗透力强的明显优势,可以有效地开展农村金融服务工作。

该行渭南分行以政府扶贫贴息为重点,加大贷款扶持"三农"力度。2007年,该行渭南分行成功代发了政府扶贫贴息贷款,不仅有效解决了政府对偏远农村地区扶贫户的帮扶问题,使邮政金融在服务"三农"领域与政府之间的联系合作更加密切,而且能及时向当地政府反馈贷款农户致富生产情况,成为政府与"三农"之间沟通了解的桥梁和纽带。

该行渭南分行以政府"一村一品"为重点,提高小额贷款服务"三农"的深度。开展小额贷款业务,是该行的使命和义务。为解决农民群众种养殖资金短缺的问题,该行渭南分行以政府提出的"一村一品"为重点,提出了发展农村专业村的思路,加大对农村种养殖用户的扶持力度,深入农户田间地头,通过高效、周到的服务,有力地支持了当地农户的致富和增收。该行渭南分行的信贷资金广泛支持全市各县、市、区的种养殖、农资销售、农产品收购及加工等特色产业的发展,累计支持农村种养殖专业村 130 多个,为地方产业发展提供了有力的资金扶持。

此外,自小额贷款和商务贷款业务开办以来,该行渭南分行积极召开银企对接会,向广大业主宣传推介贷款业务,全力扶持中小企业发展。其中,资金支持力度较大的行业有农资销售业、餐饮业、车辆运输业、烟酒销售行业以及建材、服装、家电类的销售环节①。

---

① 渭南日报.邮政储蓄银行打造特色贷款产品助力地方发展[EB/OL]. http://bank. eastmoney. com/news/1185,20121012254294036. html,2015-06-29.

第七章　中小企业融资制度创新

创新是当前经济学研究中出现频率最高的名词之一,它是指以现有的思维模式提出有别于常规或常人思路的见解为导向,利用现有的知识和物质,在特定的环境中,本着理想化需要或为满足社会需求,而改进或创造新的事物、方法、元素、路径、环境,并能获得一定有益效果的行为①。熊彼特提出的经济增长波浪理论,是指在两个经济周期之间,经济增长靠技术创新来推动,技术创新成为经济增长的发动机。他的技术创新概念也包括了组织与制度方面的创新。他提到所谓创新是要"建立一种新的生产函数",即"生产要素的重新组合",就是要把一种从来没有的关于生产要素和生产条件的"新组合"引进到生产体系中去,以实现对生产要素或生产条件的"新组合"②。在新制度经济学派的制度创新理论中,制度"是一系列被制定出来的规则、服从程序和道德、伦理的行为规范",诺思称之为"制度安排"③。制度安排指的是支配经济单位之间可能合作与竞争的方式的一种安排④,制度既指各种有形的法律、规章制度,也包括各种隐含契约。制度经济学的核心命题之一在于制度创新能够减少交易费用,而制度缺陷、制度不完善或制度摩擦,则会增加额外的交易成本。

---

① 百度百科."创新"词条[EB/OL]. http://baike. baidu. com/link? url＝QNviXyLwXNcFrESNY l-9 fNdxZC_ Ybw0d0Drz0j7IgvfrPjVA _ FFc55oA4NkVLGSXSskbFTP1c0jOac7fZmLj88JzV0Cyb _ 4fXhVRQwuegEW, 2016-06-09.

② 傅国华,林爱杰,陈永城.创新创业驱动中国经济新发展[J].新东方,2015(6):9—12.

③ 龚一萍,熊巍俊.企业动态能力构建的制度安排与机制设计[J].理论建设,2011(2):61—65.

④ 石修俊.收入分配制度变迁与人的发展[J].经营管理者,2012(14):15—22.

第一节　理论创新

　　理论来自实践,又对实践有指导性作用。由于现代金融基本从西方植入,加上新中国成立后 30 多年苏联模式的影响,国内金融理论相当落后,已经无法适应改革开放形势下金融实践的需要,在很多方面需要创新,有些内容甚至需要进行根本性改造。我们认为至少在以下几个方面需要进行创新。

一、金融的本质

　　虽然我国很早就有货币、金融活动,也有一些相关著作进行论述,但总体上来看货币理论是不系统的,是肤浅和相对落后的,连对货币流通规律的总结也是模糊的、粗糙的、断断续续的。新中国成立后,从苏联引进的货币银行学又强调社会主义性质而刻意与西方金融理论抗衡,苍白僵化,严重意识形态化。资金融通成为金融的标准表述模式,且延续至今。即使业界人士,对金融的认知大多也是到此为止。

　　金融发展到现在,已经大大突破了传统金融的范畴,货币银行固然仍是金融主体,而进入新时代,金融外延被大大拓展,互联网金融工具层出不穷,向纵深化、数字化发展,金融理论也吸收了许多自然科学的成果,衍生出很多全新的子学科。固守货币银行学时代的理论框架当然不能完全涵盖当代金融的全貌。金融除包含资金融通的固有特征之外,应该纳入新的内容,体现其时代特征。现代金融主要有四大部分:货币银行、保险、信托、金融投资。它们表面上都包含货币资金的融通,但内涵已经发生深刻变化。在我们看来,金融应该被定义为流量财富。不言自明,金融学的研究对象应调整为对流量财富的研究。在西方国家,甚至把企业的财务决策也归入金融范畴进行研究。

　　西方定义的金融是有关资金,或者更确切地说是关于现金流的决策。这一概念已经比较接近我们有关流量财富的表述。英文中,金融、财政、财务都使用同一个名词,即 finance,说明三者之间存在同质性,这个同质性就是流量财富。人们发现除实物财富之外,财富还可以以流量的方式存在。由于存在着对应性,货币具有一定的购买力,人们的观念发生了改变,从对食物财富的占有,转向对流量财富的追求。西汉初年的贾谊之所以说"钱饥不可食,寒不可衣",而人们趋之若鹜,正是由于对货币的本质缺乏必要的了解。马克思在《资本论》有关货币拜物教的论述,虽然没有直接提及流量货币的概念,但从其分析来看,已经触及货币作为流量财富的本质。正是由于金融的这一特征,才使得它成为社会经济的中枢神经。换句话说,现代经济增长的核心在于财富的流动。

首先,探讨货币。货币最初作为交换媒介被使用,但若货币仍停留在交换媒介阶段,那就不会有现代经济。马克思总结了他那个时代的货币有五大功能:流通手段、价值尺度、支付手段、储藏手段、世界货币。这五个功能其实都是关于流量财富的问题。货币出现以后,人们明显地感到拥有货币比拥有实物财富具有更大的优越性:体积小、重量轻、携带方便、易于保存、价值稳定、普遍接受。因此,有了货币,财富的流动变得活跃起来,买卖或借贷的交易费用大幅度下降,社会经济活动效率大为提高。货币作为财富的另一种存在方式,具有从属性的特点,受制于实物财富总量限制,不能无限增发,否则就会导致通货膨胀,两者需要保持一定的对应关系。一担稻谷,人吃了,作为实物存量的财富也就不存在了;有了货币,财富流量化,他随时随地能从市场上购买一担稻谷。货币的国际流动,引申出国际金融的命题。所谓的贸易顺差,就是指实物财富与流量财富的转换模式。凯恩斯发现,人们存在着流动偏好规律,财富的流动性越强,人们越愿意持有。

其次,来看银行。银行是社会融资中介,一方面从市场融入资金,另一方面把资金借贷给他人。那么,银行的存款从何而来呢?只有那些有财富结余的人才会去储蓄。换句话说,储蓄是流量财富的结余,而不是存量财富的结余。银行把民众的结余财富集聚起来,借贷给需要的人,实现财富增值。这里我们发现一个有趣现象:存量财富的借贷,不会使实物财富本身增加,只有使其耗损,而流量财富却会使流量财富本身增加。存量财富在马克思那里被称为物化劳动,不创造新价值,表现形态为"C—G—C",价值来自于劳动。而在货币运动中,表现形态为"C—C",增加的价值就是财富流动创造的。区别在于,存量财富不是流动的,而资金是流动的。因此,银行应该让资金不断流动,而不能让资金停留在自己的账户上,而且应该把钱贷给最需要的也是创造财富最多的客户,实现财富增值,而不是仅仅贷给最需要的客户。资金周转越快,新增财富越多。

再者,从金融投资角度来看,对投资者来说,更加是流量财富的自我增值。金融投资专指投资于金融市场工具的交易行为,不是资金融通一词能够解释清楚的。金融投资出现得最晚,发展最迅速,最具活力。像美国,资本市场已经与信贷市场并驾齐驱。我国金融投资普及面也越来越广,发展潜力很大。当社会普遍出现财富结余,而且拥有量达到一定级别的时候,必然会产生通过金融市场而不是实业投资获利的需求。在股票、期货、债券等传统金融业基础上,又发展出许多衍生金融工具,给投资者提供更多的选择机会与套利方式。金融投资与实业投资的区别在于套利。因此,其需要极强的流动性,通过金融市场的价格波动来获取利益,而不是仅仅依赖投资工具本身的收益。金融衍生投资工具本身没有收益来源。毫无疑问,金融投资完全是一种现金流运动形式。

最后,从保险业的特殊性来看,无论是财产保险还是人寿保险,资金融通均不能完全涵盖其特性。对于财产保险,交易的一方是存量财产的或然风险概率,另一方把存量实物财产变成体现现金流量的保险单,发生意外以后,获得保单价值的赔偿。双方交易的目的显然不是为了融通资金,也不是借贷,而是把存量财产的风险折算为一定的流量财富。交易的标的物只是一个载体,而不是内容。在寿险里,生命的价值也因此被折算成具有一定现金价值的保险单。也就是说,人的生命是无价的,但是人生的意外风险是可以用价值衡量的。在保险业中,最主要的载体就是保险单,因为保险单具有现金价值。

资金融通概念的局限性是显而易见的,至少不能完全清晰和准确地解释金融投资活动的内涵。因此,有必要对金融的概念进行扩充,丰富其内涵,更全面地体现现代金融的特性。由此才可以在新构建的概念框架下,更新我们的固有认知。我们认为,金融学的研究对象是关于流量财富的运动规律,金融的表现形式是交易对象都是资金的交易行为。这样的表述有利于摆脱过去过多依赖银行融资的观念,转向发展多渠道的直接融资模式,吸引更多的社会资金进入生产领域,分享经济增长的红利。

二、授信理论

融资属于授信范畴。融资与授信是相对概念,融入方角度称融资,贷出方角度称授信。业界直到 20 世纪末才从信贷的概念逐步转向授信理念。很多人以为授信理念是向西方银行学习的结果,其实不然。早在20 世纪 20 年代,我国金融界就普遍建立了授信理念。

授信理念的建立与信贷概念相比是一种金融文化的质的提升。在信贷概念下,银行经营的是货币资金,承担社会资金融通的责任;在授信架构里,银行经营的不再是传统意义上的货币资金,而是风险。凡是银行提供的存在敞口风险的资金或信用等业务,均需列入授信考量。由此,统一授信的概念也就被提出来了。无论是银行即时提供资金还是将来可能垫付资金的业务(贷款承诺),不管属于资产科目还是不列入资产负债表,均要求列入银行统一的风险资产管理。借贷只是授信的一部分。授信是银行授予客户信用,包括资金的提供和银行信用的运用。银行信用也是银行资产,也能够产生必要的效益,比如进出口信用证等。可见,我们以前对融资的理解过于狭隘。

银行授信的基础在于受信人在未来约定的时间里,是否能够产生足够的现金流,用于归还贷款或者自行支付相关款项而不必银行代为垫付。如果我们仔细分析,就会发现保险业的理论基础是拒绝任何人利用保险事故来获利。同理,授信的理论基础也是禁止无偿还能力的人借贷,否则社会经济秩序将因大量的坏账发生而被破坏。社会上有一种说法是,银行只有锦上添花,没有雪中送炭,这其实是误解,是对银行授信性质缺乏必要认知的结果。银行贷出款项或做出承诺,已经承担了未来的风险,若客户不能如期归还,或者不能按期付款,银行的风险将由此大增。个别的违约事件,若没有影响银行的流动性,则属于可承受的风险损失。如果出现大面积的集中违约,则表明系统性风险出现了。反过来分析,银行通过授信从客户手中获得的无非是利息,而承担的却是本金的损失,这种不对称性就是授信风险的特殊性。商业银行的经营原则之所以包含安全性、审慎性,就是考虑到了授信风险产品的特质。一笔1000 万元的贷款,年息 10％,银行净利差不过 3％,若发生损失,需要33000 万元贷款的收益才能弥补。很多人不明白这一点,认为银行惜贷,逃避社会责任,其实是因为没有把授信理念、风险意识灌输到企业界。

风险有两种。一是主观违约风险,属于道德风险范畴,是授信业务中需要彻底排除的情况;二是客观违约风险,指出现了意想不到的情形,导致借款人发生亏损损失等,因而无法履行还贷义务。而客观违约又有经营管理、政策变化等各种因素,在放贷时银行很难预见。款项一旦贷出,银行就处于被动状态,在借款期间,各种风险因素都会影响授信安全,若没有足够的风险控制手段,坏账就会接踵而至。因此,所有的银行都建立了一套自己的风险评估与监控系统。明白这一点,就会发现有很多融资需求其实是虚假需求,因为未来不能产生足够的现金流作为偿还保证。这些虚假需求与真实需求混杂在一起,更加夸大和加重了融资难问题。

在一般人的印象中,似乎银行从事的是无风险套利,以较低利率吸收民间存款,高利发放贷款,赚取大量利差。因而,作为资金供应方,当社会银根紧张时,银行就有义务提供资金,发放贷款,对市场风险过多考虑是不合适的。

作为银行,不得不在安全性和营利性两个极端之间进行考量。从安全性角度,贷款规模越小越好,最好不要放出任何款项;从营利性角度,利率越高越好,贷款规模越大越好。

三、担保理论

银行贷款是需要担保的。我国至少有两部法律,即《担保法》与《物权法》涉及担保的法律规定。全国有多达上万家的专业信用担保公司,从业人员几十万,遗憾的是尚未构建科学的担保理论,业界在此问题上产生了相当混乱和模糊的认知,以至于在一些对有关中小企业融资难原因的讨论中,竟然得出缺少担保人是重要原因的结论。因此,非常有必要构建新的担保理论,从理论上厘清担保的性质。

担保包含信用担保与物权担保。信用担保属于金融范畴,物权担保因为有相应资产作为债权保障,银行乐于接受抵押品。信用担保完全凭担保人的信用,而担保人与借款人一样存在财务风险,银行对其担保能力的审查如借款人一样。

首先,必须明确担保永远是第二性的。银行借款主要还是基于借款人本身的偿还能力。担保只有当借款人出现在风险评估时没有考虑到的情形出现,以使违约发生时有一个最后的追讨对象。一般而言,明知借款人存在可能的风险,就不应该放出款项。理论上,明知借款人存在可能的违约风险,却考虑到担保人的担保实力而予以放款,是违背专业要求的,但是实践中这却常常发生。借款人产生的现金流属于第一还款来源,担保人承担的债务属于第二还款来源,这里是前后的序数关系,而不是并列关系。若银行的贷款有很大部分是通过第二还款来源收回的,该银行一定没有必要存在,事实上也不会存在。没有一个担保人会愿意主动承担担保责任,哪怕他已经知道担保的风险且完全自愿地提供了担保;到要承担担保责任时,总是躲避、推卸、抗辩、减轻担保责任,或者有条件地承担担保责任;即使最后承担了担保责任,银行也必然是做出一定的财务让步。若担保人是本行优质大客户,就会因此将账户转移到其他银行,相当于银行失去一个优良的客户。

其次,最优质的贷款其实是信用放款,而不是担保贷款。银行总是寄希望于第一还款来源,第一还款来源就是借款人之信用。银行之所以放弃担保条件,采用信用放款,完全是基于对借款人的信用分析与评估而做出的决策。如果借款人未来能够产生足够的现金流,则贷款是安全的,不必向担保人追索,此时担保只是一个形式要件。因此,有必要厘清对信用放款的认识,在实践中不是加以限制,而是在一定条件下予以鼓励。在这方面,一些中小银行已经有较好的实践,正在不断进行经验总结,相信对丰富我国的担保理论能起到积极作用。

第三,互保模型。互保模型曾经作为金融创新备受推崇。在我们看来,目前在对客户互保问题的认识上存在明显的缺陷与非专业性。而产生这一错误的原因,还在于对担保本质缺乏有足够深度的了解。在互保模型下,看似公平,实际上对银行来讲,不但不公平,一定程度上还失去了担保的意义。假定两个公司互相为自己在某银行贷款1000万元担保。一个公司履约了,因而不必由担保人承担责任;另一个公司归则还了800万元,剩下的200万元需向担保人追讨。前者很可能因附加了200万元债务而不能维持正常运转,或者即使能够维持正常运转,其信用评级也一定会下降,甚至发生自身经营正常的企业因为互保转移的债务而歇业。通过深入的逻辑分析我们还可以发现,在互保模型下,这等于没有担保。假定前面两个公司各有2000万元资产。在信用放款情况下,4000万元资产对应2000万元债务。在互保模型下呢,仍然是4000万元资产对应2000万元债务。也就是说,风险没有减少,与信用贷款差别不大。

四、真实票据理论

真实票据理论是19世纪的信用理论,对我国中小企业融资有一定的指导意义,但是长期以来并没有得到认真的讨论。真实票据理论认为,银行资金来源主要是吸收流动性很强的活期存款,银行经营的首要宗旨是满足客户兑现的要求。所以,商业银行必须保持资产的高流动性,才能确保不会因为流动性不足而给银行带来经营风险。因此,商业银行的资产业务主要集中于以真实票据为基础的短期自偿性贷款,以保持与资金来源高度流动性相适应的资产的高度流动性。短期自偿性贷款主要指的是短期的工商业流动资金贷款。真实票据理论产生于商业银行发展的初期,当时企业的资金需求比较小,主要依靠自有资本经营,企业对资金的需求以商业周转性流动资金为主。此外,由于金融机构管理水平较低,尚无作为最后贷款人角色的中央银行可在商业银行发生清偿危机时给予救助,商业银行的经营管理者更强调维持银行的流动性,并不惜以牺牲部分盈利为代价。在这种金融市场很不完善、融资渠道和资产负债业务比较单一的历史条件下,银行在经营实践中找到了保持资产流动的理论依据,即真实票据理论。

真实票据理论的思想为早期商业银行进行合理的资金配置与稳健经营提供了理论基础。它提出银行资金的运用受制于其资金来源的性质和结构,并强调银行应保持其资金来源的高度流动性,以确保银行经营的安全性[1]。真实票据理论可以作为银行票据融资的理论依据。根据真实票据理论,借款人借款用于正常生产经营,而其据以生产经营的合约是真实、可靠的,出售产品就能够获得正常的现金流,用于归还贷款。

真实票据理论对中小企业融资影响很大。我们目前实践中的应收账款质押融资,在一定程度上也建立在真实票据理论之上。

---

① 百度文库. 公司信贷(知识精讲分析)[EB/OL]. http://wenku. baidu. com/view/6e079f115f0e7cd184253618. html,2012-07-13.

五、供应链金融

供应链金融是商业银行信贷业务的一个专业领域，也是企业尤其是中小企业的一条新的融资渠道。它指银行向客户提供融资和其他结算、理财服务，同时向这些客户的供应商提供贷款及时收达的便利，或者向其分销商提供预付款代付及存货融资服务。简单地说，就是指银行将企业和它的上下游企业联系在一起提供灵活运用的金融产品和服务的一种融资模式[①]。银行给产业链最下游企业提供贷款，用于支付上游企业货款，一级一级传递，到达最上游企业，用来还贷。这既保障了资金的安全，又满足了客户的融资需求。

供应链金融与保理业务及押汇业务有些相似，但也有明显区别。保理和押汇只是简单的贸易融资，而供应链金融是核心企业与银行间达成的面向上下游供应链所有成员企业的系统性融资安排[②]，是一种较复杂和纵深性较强的结构性产品。

一般来说，一个特定商品的供应链从原材料采购到制成最终产品，最后由销售网络把产品送到消费者手中，将供应商、制造商、分销商、零售商直到最终用户连成一个整体。在这个供应链中，竞争力较强、规模较大的核心企业因其强势地位，往往在交货、价格、放账期等贸易条件方面对上下游配套企业要求苛刻，从而给这些企业造成了巨大的压力。而上下游配套企业恰恰大多是中小企业，难以从银行融资，容易出现资金链紧张，最终导致整个供应链失衡。供应链金融最大的特点就是在供应链中寻找出一个大的核心企业，以核心企业为出发点，为供应链提供金融支持。一方面，将资金有效注入处于相对弱势的上下游配套中小企业，解决中小企业融资难和供应链失衡的问题；另一方面，将银行信用融入上下游企业的购销行为，增强其商业信用，促进中小企业与核心企业建立长期战略协同关系，提升供应链的竞争能力。在供应链金融的融资模式下，处在供应链上的企业，尤其是中小企业，一旦获得银行的支持，就能够赢得更多的商机[③]。

---

① 靖丰鸣.中信供应链金融:提供竞争源动力　实现企业新价值[N].大连日报,2011-06-29.

② 杨荣堂.供应链融资:银行与中小企业应对融资难的良方[J].北方经贸,2013(8):127-128.

③ 靖丰鸣.中信供应链金融:提供竞争源动力　实现企业新价值[N].大连日报,2011-06-29.

六、信用半径理论

社会传统机制被打破,原有的社会关系解构,而新的完善的机制建立需要时间。正如布坎南所认为的,在转型期间,当游戏规则发生改变时,新规则缺乏可信性会造成社会的无序。无序的表现就是法律法规的滞后及社会信用的缺失。在计划经济时代,所有工业和商业活动都是由国家来进行组织的,企业信用借用了国家信用。虽然转型期的所有制结构发生了大的变动,但我国大规模经济体还是以国有企业为主,产权不明晰,企业难有动力去创造企业信用。而大部分的中小企业正处在原始积累阶段,它们虽有长期发展的愿望,但由于各种原因,它们的寿命往往并不长。据《科学投资》的调查分析,中国中小企业的平均寿命为 3~4 年,远远低于美国的 7 年和日本的 15 年。中小企业的短命,使它们缺乏信用创造的动机,即使有社会成本,奖罚机制的约束在非重复博弈中,也难以建立由动态重复博弈产生的有效的信用关系。甚至可以说,中小企业或多或少都有创造违约的动机,这些因素都"有力"地限制了银行信任半径的扩张。从根本上讲,一切其他因素都源自这个问题①。

七、"二八定律"

"马特莱法则"(又称"二八定律")是 19 世纪末 20 世纪初意大利经济学家和社会学家帕累托提出的。经过长期对群体的研究,帕累托发现,在任何特定群体中,重要的因子通常只占少数,而不重要的因子则占多数,只要能控制具有重要性的少数因子就能控制全局。经过多年的演化,这个原理已变成当今管理学界所熟知的"80/20"定律——即 80% 的价值来自 20% 的因子,其余 20% 的价值则来自 80% 的因子。它的要旨在于将 20% 的经营要务明确为企业经营应该倾斜的重点方面,从而指导企业家在经营中收拢五指捏成拳,突出重点,全力倾斜,以此来牵住经营的"牛鼻子",带动企业经营的各项工作顺势而上,取得更好成效②。

在现实生活中,"80/20"定律随处可见:20% 的业务骨干带动 80% 的

---

① 耿良.影响银行信用半径的因素及对策[N].上海金融报,2009-03-13.

② 百度百科."马特莱法则"词条[EB/OL]. http://baike.baidu.com/link? url=cUGGAzUbp3mgt5ykBP_lR-OT-qP596qqNxqCZD9QIdBLQEwCjYR9ZgogO4BWNg43fu130XqNP9_X4fQC3DWC7,2016-06-08.

工作业绩;20％的重点商品、重点用户带来了企业80％的利润;将80％的资金投到最重要的20％的业务上,就能达到纲举目张的效应……"马特莱法则"把80∶20作为确定比值,说明经营企业不应该面面俱到,而应侧重抓关键,可谓入木三分①。它所提倡的经营指导思想,就是"有所为有所不为"的经营方略。国外许多知名的大公司借鉴"马特莱法则",指导企业倾斜性经营实践,都获得了很大成功②。

目前有一个倾向,即商业银行中流行引入"二八定律",来进行客户管理,因而对中小企业融资带来很大的负面影响。

第一,其错误在于把结果作为手段,用现象代替本质。其对中小企业融资影响尤其大。商业银行明显主张区别对待,把中小企业打入另册,必须对此进行必要的匡正与指谬。

第二,世界是运动的,事物是发展的。小客户会发展壮大,大客户也会消失,这种差别性管理不适应银行业务拓展。我们知道,现在的很多大公司都是从中小企业发展而来的。从忠诚度管理上来说,中小企业发展壮大后都有感念之心,因而可能会成为银行的基本优质客户。如果中小企业在成长过程中被明显差别对待,它们在心里会留下不愉快的阴影,成长以后也会差别性地对待银行。

第三,"二八定律"是建立在众多中小客户基础之上的,其应用的前提是已经存在庞大的中小企业客户群体。很明显,银行的手段与目的是矛盾的。将过多的资源用于大客户,就会相应地减少中小客户的资源支持,不利于吸引到更多的中小企业,甚至放任中小企业客户流失。这些客户流失会使原有的二八结构重新发生变化,最后只剩下少许大客户,这种市场定位不应该是商业银行的目标模式。

第四,应该重视客户的资产素质,而不是资产规模。很多中小企业客户规模虽小,但是资产素质优良,经营效益良好,资产负债比例适度,资金周转快,自我积累充分,客户稳定,产品有市场,甚至是行业翘楚。比如,在宁波地区就存在为数众多的中小型外贸公司,从单一客户来看它们属于中小客户,若从一个群体看就是很大的规模。同时,银行面对中小企业客户具有一定的相对优势,反而可以讲价,适当提高利率,获得

①　程建平.马特莱法则魅力何在?［J］.中国纺织经济,2000(6):46.
②　张淑霞.BELTON公司核心员工职业生涯规划研究［D］.兰州:兰州大学,2010.

更大收益。而大客户因竞争关系,也会选择性地对待银行,银行就会做出必要让步,也就难免会减少收益。

第五,降低银行的流动性。银行流动性不仅仅指资金的流动性,也包括人的流动性。中小企业客户多,每天接受的票据业务量大,人流也多,不断有人进出,业务就会兴旺繁荣。若客户数量少,冷冷清清,银行必然业务萎缩。

第六,违背风险控制原则。《商业银行法》等有关银行风险资产控制的法律法规都强调风险分散原则,限制单一企业或某个行业授信资产的比例与集中度,目的在于分散风险。把资产过多配置给少数大客户,风险就会太过集中。一旦有几个大客户出现风险,银行经营压力就会很大。而中小客户贷款,金额虽小,总体额度却很大,出现几家、几十家风险,仍不会构成严重的经营危机。

八、资产负债管理理论创新

商业银行的经营管理理论经历了几个发展阶段,从资产管理理论到负债管理理论,再到资产负债管理理论。

资产管理理论认为,银行的负债即资金来源是银行不可控制的外生变量,因此商业银行的经营重点应该放在对资产项目的调整与组合上,使资产结构与负债结构相适应。负债管理理论认为,应把保持银行的流动性放在重要地位,将保证流动性的重点从资产方向转到负债方向,即从金融市场借入资金来确保流动性,减少资金储备。资产负债管理理论认为,银行单单依靠资产管理或负债管理,都难以达到安全性、营利性、流动性的均衡,只有通过资产与负债的合理安排与统筹,遵循规模对策、期限对策、利率对策的对成型原则,减少敞口风险,不断调整资产负债结构,才能达到银行经营管理的目标①。目前我国银行的经营管理理念仍停留在负债经营阶段。一个普遍存在的常态模式就是存款立行,即把组织资金作为首要任务,认为银行只有通过大规模组织存款扩大资金来源,才能发放更多贷款,获取利差,实现盈利目标。这种认知使得银行的主要精力被资金来源所耗,从而挤压了银行拓展市场、创新业务的时间。

---

① 赵翔,张茵仙.商业银行风险与拨备问题的思考[J].山西财政税务专科学校学报,2012(4):13—16.

银行经营管理理念的落后也是影响企业融资的一个方面。很多时候,银行因为缺少资金,不得不停止放贷或收紧银根。因此,银行的经营理念必须转变,在授信营销框架下进行重构。授信理论认为,资金就是银行营销的产品,银行应该尽可能地把产品营销给合适的对象;选择好的客户、项目是银行的着力重点;不是存款立行、找米下锅,而是换一种思路,只有优质客户才是生存、发展的根本。要知道,银行赚取的是利差,只有好的项目才能实现利差。对国外银行来说,资金不是问题,项目才是问题。因此,它们把优秀经理放在找寻优质客户与项目上。这样,即使在没有存量资金来源的情况下也不会影响运作。这在国内业界是不可想象的。在国外只要有好的项目,谈妥利率,银行就会立即借助发达的资本市场,发行相应期限的票据,落实资金。目前来看,引入这种理念很有必要。

第二节　融资制度创新

中小企业融资制度创新的重要内容,就是对现有融资体系进行必要的改造,构建一个适应中小企业融资需求的新机制。我们发现,现有融资机制对大中型企业是相对有利的,一定程度上受到"二八定律"的误导,存在着规模偏好现象。无论绩效考核机制还是管理模式,都重视、倡导、践行抓大放小策略,业务重点向大中型企业倾斜,对中小企业比较冷淡,不利于中小企业融资。

一、构建中小银行体系

在前面的分析中,我们已经指出中小企业融资难的根本性原因在于没有适应中小企业需要的融资机制。虽然已经新设村镇银行、小额贷款公司等专门针对中小企业融资的金融机构,同时鼓励民间个人的合法借贷,但是仍然没有从根本上缓解中小企业融资难题。因为中小企业融资是带有全局性的普遍性的问题,应从全局着眼,顶层设计,宏观考虑,而不能因循临时性的、辅助性的、补充性的思路。在金融系统中,无论如何,村镇银行、小额贷款公司都不是完整意义上的商业银行,只能是配角、补充,其业务带有边缘性特征。而中小企业是国民经济的重要组成部分,在金融救济上应与大中型企业被放在同等重要的地位来考量。大中型企业享受的金融服务,中小企业也应该同等享受。

企业的正态分布应该是存在少数的特大型企业,一定数量的大型企业,众多的中型企业,然后是绝大多数的小微企业。与此相对应,大中型企业需要大中型银行服务,中小企业也需要中小银行服务。但是在我国目前的商业银行体系结构中,却缺乏中小银行这一层级。近年来陆续有一些区域性中小商业银行开始营业,但远远不够。不仅数量不多,市场份额也有限。

对于构建新的商业银行体系,我们在2011年曾经提出相关改革模型设计,获得国家银监会的重视与评价。经过几年酝酿,近年国家开始陆续发放一些民营银行牌照,这是一个正确的思路,但还远远不够,其仍带有试点性质,阻力也很大。究其原因,首先是监管部门以容易发生金融风险为借口保护国有大银行的利益与市场份额;其次是中小银行开放以后,很多权力下放,失去权力寻租机会;再者是这样做会增加监管难度,势必要求监管部门提高监管水平与效率,等于增加自己的工作量。同时,监管部门将被迫学习新的金融知识和新的监管技术。而维持现有格局,则可以产生路径依赖。

我们认为,新的中小商业银行体系的构建应该作为下一阶段金融改革的重要内容,在现有金融结构里重点从以下几个方面入手。

一是在地市一级或以下行政区域,经过一定程序,设立大量的以中小企业和社区居民为服务对象的小型商业银行。这些商业银行类似于近代的钱庄结构,规模小、资本少、服务半径不大,但效率高。现有大银行虽然也有大量的基层分支行,其缺陷却显而易见,就是层级太多,总部与基层之间信息传递、反馈慢,信贷政策制定不能满足各地的实际状况,风险控制难度增加。像美国金融这么发达的国家,有商业银行4万多家,绝大多数都是小银行,大中银行并不多。中小银行与大银行各有市场格局,形成共生共荣的互补关系。大银行服务大公司,从事高端金融领域,小银行服务中小企业客户。

二是小型商业银行扎根于社区,组织结构相对简单,除必须设置的业务部门与岗位外,人员精干,效率高。同时,银行的层级不能过多,应当回避大银行层级过多的弊端，最好不超过两个层级，层级越少越便于控制内部风险。其业务范围也要有一定的限制，以达到为中小企业服务的预设效果。

三是发挥小银行在熟人社会中的优势，缓解信息不对称问题。小银行在社区之间联动，吸引周边客户，保有自己的市场份额，信息成本大大下降，风险监控效率提高，可以随时掌握行情，充分增加信用贷款比重，发挥竞争优势。近代钱庄就是利用熟人社会的优势，较好地解决了信息不对称的问题，从而敢于发放信用贷款。在熟人社会里，由于存在这样一种软约束，风险出现后，借款人仍然会努力还贷，而不是逃避债务。

四是鉴于目前中农工建交等大银行拥有众多支行、分理处机构的现状，我们认为应该着力改组，并以此为基础改造为控股的小型银行。这样既有利于大银行瘦身，轻装上阵，减少层级，提高内控效力，又能够充分利用金融专才，同时原有市场资源也不会因此流失，相反更有利于资源整合，细分市场，把传统低端业务下放，专注高端市场开发。而子银行因有母银行为依托，可以发挥灵活性优势，吸引中小企业客户。虽然目前分理处之类机构也主要为中小企业服务，但与中小银行的作用结果是不一样的。分理处业务受到总行的政策影响，而总行的目标群体是大中型企业，其授信政策制定、风险评估标准均以总行为考虑，较少顾及基层实际。而且在银根紧张时，难免会忽视中小客户，保证大客户的优先需要。小银行与小微企业是共生共荣的关系，必然会把小微企业的需求作为自己的市场基础。

五是由于小银行属于单元银行（unit bank）性质，即使有个别银行因经营不善而出现风险，也不太容易引发大面积的系统性风险。若辅之以存款保险制度，则可以有效保障公众存款人的利益。同时，小银行是利润中心，资产结构相对简单，在现代企业制度约束下，股东能够较好地控制银行风险。由于小微企业就是利润源，其一系列政策、业务重心自然会围绕着小微企业展开。

六是允许组建银行集团，发挥集团优势，实行资源整合和信息共享。小型商业银行虽然是独立的银行，但是以其资本结构为纽带，可以组建银行集团或金融控股公司，类似于近代的连枝钱庄。集团内部可以进行有效的业务分工与协作。美国就有许多以小银行为基础构建的银行集团,值得我们借鉴。

七是允许开发部分小额的票据业务,增加流动性。近代钱庄业都有自己的银行本票,以自己的信用作为基础。早先的上海外资银行便是只接受现金而不接受钱庄庄票作为支付手段的,后来因为业务需要,主要是庄票的信用较好,就接受庄票,一直延续了几十年,基本上信用优良。因此,只要管理得当,小金额的银行本票仍是可行的。

二、开设小型专业票据承兑机构

票据承兑是授信业务的一种,目前各大银行都有专门的部门从事票据承兑、贴现,央行也有再贴现对应窗口。我们认为,票据融资是一个有极大潜力的中小企业有效融资工具,有必要以美国、英国为参照,在银行承兑业务之外,允许有专门为中小企业服务的独立的票据承兑机构。其实,在各地出现的民间金融活动中,已经发现有许多地下票据承兑所在进行交易,有的甚至规模很大。如果这是现有承兑汇票背书转让方式的贴现,则说明这个市场是客观存在的,也为中小企业所需要。票据承兑机构一般由银行等金融机构发起成立,在业务、风险控制和资金上有可靠的依托,可为中小企业在银行贷款以外开辟一条新的融资渠道。

目前,我国的票据融资局限性很大,主要是银行承兑汇票应用比较广泛。票据承兑机构建立后,票据业务与范围可以有较大的拓宽。不仅银行自身可以发行本票来筹集资金,也可以在风险可控之下,扩大商业承兑汇票的融资业务范畴。

三、完善法律制度

我国目前的金融法律对中小企业融资存在着一定的限制,需要进行清理,实现法律创新。比如对于非法集资罪、高利贷,法律虽然有足够严格的惩罚条款,但在司法实践中案例却层出不穷,无法禁止,原因当然在于中小企业融资难问题具有一定的社会基础。如果中小企业能够顺利得到融资,它们就不必借助社会融资或非法集资。我们发现,发达国家没有非法集资罪,非法集资问题基本不存在,高利贷也只是在极端情况下才出现。在法律上可以从以下几个方面进行改善。

一是完善《中小企业促进法》。2002 年,我国通过了《中小企业促进法》，实行 10 多年来效果不彰，原因在于其中的规定和内容有些笼统与模糊，对中小企业的保护与扶持力度不够。其一，没有明确中小企业的管理机构与职责，导致"政出多门"。绝大部分发达国家都设立了管理和引导中小企业发展的专门机构，而我国目前中小企业管理是"政出多门"，不仅增加了政策间协调的难度，难以发挥政策的功效，而且容易造成这些相互独立的管理机构在制定政策上的局限性与片面性，难以顾全大局。其二，目前相关法律很少，有也是等位阶低的条例、办法，没有全局性的法律。在维护中小企业权益方面，《中小企业促进法》中有一些限制性规范和义务性规范的形式，但对于违反上述限制性和义务性规范的行为却没有设置任何法律责任，特别是对于中小企业在受到乱收费、乱罚款、乱摊派等不公平待遇时，没有赋予其基本的法律救济权利，使得中小企业在合法权益受损时没有明确的法律救济途径[①]。其三，关于中小企业的融资条款过于一般性、抽象化，没有实质性内容，只是要求中国人民银行加强指导，而没有明确规定中小企业贷款基层分支行必须达到一定比例，最大程度上保证中小企业融资需求。其四，《证券法》中存在对债券、股票融资的法律障碍。虽然中小企业集合票据试点可以算是创新，但其只是过渡性安排，不具有持续性。

二是修订《票据法》中对票据的融资性限制。现有《票据法》不利于中小企业融资的主要原因在于第二十一条规定："汇票的出票人必须与付款人具有真实的委托付款关系，并且具有支付汇票金额的可靠资金来源。不得签发无对价的汇票用以骗取银行或者其他票据当事人的资金。"以及第十条规定："票据的签发、取得和转让，应当遵循诚实信用的原则，具有真实的交易关系和债权债务关系。票据的取得，必须给付对价，即应当给付票据双方当事人认可的相对应的代价。"以上规定与我国《票据法》立法的指导思想有关，即只承认票据是支付手段，不承认以及限制票据的融资功能。我们知道，即期票据是支付手段，而远期票据无论如何都具有融资功能，开发远期票据的意义也正在于其融资延期支付功能。实践中，银行只接受收到供货方正式发票的延期支付票据申请。对收货方，这仅仅是作为一种延期支付工具，而对供货方却有极大的不

---

① 李兰.我国中小企业维权之策[J].合作经济与科技，2015(10)：95－96.

利。供货方接受订单,需要资金投入,一直到发货为止,得不到票据融资,可能就会加剧自己的资金紧张。如果在订立合同时收货方开具远期票据,那么供货方就可以获得一定的融资,顺利完成生产。因此我们认为,允许融资性票据是现实性的需求,迟早会有突破,不如早作修订,为中小企业票据融资打开一扇方便之门。

三是修改《民法通则》中有关融资的条款,在《民法通则》中增加社会融资的规定,比如合会。在实践中,社会融资的正当性与客观性已经得到正面肯定与承认,央行已把社会融资概念纳入货币政策报告中。《民法通则》第五章第二节有关于债权的规定,包括了民间行为引起的债权。显然,民间融资受《通则》的规范,但是《通则》对民间融资既不愿承认,也不做否认,相关规定也较笼统与抽象。民间融资大面积普遍性存在是一个客观事实,而且对中小企业的融资发挥着相当积极的作用。这种视而不见的"有意忽视"的态度,与社会主义市场经济现实格格不入。究其原因,在于指导思想上存在误区。《民法通则》颁布于1986年,立法的思维框架受到极大限制,总是认为民间的所谓"非社会主义因素"可以忽略。现在绝大多数探讨民间金融的研究成果的最大缺陷与不得要领处,也正是忽略了《民法通则》的消极影响。据估算,民间融资存量规模在6万亿~10万亿元,这么庞大的金融行为竟然没有一部法律给予系统性的规范。比如合会,在1916年颁行的《中华民国民法典》里就有专门一节予以规范。相比之下,现在反而"倒退"了。因此,修改《民法通则》刻不容缓,尤其是关于民间融资的内容应该加强、细化、明确,以便更切合现实需要。

四是修改《刑法》中涉及金融的条款。《刑法》中的高利转贷与非法集资罪,应予以澄清。我们认为,给高利转贷一律定罪既不适应现实,又背离专业,也不合法理,更限制了民间融资的空间,不利于中小企业融资。某家企业凭自己的信用能够得到较低利息的银行资金,而另一家则不能,原因在于信用等级差异与风险溢价的不同。因此,企业有富裕的暂时闲置的资金借贷给需要的企业,比如临时头寸调剂,收取更高利息完全合理正当,因为它承担了风险。这里的高利息属于专业上的风险溢价范畴。无风险套利应该受到打击,但是对有风险套利也一律处罚有点显失公平。企业之间的临时头寸调剂,尤其是中小企业短期贷款还贷周转是很频繁和普遍的现象。

对于非法集资的认定,值得探讨的空间更大。因为民间集资在中小企业融资中的比重很高,所以这一条也引起了社会高度关注与议论。该条的立法目的是保护国有银行的储蓄资源。一般认为,亲友之间的集资借贷不属于非法集资,因此必须对亲友的概念做出明确界定。亲是血缘纽带联结的,容易认清;友是社会活动中形成的,无法明晰界定。通过朋友居间介绍的原本不熟悉的人们之间的借贷,既可以解读为非法集资,也可以解读为亲友借贷。因此,《刑法》对非法集资应做明确规范,即使在亲友之间,以套利为目的的集资仍属于非法集资。而因生产经营周转需要,即使是在亲友之外群体里的集资,也不属于非法集资。据了解,最高人民法院针对目前民间集资与中小企业融资困境的现实问题,在司法实践里是许可的,对用于生产周转而发生的非法集资亦不予处罚。这是符合现实的,但并没有从法理上解决问题。《民法通则》中并没有否定民间借贷,也没有禁止高利贷。那么,是否可以据此认为高利贷合法呢?合法借贷是什么意思?人们对此概念仍然很模糊。

五是修改《商业银行法》。《商业银行法》中以分业经营为原则,有对商业银行不得从事股本权益性投资的规定。最早的时候是绝对性禁止,后来修改为国家允许的除外。该规定比较武断。虽然金融混业经营已经是一个趋势,但银行投资特定实体产业也有必要。特定产业应该理解为与银行业务有密切关系的产业,比如仓储业,它们对中小企业融资意义颇大。近代钱庄也设有自己的货栈,用于存储和堆放抵押品。钱庄之所以敢于押汇,与对抵押品的控制程度是密切相关的。如果银行可以设立仓储公司,那么它们就有了对货品的控制手段,就敢于对中小企业发放贷款,同时将原材料、成品存储在自己的仓储中,这实际上是一种风险控制手段。因此,应当禁止银行投资于与银行业务无关的实体企业,而对于投资与风险控制有关的特定产业则应该予以放行。《商业银行法》第三十六条规定:"商业银行贷款,借款人应当提供担保。"当然,该条也规定:"经商业银行审查、评估,确认借款人资信良好,确能偿还贷款的,可以不提供担保。"对此,可以理解为担保是常态,信用贷款是特例。这已经不适应实践要求,更不利于小微企业融资。

六是明确废止《贷款通则》。中国人民银行发布的《贷款通则》已经明显滞后于现实,而且其中的许多规定在《商业银行法》等相关法律中都有体现。

四、金融监管制度创新

金融业的外部性因素,决定了其必须受到较为严格的监管。在放任与过度监管之间寻找到平衡点是一门艺术。就金融监管而言,我国目前仍有很大的提升空间。

一是构建二元监管体系,赋予地方政府金融监管功能,提高监管效率。可以把现有各地方政府的金融办公室改为金融事务处,分担地方金融监管责任。在我国目前的金融监管体系中,属于一行三会的一元多头设置,地方政府无权也无力承担金融监管责任。这是长期以来计划经济思维的残余影响,把金融作为中央的权力,从机构设置到准入审批再到业务监管,都集权于中央。各地的金融监管单位均系中央派出机构。因此,地方要扩大金融机构规模和设置,也就力不从心。但是,在发展地方经济中,处置金融风险的责任主要落在地方政府身上,责权与事权不匹配,政策落差较大。因此,为了适应民营中小银行大量出现的新局面,有必要改变现有监管格局,将小型商业银行的审批权下放至省一级,由各省审批在本省内开展业务的银行机构。考虑到现有金融体系安排的连续性与稳定性,在省内开展业务的商业银行审批权仍然归于中央。可准予在市内开展金融业务的商业银行审批权归于省政府,准予在县市区内开展业务活动的商业银行审批权归于市政府。

二是实现机构监管向职能监管转型。金融监管主要有两种模式,即机构监管与职能监管。所谓机构监管就是在分业经营状况下,按金融机构性质归入不同的监管机构,如银行归口银监会监管、保险公司归属保监会监管。职能监管则不再按机构性质,而是按金融机构业务性质归口相关监管部门监管。推进由机构监管向职能监管转型,一方面是为了适应混业经营的未来新形式,另一方面是因为在现有分业经营体系下,仍然存在许多业务的交叉,若按机构监管原则,每个监管部门都要设置相应的监管部门与监管人员,将使对全局性掌控效率下降。银行业与信托业虽然分设,但银行也保留了很多信托业务,比如基金、个人理财、委托贷款等;银行还有代办保险业务,也有债券买卖业务、代理债务业务、发行金融债券业务以及作为基金管理公司的证券交易业务,等等。以目前的债券市场为例,银行间的债券市场属于中国人民银行管理,其他债券市场则属于证监会监管,容易造成监管资源浪费、监管效率降低、多头监管。

三是金融监管的数量指标应有所不同,体现差别原则。现有的《商业银行法》及其他法律都设置了一定的银行业监管指标,如存款准备金率、存贷比、资本与风险资产比例等。由于大银行与中小银行业务方向、业务范围、业务效率、业务规模的不一致,不应该采用同一标准,而是要有所区别。比如农信社,面向"三农",如果执行商业银行存款准备金率或存贷比,势必会相应减少对"三农"的支持力度。小型商业银行以小微企业为客户主体,吸收存款本来就相对不足,这样一来可贷资金将更少。而央行冻结的存款准备金有大部分又以再贷款形式注入大中型银行,故这会加剧基层银行的资金紧张,非常不利于小微企业的融资。

四是强化自律性监管,发挥银行业同业公会作用。目前,虽然名义上各地都组建了银行业同业协会,但其作用较小,尤其是在金融监管方面起到的作用更小。在没有中央银行的时代,钱业同业公会曾发挥着很重要的作用,包括制定业务章程、规范业务流程、处理业务纠纷、议定同业利率等。随着金融体制改革的深入,未来行业同业公会的作用会逐步显现。在西方国家,行业自律也是金融监管的重要部分。行业自律不像行政机构一样是行政干预,而是一种软约束,章程里体现共同利益,违反者等于损害同业利益,因而敢于揭发,对违反者的约束力也强。违反者可以通过公关手段来逃避行政处罚,而在同业内,因利益攸关,互相监管力度较强,违反者不易逃避处罚。

五是加快推行利率市场化。目前,银行贷款利率基本由各行自主决定,存款基准利率仍然由央行决定,对大银行吸引存款比较有利。推行利率市场化后,各家银行将可以自主决定自己的存贷款利率水准。大银行信用好,存款利率可以低一些,小银行要吸引更多存款,可适当提高利率。这样,较多资金进入小银行,中小企业获得的融资资源就多了。小银行愿意以高一个点的资金吸收存款,就势必会对应地寻找高两个点的贷款客户。大中型企业有大银行的资金基本保障,很少会接受利率加成,这些资金自然会在中小企业里寻找出路。由于总额借款不大,一两个点的加成中小企业是能够接受的。一家中小企业贷款余额200万元,加两个点的利率,一年多支出4万元,若获得200万元贷款的边际产出大于 4 万元,它就会愿意接受。相反,大公司动辄 1 亿元的贷款,加一个点就是 100 万元。从成本约束角度来看,中小银行也会主动把业务限定在小微企业上。

六是建立存款保险制度。2015 年,国务院已经颁布了《银行存款保险条例》,这对发展民营中小银行是一个很大的推动。存款保险采用差别费率的原则,以单一账户 50 万元为标准,对信用等级高的大银行收取更低的费率。其基本原则、立法宗旨、主体框架是值得肯定的,至于以后实践中的细节问题,则一定会层出不穷,需要随时修正、完善。我们知道,存款保险是针对银行经营风险的一种救济手段。全世界都把储蓄作为一种美德来推崇和鼓励,保障人民储蓄安全也是政府的责任之一。在西方社会,提前消费是普遍现象,储蓄、节约仍是政府倡导的价值观。实行存款保险后,小型商业银行存款业务基础扎实了,社会信心增强了,源源不断的资金进入小型商业银行体系,就会相应增加小微企业的资金供给。

七是完善中小企业征信与信用评级制度。企业征信属于金融业范畴,中国人民银行已颁布并实施了《征信机构管理办法》。《办法》遵循了个人征信机构从严、企业征信机构从宽,征信机构市场化运作与监督管理并重,征信机构的行政监管和社会监督兼顾的监管思路。为了充分保护个人信息主体的合法权益,《办法》完善了个人征信机构设立时所应具备的条件,明确要求设立个人征信机构,要严格遵照《征信业管理条例》规定的条件,应具有健全的组织机构、完善的业务操作、安全管理、合规性管理等内控制度,且信用信息系统应当符合国家信息安全保护等级二级或二级以上标准。同时,《办法》完善了个人征信机构市场退出程序,着重于解决数据库处理流程和征信机构退出流程的衔接问题①。中小企业局可与征信机构合作,建立数据库,尽可能收集各种信息,提供给银行等机构有偿使用。

八是完善信用评级体系。信用等级评定在我国仍是薄弱环节,不但方法落后,使用面也不广,评级机构公信力不足,业务的依附性很强,往往只是为了某种特定任务与目的而进行评级。外部企业信用评级也是

---

① 中国人民银行.人民银行颁布实施《征信机构管理办法》[EB/OL].http://bank.hexun.com/2013-12-03/160255451.html,2013-12-03.

银行贷款审批的一个重要参考。一旦评级体系科学、客观公正、可信,银行对中小企业贷款就可以直接或间接采用该评级体系,既可以节约很多成本,又有利于内部评级与外部评级进行交叉比对,找到风险点,提高授信风险管理水平。

第三节　业务创新

目前已出现一些旨在专门解决中小企业融资问题的业务创新,但是缺乏系统性,需要从信贷市场与资本市场两方面综合考量,推进融资工具与融资业务的全面创新。银行是中小企业融资的主体,创新现有业务结构与授信品种或授信机制,适当推出适应中小企业特点的授信业务是关键。

一是提高中小企业信用放款比重。《商业银行法》规定,银行贷款应当实行担保。这给银行授信业务带来了一个指导思想上的自我设限。其实,《商业银行法》并没有禁止信用贷款,而只是提出原则上应当进行担保。在授信实践中,信用放款也是经常存在的,尤其是对中小企业的小额放款。对于大企业来说,若大额的贷款没有担保,后果不可想象,一旦出现风险,银行本身将无法承担。然而,小微企业信用贷款却有其天然的优势。各个企业彼此孤立,出现个别违约不会传染,不可能产生大面积的系统性风险。当然,信用贷款风险理论上毕竟比担保贷款风险大,因此银行可以适当收取利率以外的风险费用。《商业银行法》规定,银行贷款在利息以外不得收取任何费用,这并不矛盾。风险费用是包含在利率里的一定加成。反过来,只要企业融资新创造的边际增加值在利率之上,银行贷款就不会加重企业负担。况且,中小企业寻找担保人,也是需要付出担保费的。

银行采用信用放款,可以借鉴近代钱庄信用模式。如果客户生产经营正常、稳定,有足够的风险监控手段,则一旦发生违约,银行能够采取措施立即介入,保全资产。同时,银行有条件地发放信用贷款,不可能对客户全部贷款实施信用贷款,而只能是其中的一部分,如对临时性的资金需求,或者生产规模扩大、订单增加的新需求采用信用贷款,而且必须是现有资产在本行叙做了抵质押以后。既然银行贷款基于生产中出现的经常性的现金流,信用贷款完全符合基本授信理论。只要企业生产正常,违约的总是例外。当然,必须明确的是,银行授信是建立在合理用途基础之上的,也就是说,企业申请时必须向银行明确用途,由银行判断用途的合理性与正当性,这样,很多生产经营以外的不合理需求就可以被剥离和排除。从授信实践来看,发生风险的往往是中小企业不合理的贷款用途,或者以正常流动资金贷款为借口,将资金移用于与生产目的无关的其他活动,如房地产投资、股票交易或转借他人使用,或者从事个人消费及目前财务制度与管理水平无法限制的活动,这在家族型的中小企业中尤为突出。

我们知道,中小企业通过借贷活动形成了新的资产,这些新的资产本身就是贷款的保障。现在很多银行推出应收账款质押业务,从理论上分析,形式上虽然有某种质押品,实际上更多的仍然依赖于借款人的信用,是介于质押与信用之间的一种形式。假定某应付货款的下游客户违约,不能按期支付,则借款人也会出现违约,并不会因为有了质押物风险就减少。如果应付款客户正常支付货款,借款人也就不存在违约,做不做质押区别不大。应收账款质押是建立在主观愿望基础之上的,即应付账款正常按约付款。若应付账款出现违约,则质押的意义是不大的。因此,担保贷款与直接实施信用放款虽然有所区别,但也相去不远。

事实证明,信用贷款的道德风险不一定比担保贷款大。很多中小银行对个人与小微企业开展信用贷款业务,它们在授信实践中体会到,即使有足够的资产抵押,而生产不正常,其风险仍比信用贷款大。

在实践中,信用贷款若能把握好以下几个前提,则与抵押、担保相去不远。其一,对借款人必须熟悉,全面掌握信息。其二,生产经营正常,风险评估可靠、客观。其三,财务资金流向透明或可控,不存在财务漏铜。其四,在主要资产叙做抵押的基础上,给予部分信用贷款额度。其五,有足够的手段分析并排除有主观违约的信贷申请。

二是促进资产证券化。目前已经有几家银行进行试点,目的在于扩大中小企业融资的资金来源。具体操作模式是把某一地区或行业的中小企业贷款,比如500万元以下的,集合组成一个资产包,以此为基础,背靠背发行资产支持证券,向市场上的投资者发售。银行收回资金,用于对其他中小企业的贷款,形成良性循环,使得不断有新的资金进入中小企业融资领域。银行负有管理贷款资产的责任,但在出现违约风险时投资者无追索权。其优点在于,通过这种安排,投资者可以间接介入贷款领域,获得较高收益,将间接融资转为直接融资,把信贷市场与资本市场结合起来。

另外一种资产证券化模型目前尚未开展,但可以进行研究,即利用信贷转让平台,结合信托业务,解决银行资金来源不足问题。贷款转让在我国已经不存在法律障碍,在国外也是很普遍的业务。其具体的业务流程是,先由信托公司发行集合性的理财产品,向社会聚集资金,然后用于购买某银行的中小企业贷款的资产包。贷款人由银行转变为信托公司。

三是实行贷款信用保险。我国保险业已从财产保险、人寿保险向信用保险发展。很多信用衍生品被开发出来,尤其是与信用有关的保险业务,类似于信贷保险的业务层出不穷,为银行贷款风险转移提供了套保工具,可以闭合资产风险。比如总收益互换业务,其原理便是,银行把某项贷款的收益,即本息与投资者(一般是投资银行、共同基金等)进行互换,再把该期收到的全部本息交给投资者,投资者则按约定把银行该期应该收取的本息交给银行。但银行需先行支付投资者一笔费用,相当于保险费。这样,银行等于把违约风险转移给了投资者。假如贷款没有发生违约,按期收回,投资者可获得一笔保险费用;如果出现违约,银行也能够从投资者那里获得全部本息,客户违约损失则由投资者承担。有了这些工具,银行对中小企业的贷款就会更大胆。

有人可能会不理解,银行贷款可以保险,似乎是一面倒的利好于银行,市场上会有这样的投资者存在吗?我们知道,银行经营的对象已经被确定为风险,投资者为什么不可以把风险作为产品来经营呢?其原理与资产证券化是一样的。在资产证券化中,银行把贷款风险转移给证券投资者;在总收益互换里,银行把风险转移给了交易对手。其核心内容在于风险偏好的不同。金融投资市场中的套期保值就是由投资者的风险偏好不同带来的。如果投资者的风险偏好是一致的,市场上大家都作出同一种选择,套期保值根本就不会存在,因为此时市场上将找不到交易对手,风险转移不出去。

银行的贷款利率,按信用等级不同递增,信用等级最高的客户享受最优惠贷款利率,低级的逐步加成。如信用等级为 AAA 的客户贷款利率是最优惠贷款利率,信用等级 A 的客户的贷款利率为 P＋1％,要多付1％的利息给银行,称为风险加成。假定银行把信用等级 A 的客户贷款与人互换,给对方 1％费用,银行转移了风险,没有任何损失,因为 AAA客户贷款利率本来就是 P。投资者因为做了互换获得 1％收益,也是天经地义的,因为他承担了风险。既然银行是风险出让方,当然不能得到风险收益。银行与投资者之间完全是因为风险偏好不同而达成交易。假定 A 类客户的坏账损失为 0.5％,投资者因此获得 0.5％的收益。一定会有人提出,这种业务的推行很难避免道德风险,银行将拼命放贷,反正有人承接风险。这是一种非理性的预期,资产证券化也存在同样的道德风险的因子。因为投资者有约束机制,有选择权,对某些风险因子很高的贷款不予叙做,风险由银行自己承担,银行若要贷款就必须考虑到这一因素。

四是推进契约式股权融资。契约式股权融资,是指把直接融资与间接融资相结合的一种融资模型。现在,许多风险投资公司的 PE 就包含契约式投资的内涵。由于风投公司追求的是高额回报,通过资金投入使企业获得大发展,再通过资本市场转让股份,收回投资。通常,在融资同时会签署一份协议,协议列明一定时期所要达到的一系列财务指标,如利润指标、销售指标等。若不能达到,投资对象将回购股份或者接管公司,俗称"对赌协议"。投资是以风险承担为基础的,借款则是一种债权,不承担企业经营亏损风险。风险投资是很专业的,对投资对象有相当高的要求,只有少量成长期的中小企业能够得到融资,因此受惠面不大。而契约式股权融资则能够使大量的民间资金以投资形式介入需要融资的成长性企业,收取约定的回报。

契约式投资对于面临资金瓶颈的成长性中小企业来说意义重大。成长性企业,因为产能迅速扩张,订单增加,需要大量流动资金投入,然而其自有资产增加较慢,财务结构不利于获得较多的新增银行授信。在此情况下,通过契约式股权融资模型向市场融资,可以解决流动资金不足问题。企业把一部分股份作价给潜在投资人,约定每年投资回报率,同时给予企业一个股份赎回权。这样,投资人不但能获得较高收益,而且因为有了股份依托,比纯粹借贷更加有利。对企业来说,则既解决了当期的融资难题,又能保持经营业绩的主体部分仍然由自己享受。我们认为,对契约式股权融资模型应该加以大力推广、支持。可以通过各地的中小企业管理机构或新三板市场,把相关信息提供给投资人,吸引投资人投资。

五是大力发展票据市场。我国票据市场不发达,是制约中小企业融资的原因之一。借贷是企业凭自己的信用向银行等金融机构融资,票据是企业凭自己的信用向社会融资。我国票据融资仍局限于银行承兑汇票与少量大公司的商业承兑汇票。银行承兑汇票也是银行授信的一种,纳入银行统一授信管理。商业承兑汇票基本上很难在票据市场流通,制约了中小企业自我信用的运用。因此,要大力发展票据市场。第一,允许融资性票据的发行与流通。按照现行《票据法》要求,企业只有在提供了产品后才能开发远期票据,前期流动资金投入仍然需要其他渠道融资。对此,应试行在投入期就开发票据,进行融资,投入生产,回收货款后再赎回票据,形成良性循环。当然,需要明确的是,融资性票据必须有正当的业务订单为依据,绝不能进行纯粹的融资套利。第二,票据品种要创新。目前,在本票领域只有银行本票,而没有商业本票。在国外的票据市场,商业本票种类很多,流通极强、规模很大,信用良好,甚至比银行本票还要发达,完全可以借鉴其成功经验。当企业出现资金困难时,可以发行商业本票给愿意提供资金的潜在投资人,到期后自行赎回。同时,也可以背书转让。本票由《票据法》管辖,借贷受《合同法》、《民法》等法律管辖。《票据法》里的基本原则是认票不认人的无因性原则,出票人很少能有抗辩理由,故较好地保障了持票人的利益。借款合同允许债务人以各种理由抗辩,司法救济的效率很低,有的需要几年才完结。同样一笔融资,两种选项,本票的优越性就体现出来了。第三,前面已经提及,专业票据承兑建立贴现机构,是票据实现市场流动性的基础要件。票据承兑机构以自己的标准与风险控制原则,接受中小企业的承兑申请,或者买入公司的本票,帮助中小企业融资。不同的企业发行不同利率的本票来筹资。至于商业本票的管理办法,可以更加规范化,避免滥发商业本票,同时规定达到一定条件的票据才可以流通。

六是开辟融资新渠道。充分发挥和挖掘互联网金融的潜力,使之成为中小企业融资的新渠道。P2P金融是基于互联网的金融新模式,近年来在我国获得迅猛发展。P2P一般需要借助电子商务专业网络平台,帮助借贷双方确立借贷关系并完成相关交易手续。借款者可自行发布借款信息,包括金额、利息、还款方式和时间,实现自助式借款申请;借出者根据借款人发布的信息,自行决定借出金额,实现自助式借贷发放。其主要有以下三种类型。第一种是担保机构担保交易模式。在这种情况下,平台作为信息中介,不吸收资金,也不放贷,只提供各种金融需求信息服务,由出借人与需求者进行直接交易,借款由合作的小贷公司和担保机构提供双重担保。此类平台的交易模式多为"一对多",即一笔借款需求由多个出借人完成。其优势是可以较好地保证出借人的资金安全,如果遇到坏账,担保机构会在违约发生时代为偿还本息。第二种是P2P平台下的债权合同转让模式,可以称之为"多对多"模式,此时借款需求和投资都是打散组合的。债权人甚至可以先行将资金出借给借款人,然后对获取债权进行分割。如将100万元的借款合同分割为5万元一份的20份,再由投资人认购,收回借贷资金,再进行下一个借贷项目。第三种是以交易参数为基点,结合O2O,将线下商务机会与互联网相结合的综合交易模式。这种小贷模式创建的P2P小额贷款业务凭借其客户资源、电商交易数据及产品结构占得优势,由其线下成立的两家小额贷款公司为平台客户提供服务。线下商务的机会与互联网结合在了一起,使互联网成为线下交易的前台①。

将拥有富余资金和一定风险偏好的投资人与需要资金发展业务的借款人的各种信息很好地结合在一起,对于促进小微企业直接融资具有重要的意义。作为一个融资平台,P2P只是提供信息服务,本身不从事借贷活动,其风险由出资人自行承担,而且一般每一笔金额不大,有利于分散风险。P2P不同于资金中介的银行信贷业务,也不同于信托业务,只是促成二者的直接交易。但是由于信息不对称,又缺乏必要的有效监管,该模式存在严重的道德风险,也给某些人利用平台虚构投资项目进行金融诈骗提供了可能。

央行等10部委发布的《关于促进互联网金融健康发展的指导意见》

---

① 润恒贷.P2P金融在国内发展初具雏形[EB/OL]. http://blog.sina.com.cn/s/blog_136706be70102 v4mr.html,2014-10-20.

明确指出:P2P 网络借贷要坚持平台功能,为投资方和融资方提供信息交互、撮合、资信评估等中介服务,要明确信息中介性质,主要为借贷双方的直接借贷提供信息服务,不得提供增信服务,不得非法集资①。也就是说,P2P 行业的资金池、自融、自担保等问题都将进入监管的视线。但目前我国 90％以上的 P2P 平台既做信息中介又做信用中介,提供担保、承担金融风险,与 P2P 的本意有一定的偏差。

　　P2P 模型的最大问题在于平台是对公众开放的,无法也没有责任保证各种资金需求的真实性和足够的履约能力。一般来讲,借款人若有评估信用,就可以从银行借到钱,不必通过互联网。而希望从网上借贷的大多是有一定信用风险的人,或者说违约概率较高。在 P2P 初期,违约比例可能不大,一定时期经营后,累积的违约金额总量可能就会很大。

　　如果未来不解决这个难题,P2P 就很难走出困境。曾一度出现的P2P 全面危机,不是 P2P 本身存在内在缺陷,而是没有厘清 P2P 的性质。P2P 是一种互联网信托,平台作为受托人的道德风险如果不能有效解决,P2P 出现危机是必然的。

　　除 P2P 外,众筹也是利用互联网发展起来的一种新的金融模式。众筹模型由发起人、跟投人平台构成,具有低门槛、多样性、依靠大众力量、注重创意的特征,是一种向群众募资以支持发起的个人或组织的行为。通过网络上的平台,可以把赞助者与提案者连接起来。群众募资被用来支持各种活动,包含灾害重建、民间集资、竞选活动、创业募资、艺术创作、自由软件、设计发明、科学研究以及公共专案等。也即通过“团购＋预购”,向网友募集项目资金的模式。众筹利用互联网和 SNS 传播的特性,使小企业、艺术家或个人向公众展示他们的创意,引起大家的关注和支持,进而获得所需要的资金援助。现代众筹指通过互联网方式发布筹款项目并募集资金。相对于传统的融资方式,众筹更为开放,能否获得资金也不再是由项目的商业价值作为唯一标准。只要是网友喜欢的项目,都可以通过众筹方式获得项目启动的第一笔资金,从而为更多的小本经营者或创作者提供了无限的可能。在众筹中,发起人是指有创造能力但缺乏资金的人;支持者是对筹资者的故事和回报感兴趣的、有能力

---

　　① 刘志伟.论 P2P 网络借贷平台业务发展的合法模式选择——从《关于促进互联网金融健康发展的指导意见》谈起[J].湖南医科大学学报(社会科学版),2015(6):27—33.

支持的人;平台是指连接发起人和支持者的互联网终端。众筹模式从商业和资金流动的角度来看,其实是一种团购形式,与非法集资有本质上的差别,所有的项目不能够以股权或资金作为回报,项目发起人更不能向支持者许诺任何资金上的收益,而必须是以实物、服务或者媒体内容等作为回报。对一个项目的支持属于购买行为,而不是投资行为①。

七是改革资本市场。资本市场只对大中型企业开放的格局需要改变。虽然我国也已经开通了中小板、创业板、新三板,但此中的"中小"概念与我们谈论的中小企业含义不同,它们主要是指将要进入大中型企业行列的中小企业,换句话说就是相对优秀的中小企业。但优秀的中小企业总是个别,我们应该允许更多具备一定条件与规模的中小企业发行股票与债券。

第四节　中小企业制度创新

中小企业融资问题与中小企业制度问题是一体两面。中小企业制度落后也是中小企业融资难的一个重要原因。在信息不对称条件下的风险判断与监控,要求有透明的财务运作,清晰的资本结构,高效的管理团队,一定的技术水平,优秀的领导人品质,以及现代企业制度。不得不说,大部分中小企业起点比较低,家族化明显,企业资产与私人资产混淆,财务不透明,报表信任度较低,降低了银行授信调查效率和决策判断准确性,增加了银行监控难度和成本。换句话说,当前中小企业制度不适应现代经济发展的要求,客观上有很大的提升空间,而且不仅仅局限于融资方面。

一、管理创新

一是培育企业家精神。中小企业制度创新中最重要的就是企业家的创新精神。企业家精神能对中小企业的经营哲学、价值理念产生极大的影响,因而培育企业家精神是中小企业制度创新和企业家创新的核心

---

① 陈一稀.互联网金融的概念、现状与发展建议[J].金融发展评论,2013(12):126—131.

内容。企业家要加强对自身的人力资本投资,通过系统学习先进的管理知识来提升经营管理能力;坚持"干中学",不断地用科学的方法归纳总结自己的经验和教训,从实践中体会、感悟企业经营管理之道;适时引进职业经理人①。

二是完善组织管理体系,建立健全运行机制。中小企业组织制度的选择可以是多样的、灵活的。从企业的外部组织形式来看,可以建立紧密的企业集团,也可以建立松散的合作生产制度;可以围绕着一种或多种产品,以大中型企业为中心,以众多的中小企业为分支,建立中心——分支制度;也可以以营销企业为龙头,以制造企业为基础,建立生产经营一体化企业集团②。从内部的组织形式来看,大多数规模较小的企业,尤其是微型企业,完全可以采取简便有效的直线制③;而对于规模稍大的企业,经营权适当的集中则更有利于企业的发展。

三是建立监督制衡机制。建立内部监督制衡机制是现代企业制度的核心。在我国的中小企业中,家族化特征比较明显,各个重要职位与企业主的亲疏关系成正比,缺少足够的制约;董事会只是名义机构,完全掌控在董事长手里,监事会形同虚设,管理部门完全听命于董事长个人,以董事长意志而不是专业为行动指南,部门与部门之间的制衡不存在。

四是发扬团队精神。团队精神是协作精神和服务精神的集中体现,其核心是协同合作,是对个体和整体利益相统一的反映,它使得组织能够保持高效率运转。

二、产权制度创新

产权结构单一和产权不明晰是目前我国中小企业的致命伤之一。建立科学、现代化的产权制度是获得融资的基础要件。银行授信的基本要求便是资本结构清晰化。中小企业产权制度创新,亟须从以下四个方面入手解决:一是建立所有权与经营权相分离的现代企业制度,去家族化;二是严格区分企业财产与个人财产、家族财产;三是改变产权单一性,引入外部投资者;四是确定合理的股权结构,建立职工内部持股激励机制。

---

①　杨大楷,缪雪峰.民营中小企业可持续发展与制度创新[J].贵州财经大学学报,2004(5):17—21.

②　孙亚飞.浅析提高企业自主创新能力的三个首要条件[J].煤,2009(10):77—79.

③　丁忠明.创新安徽民营经济发展环境的对策研究[J].平顶山学院学报,2008(2):10—19.

第一,明晰企业产权。明晰中小企业产权包括两方面的内容:一方面要在法律法规和有关政策的框架下逐步实现与公有产权的分离,即创业初期采用集体企业形态的中小企业要在科学核算的基础上真正"摘帽";另一方面是逐步实现企业产权与企业家或家族财产的分离,为引入家族外部投资、鼓励人才以技术和管理才能入股、实现企业形态的进一步转变创造条件。第二,实现产权多元化。封闭式的单一产权结构虽然使中小企业保持了高效的激励机制与决策效率,但随着企业的发展壮大,其弊端也日渐显现。单一产权使企业家或其家族承担了很高的经营风险,限制了企业的规模,不利于实现企业形态的转变,更不利于企业向现代企业转变。而积极引入外部投资,实现产权多元化,是中小企业做大做强的必由之路。第三,实现企业内部产权结构合理化。目前,我国大多数中小企业内部产权的"分散"仍局限在家族成员之间,通过在企业内部合理分配股权,吸纳职业经理人和技术骨干的股份并适当送股,进行股权激励,能使其增强主人翁意识;实行员工持股,能使员工获得劳动收入之外的资本收益,增强企业的凝聚力和向心力;企业家或家族则能在相对股权降低的同时增加股份的绝对份额,从而提高收益的绝对额度①。

三、财务制度创新

财务制度创新与能否顺利获得银行授信有直接关系。银行授信主要依靠对企业财务数据的分析。高质量的财务会计报表,能够使银行客户经理与授信经理通过对财务报表的迅速解读做出对企业经营状况的基本判断,从而判断风险是否可控。财务制度落后、混杂是中小企业普遍存在的一个问题。在现实环境下,银行对中小企业提供的财务报表基本是持怀疑态度的,不得不对报表主要数据进行专业核实与分析,这样必然会加重银行的风险考量与风险预期。中小企业提供的财务报表在很多时候只是一种参考,而不是判断基础。

一是提高财务经理素质。企业财务经理身兼双重职责,既要完善公司的财务管理,加强会计核算,又要负责维护与银行的关系。财务经理

---

① 杨大楷,缪雪峰.民营中小企业可持续发展与制度创新[J].贵州财经大学学报,2004(5):17-21.

的素质高低很大程度上影响着企业融资。财务经理是企业的管家,必然由信得过的人来担任。在信任与才干之间有一个选择。一般而言,中小企业比较缺乏优秀的财务经理。他要把财务通则、领导人意志、银行三者的关系都处理得当。他既是领导人的助手,又是专业的行家里手,还是与银行的公共关系维护者。银行与企业彼此之间的信任关系主要靠财务经理维护。高素质的财务经理不仅能够提供高质量的财务报表,记账规范,数据大致可靠,更是能够把企业的财产、经营、未来发展、预期盈利、存在问题的症结等主动与银行交流,并提出自己的看法。对企业出现的困难与问题也会及时告诉银行,给银行提供尽可能多的信息,这样就有助于提高银行授信风险管理的效能。换句话说,企业的财务应该符合银行的基本要求,这是必须做到的。高素质的财务经理就善于提供满足银行要求的财务资料,使银行相信企业,从而使企业能较快获得融资许可。

二是要求财务报表规范、准确、清楚,及时进行审计。财务报表不规范是制约中小企业融资的主要因素。中小企业普遍不重视财务报表,很多时候存在着不同内容的多份报表,以应付不同的部门。其实,财务越透明,报表越清楚,银行越有信任感,企业越容易获得授信。根据规定,企业的年度财务报告是需要进行第三方审计的,而中小企业很少进行审计。经过审计的年报,可靠性就会大大增加,一些财务数据银行可以直接引用,据此进行风险审查与判断。

三是设置或者外聘财务总监。有一定活动能力和人脉关系的人才被聘为财务总监,能起到融资顾问的作用。大企业一般都有自己的融资顾问,专门与银行交道往来。中小企业较少有融资顾问。融资顾问的好处不仅在于专业,熟悉银行的授信要求与作业重点,还在于能够与银行构建良好的银企合作关系,在不损害企业利益前提下,某种程度上起到银行耳目的作用,很多信息能够及时提供给银行。

四是强化应收账款管理,设立专职企业授信管理分析师。应收账款是企业的主要资产,也是企业对其他企业的授信。一方面,如果应收账款未能及时足额收回,企业的现金流计划就会受到影响,可能发生贷款违约。另一方面,应收账款损失就是企业资产的直接损失,体现为财务指标的立即恶化。应收账款不合理,等于一边从银行得到贷款,另一边又借钱给别人使用。理论上说,应收账款管理的原则是应收账款越少越好,应付账款越多越好。应付账款是占用其他企业的资金,可以相应减少从银行融资额。现实中,应收账款是客观存在的,但是要尽可能地压缩到合理范围内,同时降低产生坏账的风险。

四、技术创新

在银行授信评估中有一项是发展前景,即注重考查企业的核心技术。企业拥有核心技术,意味着企业的竞争能力强,尤其是在目前经济转型形势下,拥有核心技术对企业融资起着决定性作用,有助于企业获得银行的融资。中小企业的技术创新路径有以下几个方面。

一是跟踪型技术创新模式。跟踪型技术创新模式,是指中小企业要关注并及时跟踪核心技术的发展趋势,以最快的速度模仿,开发出相类似的新产品,借助领先企业的市场开拓成果,以较低的开发成本分享一定的市场份额。实施跟踪型技术创新应该是在学习基础上的二次创新,是在前人肩膀上再向前走一步的创造性活动。

二是合作型技术创新模式。可以是纵向合作,即中小企业与科研机构、高等院校进行合作,通过产学研的紧密结合加速科技成果的产业化;也可以是横向合作,即产品及规模均较为接近的中小企业共同出资组建研究中心,共同承担风险,分享利益[①]。

三是增加科技开发与投入。中小企业主由于受自身教育、专业条件的限制,加上科技投入产出周期与其期望的短平快周期不一致,往往对科技开发与投入持保留态度。对此,国家可以建立技术创新项目基金,如科技型中小企业技术创新项目基金、中小企业公共技术服务机构补助项目基金、科技型中小企业创业投资引导项目基金等。

四是启动人才战略。由于受各种条件限制,与大企业相比,中小企业在利用人力资源方面总体上处于劣势。所以,保护、爱护和尊重人才,对于中小企业来说格外重要。

五是加大对中小企业科技创新的知识产权法律保护。企业对知识产权的保护至关重要,对技术创新者的鼓励不能停缓。这样就能够给技

---

① 肖和远.论我国民营中小企业的可持续发展[J].中国招标,2008(27):21—24.

术创新提供一个公平的平台,打破技术封锁、信息封锁,开拓人们的眼界,同时也提高了创新者的起点。

六是设置为中小企业科技创新服务的中介机构。企业在进行技术创新时,中介机构能够起到桥梁的作用,是企业科技走向商业化必不可少的环节。应设置创业服务机构、科学技术发展中心等服务机构,在中小企业的人才、信息和技术方面提供相关的支持和法律援助,解决我国中小企业市场的技术和资金问题,同时,建立科技信息共享平台。不仅国家如此,各地政府和民间企业机构也应该成立相关的具有地区特色的科技产业中心。在各科研单位、各大学之间建立起科研技术平台以及信息化网络共享平台,合理分配信息网络和信息资源,使人力资源和技术资源得到合理利用①。

七是建立中小企业统筹管理专业机构。我国目前已有中小企业管理局,附属于农业部,位阶太低,权威不足,资源有限。应当借鉴国外经验,单独在各地组建中小企业辅导中心,发挥协调、服务、管理、融资、指导的功能,促进中小企业的转型升级。鉴于我国中小企业主要集中于县区及乡镇的特点,可以淡化省市一级机构,重点配置县区一级中小企业辅导服务机构,服务一线,扎根基层,最大程度发挥其应有的服务功能。此外,以中小企业管理局为依托,组建政策性中小企业担保公司。中小企业信用担保公司也可以与政策性保险公司合作,开展中小企业贷款保险。信贷保险是一项技术性很强的业务,操作不当容易产生道德风险,信用担保公司要提高管理水平、管理能力与业务创新能力。应鼓励成立民间中小企业服务机构,从事培训、辅导、咨询、鉴定、征信、顾问等业务,助力中小企业有序运行。

---

① 石志龙,张良强.中小企业技术创新条件分析与对策[J].科技创业月刊,2005,18(4):12-13.

第八章　农村金融创新

改革开放以来,社会经济的发展使城市与农村的界限变得模糊。因此对于农村的概念,目前有很多不同的表述,既有以人口成分、户籍划分的,又有以居住地、规模划分的,更有将县域以下整体作为农村地区对待的。无论哪一种划分,都不能真实描述农村目前的情况。城市扩大以后,原来的郊区和农村被包围在城市之中,形成非常普遍的城中村现象,居民完全市民化,但身份仍是农民。有些地区的行政层级为县,而其经济总量与人口规模已经达到甚至超过内地一些地级市的水平,基本完成了工业化,如浙江义乌。有些镇甚至聚集着几十万的人口,建成区有几十平方千米之大,以传统的农村概念显然已经不能解释这种现象,如温州龙港、慈溪周巷。还有大量的农民将户籍迁入城市,在城市创业,却仍拥有农村土地,有着农民与市民的双重身份。为了论述方便,我们在此采用县域标准。

按照这个标准来看,中小企业融资与农村金融这两个问题其实有较高的重合度。首先,我国绝大多数中小企业的经营者的身份为农民;其次,中小企业,特别是制造业,基本集中分布在农村;再者,我们研究民间金融问题,其主角也是农民;最后,农村金融中包括一些涉农的企业,这是都市金融基本不涉及的领域。无论是先前的社会主义新农村建设,还是现今的新型城镇化道路,都是基于农村产业的转型与农民职业的变换。只有大量的中小企业容纳足够的就业人口,城镇化才是可持续的。随着城镇化的推进,第一产业的经营方式也将发生变化,企业化、合作化、规模化也将成为主流。这些也可以归类为农业型中小企业的一种。

很显然,讨论中小企业融资不能忽视农村金融的特殊性。

第一节　农村金融现状

农村金融一直是金融体系中最薄弱的一环。诚然,农村地区的金融资源与城市无法相比,但仍存在巨大的发展空间。

一、农村金融进步缓慢

对于农村金融进步缓慢的判断,来自 20 世纪 30 年代与 2006 年的农村金融调查。20 世纪 30 年代,中国正处在温饱期,而 2006 年的农村已向小康社会过渡。虽然发展阶段截然不同,但我们仍可从当时的调查资料与今天的研究报告、统计数据中作一些有趣的分析。在此,农村金融仅指农户借贷部分,包括乡镇企业。

根据 1934 年中央农业实验所对 22 省 850 个县的调查,20 世纪 30 年代农村金融的主要方式有合会、典当、农村信用合作社、地主富农、高利贷者、银行(包括外资银行、公立银行、民营商业银行)、仓谷;根据国务院研究发展中心课题组对 17 个省 57 个县 2749 个村的调查结果,2005 年农村金融主要方式有合会、典当、私人钱庄、银背(钱庄又称"银背")、富裕农户、农村信用合作社、农行、农发行、高利贷者(不曾提及,我们所加)。从上述农村金融供给来看,除农村信用合作社在 20 世纪 30 年代不够发育壮大外,农村金融制度供给基本相同。

在借贷来源方面,20 世纪 30 年代,信用合作社占 13%,亲友占8.3%,地主占 9%,富农占 45.7%,商家占 17.3%,钱局占 8.7%。2006 年的调查显示,1993 年,农户借款占 74.08%,体制性金融机构借款占25.91%;2002 年,农户借款占 73%,体制性金融机构借款占 27%;2005 年,体制性金融机构借款占 37.8%。从上述对比来看,农户个人之间借款占主导地位,70 年来仍没有发生多大变化。

借款比重方面,20 世纪 30 年代,现金借贷占农户总数的 56%,粮食借贷占农户总数的 48%;2006 年的调查显示,生活性用途占 61.2%,其中看病占 15.4%,教育占 27.8%,婚丧嫁娶占 6.4%,住房占 11.6%;生产性用途占 38.8%。

20 世纪 30 年代，现金借贷主要是生活所需，生产需求占比不大，估计在 10%左右，粮食借贷纯属生活需求，而 2005 年这一比重仍在 60%以上的高位，农村金融的进步几乎无足称道。

二、农村民间金融十分活跃

农村的民间金融很活跃，这与我国的历史文化以及人们的生活环境有关。个人婚丧嫁娶，临时性生活需求，新建住房，农业投入，以及农村企业生产流动资金需要等，在很大程度上均依赖于民间借贷。

自 20 世纪 80 年代中期以来，农村民间资本已从剩余资本发展成为产业资本和金融资本，并对农村工业化产生举足轻重的影响。从 1986 年开始，沿海农村民间借贷规模已经超过正规信贷规模。目前农村民间借贷的总规模无法统计，大致在 6 万亿～10 万亿元之间，按 6 万亿元计算就已经相当于一家大银行的资产总量。

我国的农村民间金融源于金融抑制，它是在民营经济发展所需资金得不到满足的情况下自发产生的。农村民间金融的借贷方式主要为信用借款，民间金融的主要形式——私人借贷，就是一种非常古老的信用形式。资金持有者一般只向周边熟悉的农户放贷，通常局限于一个村或邻近村的农户。中小企业的借贷主要发生在有经常业务往来、借出方对借入方的经营情况十分了解的企业之间。借贷双方由于十分熟悉和了解，贷款一般不需要抵押和担保，多为信用贷款。一些专业放贷个人或公司风险意识较强，会采取担保或资产抵押方式。但即使抵押，条件也比银行低，放贷更灵活。利率相对较高，借贷期限较短。全社会融资总量中除银行贷款、股票债券融资外，其余基本属于民间融资，大部分是农村民间融资，估计在 13 万亿元左右。

中国社会具有浓厚的乡土特色，受中国传统文化的影响，农村民间金融也具有乡土性，多发生在具有血缘关系的家族内部或朋友、乡邻之间，彼此非常熟悉，借出者对借入者的经营情况和收益状况很清楚，对借款人的人品、资信情况等也有深入了解，因此信息成本很低。借款后彼此能保持较频繁的接触，对借款者的生产活动和资金使用状况等信息也很清楚，收集和处理贷款的监督成本和跟踪成本也较低，从而降低了整个金融活动的交易成本。

　　民间金融的利率一般由资本市场上的资金需求和供给关系决定,并参考借款人的信用、借款期限以及与借款人的亲疏关系,平均利率水平高于银行同期的利率水平。借贷主要是由于生活和生产所急需,农户和中小企业主面对较高的利率,一旦渡过难关,会立即偿还贷款,贷款期限一般较短,以 6~12 个月居多,月利率平均在 2%~3%,利息支付方式以按月支付和按季支付最为普遍。期限越短,利率越高。

　　农村民间金融处于自发状态,既缺乏相关法律法规,也没有专业的监管,同时隐含着极大的金融风险。从 20 世纪 90 年代以来,福建、浙江沿海地区不断爆发民间借贷危机。如近年的温州民间金融危机、宁海合会风潮、河南的担保公司集资问题,都在一定程度上对地区经济的正常发展带来了冲击①。

三、农村金融资源相对贫乏

　　我国的金融资产主要集中于城市地区,导致农村地区金融资源相对贫乏,主要表现在农村贷款大大低于农村地区存款。本来农村金融资源就相对不足,其存款反而被吸收用于城市金融。农村地区的邮储银行网点吸收的农村存款,也大都进入城市金融。在 2007 年 3 月 6 日中国邮政储蓄银行正式成立以前,邮政储蓄只存不贷,造成农村资金大量流失。近年来虽然城乡金融服务功能不断完善,加大了服务"三农"的力度,但是出于市场化经营的需要,大量的农户储蓄存款通过购买国债、拆借、上存资金等方式大量地回流城市,这是其一。其二,农村信用社借贷利率普遍高于城市借贷利率,致使农村借贷需要多支付利息。以两个点计算,每年利息部分多支出达到 2200 亿元。其三,保险覆盖面少,许多对农民有利的保险品种没有得到全面推行。其四,只有极少数农村企业有机会在债券、股票等资本市场进行融资。

四、农村信用社改革滞后

　　农村信用社曾是农村金融的主体。在一些经济发达地区,经营效益

①　田婕,陶小平.农村民间金融发展现状及发展前景分析[J].会计之友,2011(4):38-39.

较好、资产质量较高、存款业务规模较大的农村信用社已改制,并向商业银行转型,但是大多数农村信用社,尤其是在中西部落后地区,仍然承担着历史包袱,处于维持生存的状态,对农村金融没有发挥应有的作用。

值得一提的是,农村信用社的本质特征在于金融合作,通过产业合作、金融合作,利用农村既有资源,促进农村经济发展。但是从农村信用社的实践看,其合作功能逐渐退化,广大农民并没有享受到金融合作的好处。

第二节　农村金融需求与供给分析

要研究农村金融问题,必须从农村金融需求与供给角度入手。农村金融的需求与供给出现严重的不协调现象,制约了农村经济发展。若不改变农村金融服务落后的状况,本来稀缺的金融资源将会进一步流出农村市场,不利于农村地区的稳定发展。

一、农村金融需求

一是农民的金融需求。不同地区的农民,其金融需求并不同,有的甚至有根本性的不同。贫困地区农民的金融需求往往表现为大项支出和临时性支出等生活需求比较突出,生产需求的特点是金额大小不定,资金需求极为分散,临时应急性强,还款来源缺乏必要保障,风险较高。农业产业化发展较快的地区,生产性投入较大,主要是生产性需求,用于扩大生产投入,具有季节性特点,资金量也较大。沿海发达地区需求主要是中小企业流动资金与规模化农业投入,资金需求量很大。

不同收入水平的农民,其金融需求也各不相同。贫困农民的需求主要还停留在解决温饱层面,生产资金和生活资金都很缺乏,他们对金融的需求主要是救济性的和生存性的。贫困农户难以从金融机构获得贷款,他们的资金需求主要来自政府扶贫贷款以及亲友借款。一般农户是农村金融需求的主体,这部分农民已经解决温饱问题,处于朝小康型生活奋斗阶段,有传统的负债观念和负债意识,讲求信誉,也有一定的还贷能力与基础。其融资的主要用途有三:一是用于维持简单再生产,如购买农用生产资料，开展小规模种植、养殖业等；二是用于教育、医疗费用等必要消费支出；三是用于建房。他们对于资金的需求金额不是特别大，往往首先选择亲戚朋友间的无息借贷，其次选择向金融机构借贷，最后不得不选择利率较高的民间借贷。一般农户的贷款频率较高，且具有一定的季节性。种养大户从事种植或养殖业，已经具备一定的产业规模与经济基础，其生产经营主要是规模化种植经济林木、中草药或养殖牲畜、特种动物、水产品等。他们自身具有一定的资本积累，在经营初期，扩大种养规模、更新种养品种以及短期资金周转时会产生贷款需求，且贷款额相对较大，具有明显的季节性，与动植物的生长周期有很强的关联性。种养大户不仅需要存贷款服务，而且也需要一定的资金结算服务。最后是个体工商户，他们活跃在农村商品流通市场上，促进农副产品的购销，提供农用生产资料以及农民日常生活用品，是农村中较富裕的阶层。他们需要存贷款、结算、汇兑、现金等一系列金融服务，其资金需求量大，贷款的期限短，但频率高①。

二是农村中小企业的金融需求。农村中小企业是在个体工商户基础上发展起来的，它们对国民经济的发展和农村地区人民生活水平的提高有很大的促进作用。农村中小企业有着非常强烈的资金需求，借贷资金的需求规模随着企业规模的不同而呈现较大差异，但平均来说规模都不是很大，贷款主要用于购买原材料或半成品，满足企业生产周转的需要，另外，也会进行长期性投资，用于购置厂房、设备等。由于大部分企业都有长期投资发展的需要，使得很多企业将短期贷款作为长期资金使用，加大了贷款的风险。此外，借贷需求还会随着企业生命周期的不同阶段而变化，在初创期有比较强的借贷需求，但借贷规模不大，企业负债比率较低，负债对亲友借款的依赖度较大。随着企业的发展壮大，贷款的规模增加，负债对于正规金融机构贷款的依赖程度增加。由于农村中小企业不仅存在经营不规范、管理粗放、财务混乱等民营企业通病，而且普遍具有小型化、低档化、无序化、产品落后、市场竞争力弱等不足，因而很难获得商业性金融的贷款。但当企业逐渐走向正轨，开始迅速发展后，凭借其资金实力和政府相关部门的支持，它们一般能从中国农业银

---

① 师家升，陈军文，王润伟.中国农村金融需求与供给分析[J].经济研究导刊,2011(9):73－76.

行等商业性金融机构获得贷款,成为商业性金融的优质客户。

三是农村政府机构的金融需求。地方政府对金融的需求主要体现为政府提供公共产品和准公共产品。对于公共产品的提供,关键的问题是资金的来源。农村地区经济发展相对落后,而且资金要素通过现行的农村金融体制大量流出,仅依靠农村地区自身税收的积累以及国家财政的有限支持难以满足需要,因而处于农村地方政府监管范围内且地方政府对其有一定影响力的正规金融组织——农村信用社——就成为资金的一个重要来源。地方政府的贷款主要用于农业基础设施建设、农业结构调整、农业基建和技术改造、农业综合开发以及农村政策性保险等方面。当然,也有部分贷款用于修建乡镇居民生活所需的基础工程,如供水、供电工程以及政府办公楼建设等,另外还有一些资金用于支持当地教育事业的发展。政府机构的金融需求具有规模大、期限长的特点,而且投资期和回收期都很长,很多项目都不能直接从项目中获得收益,只能在促进当地经济发展后,通过增加的税收来偿还。这就增加了农村信用社的资金负担和贷款风险,各地农村信用社巨额的不良资产有很大一部分就是各级地方政府造成的。因而,这一金融需求主体相对来说是农村信用社"效益较差"的需求者,但由于它们是当地的"父母官",它们的金融需求又必须在一定程度上得到满足。

四是农村保险需求。农村保险需求可以分为农业保险需求、农民的人身保险需求和农村企业的保险需求。首先是农业保险需求。中国幅员辽阔,气象条件复杂多样,各种自然灾害频繁发生,如高寒草原地区的低温天气,沿海的台风天气以及每年不同程度的洪涝、干旱天气等对畜牧业、养殖业、种植业都有很大的破坏作用。另外,我国农业主要是以家庭为单位的小规模经营,农业生产属于完全竞争领域,农户的市场风险也十分突出。因此,防范和化解农业生产所面临的自然风险和市场风险,对于增强农业和农村经济的稳定性具有重要的意义。农业保险需求是中国农村最基本的保险需求。农业保险业务具有风险大、赔付率高、保险费率高等基本特征,如果没有政府补贴和优惠政策,必将导致农业保险产品的供给和有效需求均不足的局面。其次是农民的人身保险需求。同城市居民一样,农民的基本保险需求也是养老和医疗方面的保障需求。中国已经进入老龄化社会,由于部分青壮年农民从农村流入城镇,农村的老龄化问题更加严重。因此,农村迫切需要社会化养老保障,许多经济发达地区的农村已经具备办理社会养老保险和商业补充养老保险的条件,特别是城市化进程中失去土地的农民的养老保险需求问题更为突出。在医疗保险方面,长期以来大多数农民靠自费医疗,因病致贫的现象十分普遍,并成为困扰农民生活的一大问题。新型农村合作医疗制度从 2003 年起在全国部分县(市)试点,到 2010 年逐步实现基本覆盖全国农村居民,能够提供一定程度的农民医疗保障,但社会保障程度相对较低。所以,合理、有效地解决农户面临的因疾病所带来的风险问题是农村经济健康发展和农民奔小康的重要保障。最后是农村企业的保险需求。企业的保险需求主要包括财产险和责任险,农村企业也不例外。随着中国第二产业、第三产业的不断发展以及农业产业化水平的提高,农村企业对适应工业化生产特点的保险产品有着较大的需求,如财产保险、雇主责任险、产品质量保证保险等①。

二、农村金融供给

中国农村金融供给主体主要有两类:一类是制度金融供给,包括中国农业发展银行、中国农业银行和中国邮政储蓄银行,以及农村信用社、小额贷款公司、村镇银行等;另一类是非制度金融供给,即民间金融,它们游离于国家金融监管当局监管范围之外,由市场主体自发创造,在制度金融难以有效活动的地方生存。在农村地区,非制度金融主要有民间借贷、私人钱庄、民间集资、合会、农村合作基金会等。由于制度金融供给不足,民间金融成了农村金融的主要力量,甚至有些人不惜依靠高利贷来解决融资困难问题,在中西部贫困地区尤其如此。农村金融供给不足主要存在以下几个问题。

一是金融机构少,贷款数量不足。与城市金融相比,农村金融的薄弱型性是不言而喻的。在农村地区活动的金融机构,主要有农业银行、农村信用社、村镇银行、邮政储蓄银行等。中国农业发展银行作为政策性银行在县城活动,农村业务主要通过信用社代理。保险公司也是在较大城镇活动,在有一定资源和规模的社区设置一些代理点,广大乡村基本

---

① 罗恩平.农村金融需求总体特征及发展趋势研究[J].福建论坛(人文社会科学版),2005(9):20
—23.

没有金融服务机构。在城市里,金融已经是市民生活必不可少的元素,而在乡村,金融机构的覆盖面仍很窄。在很多西部地区,甚至只有农村信用社一家。截至 2013 年年底,农村中小金融机构总资产为 18.3 万亿元,同比增长 18.29%;全年实现净利润总额 2055 亿元,同比增长 21.95%;不良贷款率 3.9%。

二是金融产品比较单一,与农村金融多样化、多层次的需求不相适应。中小企业不但需要存贷汇款结算服务,还有投资、理财、外汇、租赁、信托、征信等各种与城市一样的高端金融服务。农业生产合作社、种养殖大户,除贷款以外,也有一定的结算、理财、保险收账金融需求。一般农户的小额生活资金需求,种养殖大户维持再生产的较大额度资金需求,产业化龙头企业的大额资金需求也各有特点。另外,金融机构的风险偏好和农村金融市场结构不合理等原因,也造成了农村金融供求结构的错位。一方面,农民的资金需求得不到满足;另一方面,农村金融机构资金又难寻出路,把市场让给民间借贷。

三是金融效率低下,创新不足,经营成本高。农村制度金融比较缺乏产品创新的动力和能力,金融业务以传统的存、贷、汇为主,不能以市场为中心设计和创新针对农民、中小企业和农村集体企业的新产品和服务,不能很好地满足农村金融潜在需求,不利于农村经济发展。同时,农村金融从业人员来源缺乏开放性、公平性和竞争性,素质普遍较低,高学历人才奇缺,尤其是缺乏有创新开拓意识的金融专业人才。现有金融制度安排使农村地区很难留住优秀的人才[1]。

四是农村保险服务供给主体缺失。由于缺乏专门性的农业保险机构为农村金融机构和农民提供保障,商业保险公司针对农业生产保险的险种的开发几乎是一片空白,农业生产风险难以分摊。在几乎没有保障的情况下,农业生产一旦遇到严重的自然灾害,农民的收成将大大降低,一些刚脱贫的农民由此返贫,从而导致债务无法归还的案例层出不穷。这样一来,势必为农村金融机构带来不可分散的"天然风险"。加之目前我国没有形成有效的农村金融市场退出机制,一旦一些农村金融机构在竞争中被淘汰,就会严重影响农村的金融供给。

----

① 师家升,陈军文,王润伟.中国农村金融需求与供给分析[J].经济研究导刊,2011(9):73—76.

农村金融供给不足,是制约农村经济发展的重要因素。虽然商业银行业务已经延伸到农村地区,中国邮政储蓄银行也有基层网点,但由于吸收的资金往往大于对当地借贷余额,远远不能满足农村的基本需求①。农村金融的活跃与制度金融的缺位形成对比,既是农村金融的最大特点,也是农村金融存在的主要问题。

第三节　农村金融创新与发展

一、供给制度创新

美国经济学家帕特里克曾提出两种金融发展模式:一种是"需求跟随"模式;另一种是"供给领先"模式。我国农村金融的发展基本属于"供给主导"模式,即农村金融供给虽不能领先于金融需求,但却主导和制约着金融需求的发展。这种外生性模式使我国农村金融供需矛盾不断加剧②。金融制度的先进或落后程度,直接影响着农村金融的发展和供给的水平。

一是增加新的金融机构。金融制度供给不足,是农村金融的核心问题,因此应该扩大而不是限制新的金融机构的设立。农村金融机构创新,应该在商业银行、合作金融、政策性金融三个层次上,逐步形成互相竞争、互为补充的市场格局。通过调动商业银行的积极性,畅通外部资金进入农村的渠道;通过培育新型农村合作金融组织,提高农村地区内部资金融通效率;通过发挥地方政府作用,完善农村金融监管和政策支持体系。

发展农村金融不能淡化而应强化商业银行的作用,要找到制约商业银行资金进入农村的体制机制障碍。众所周知,农民"贷款难"和银行"难贷款"问题并存的根源,在于农民缺乏商业银行所要求的抵押、质押物。因而,赋予农民承包土地经营权、集体资产股份以及住房财产权的抵押、担保权能,是很有必要的。

---

① 陈敏,王冠宇.农村金融供给:基于需求视域下的分析[J].商业研究,2009(8):107-109.
② 李思瑾,王健康.对云南农村金融的差异需求与分层供给的对策分析[J].时代金融,2012(5):71-72.

长期以来,农村资金运行主要有两个渠道:一是农民与银行;二是农民与民间借贷。培育发展农村合作金融组织,推动社区性农村资金互助组织发展,目的是要在以上两个渠道之外,建立起基于合作关系的新的资金融通渠道①。

二是改革农村信用社。从 2003 年开始的深化农村信用社改革工作,一项重要内容就是产权制度和组织形式的改革。从试点开始阶段合作制的农村信用社、股份合作制的农村合作银行、股份制的农村商业银行三种基本产权模式并存的所有制结构,逐步转向以商业化为主导的所有制结构,从体现股东身份的投资股与体现社员身份的资格股并存的股权结构,到逐步取消资格股,农村信用社在产权结构与组织形式方面改革的突出特点就是"去合作化"。截至 2013 年 3 月末,全国共组建农村商业银行 352 家,农村合作银行 141 家,县(市)统一法人农村信用社 1795 家。虽然农村商业银行数量只占农村信用社法人机构数量的 15.6%,但是农村商业银行资产、资本和利润分别占全部农村信用社的 48.7%、50.4% 和 59.5%。农村信用合作社产权改革方向已确定为股份制农村商业银行,社员资格股将全部向投资股转化。整个农村信用社系统的股权中,体现社员身份的资格股比例已经降至 2.4%②。

三是大力发展民营银行。应该大力发展民间资本组建的各类股份制、股份合作制的民营银行,尤其是农村社区银行。社区银行(community bank)源自美国,主要由当地移民社区中的农民或商人建立,并一直以住户、中小企业和农场主为主要的服务对象。其业务领域较为广泛,主要涉及商业银行各种业务和客户中介金融服务。美国独立社区银行协会(ICBA)定义的社区银行是独立的、由当地拥有并运营的机构,其资产从少于 1000 万美元到数十亿美元不等。由于社区银行得到政府的大力支持,其具有坚实的制度和法律保障。借鉴美国社区银行的成功经验,结合我国当前金融改革和发展的实际情况,发展社区银行,服务"三农"和中小企业,对我国农村经济发展有着重要的意义。社区银行可按照市场化原则自主设立和运作,并为农户和中小企业提供方便快捷的个性化金融服务,这为民间资本进入银行业提供了一个比较现实的通道。

---

① 李海平.加快推进农村金融改革[J].山西农经,2014(1):122—124.
② 马九杰,吴本健.农村信用社改革的成效与反思[J].中国金融,2013(15):59—61.

四是适度发展典当行。典当行是具有悠久历史的特殊的带有融资性质的服务行业,典当行被称为"穷人的银行"。由于正规金融的融资信用要求较高,近年来古老的典当行已经以崭新的面貌和方便、灵活、快捷的服务在金融市场环境下赢得了一定的市场份额,成为部分农户和中小企业短期应急性快速融资的"银行"。我国农村低收入人群多,中收入人群和高收入人群较少,而典当作为一种特殊的融资方式,具有方式灵活、对典当物提供者信用要求很低、配套服务周全等明显优势。典当行作为农村资金融通的辅助工具,对农户和中小企业的资金融通起到了重要的补充作用①。

五是构建"目标导向"监管模式。新型农村金融机构的"目标导向"监管模式包括以下内容:(1)准入与退出双向监管。新型农村金融机构实行准入与退出的双向监管,主要是为了解决小额贷款公司和农村资金互助社等都存在的监管审批混乱问题。(2)审慎性监管。由于小额贷款公司无存款业务且不属于银行类金融机构,因此审慎性监管的对象为村镇银行和农村资金互助社这两类新型农村金融机构,主要内容包括资本充足率和风险管理两个方面。监督信用卡、小额贷款、个人储蓄与农村消费者密切相关的金融产品和服务。可以制定法规、设计和取缔金融产品、审查新型农村金融机构,并对相关机构实施罚款或其他惩罚措施。应大力构建由信贷市场、资本市场、股权投资、担保体系和政府引导构成的完备高效的多层次的融资体系,充分发挥市场机制和政府引导的双重作用,推动资金向稀缺领域流动。

六是建立覆盖全国农村地区的信用管理系统。建立科学评价机制和激励保障机制,培育信用文化,实现系统内信息共享,包括农村居民个人和农村居民所有的集体乡镇企业之间的信息共享②。

七是鼓励农村民间金融创新。鼓励民间创办各种符合农村特点、满足农村金融需求的金融机构,不断丰富农村金融制度,使农村成为金融改革的试验田。

---

① 田婕,陶小平.农村民间金融发展现状及发展前景分析[J].会计之友,2011(4):38－39.
② 文春晖,孙良顺.新型农村金融机构监管创新:"目标导向"模式[J].西北农林科技大学学报(社会科学版),2013(3):1－6.

二、保险机制创新

除了财产人寿险外,农村客观存在的保险需求中,有很多尚未被开发成对应的保险产品。在农村地区,根据农业生产特点,我们认为至少在巨灾保险与农业互助保险方面大有可为。

(一)开展巨灾保险

巨灾保险是指对因发生地震、飓风、海啸、洪水等自然灾害,可能造成巨大财产损失和严重人员伤亡的风险,通过巨灾保险制度,分散风险[①]。特大自然灾害发生时,农民可能遭受巨大损失,因得不到应有的补偿而破产。国务院《关于加快发展现代保险服务业的若干意见》中特别提出,以制度建设为基础,以商业保险为平台,以多层次风险分担为保障,建立巨灾保险制度[②]。其目的就是要逐步建立财政支持下的多层次巨灾风险分散机制。自 2013 年年底以来,建立巨灾险制度已在深圳、云南等地区开始试点。此外,保险防灾减灾也在宁波开始试点,并发挥了独到的作用。为全面展开巨灾保险,第一,加快出台《巨灾保险法》。从国际上看,巨灾保险发展相对完善的国家都已经颁布了《巨灾保险法》。应明确规定签约内容,理赔对象,能获得赔偿的损害的内容,保险金的支付方法,加入方法,保险金额,风险分散方式,政府与商业保险公司各自的承保责任等。第二,划分中央财政、地方财政与商业保险各自的承保责任。中国保险市场发展尚不完善,不可能实行纯市场化的巨灾保险模式。可以实行政府主导、商业保险公司辅助的模式或者政府、保险公司合作的模式。第三,根据各地实际情况,确立不同巨灾保险种类。可以以省(自治区、直辖市)为主,建立集多个灾种为一体的综合性巨灾保险制度。各省(自治区、直辖市)建立与本地重点灾害相关的巨灾制度。第四,建立巨灾保险基金。中国巨灾保险运作应该由政府和商业保险公司合作完成,规划好巨灾基金的来源、运作模式和组织结构。另外,因为是以省(自治区、直辖市)为主,集多个灾种为一体的综合性巨灾保险制度,基金的筹集、积累也要分为省(自治区、直辖市)巨灾基金和国家巨灾基

---

① 宋楠.以种植业为例浅谈农业保险[J].现代经济信息,2016(1):380.

② 张兰."新国十条"绘就保险业发展蓝图[N].金融时报,2014-08-21.

金。第五,建立巨灾保险的再保险体系。巨灾保险再保险是分散风险的最佳方式。再保险一方面可承担部分损失,另一方面可协助保险公司评估并承保部分风险①。

（二）发展农业互助保险

除了商业保险、政策性保险外,农业互助保险也是一个可以大力推行的保险新领域。

农业互助保险在农村地区有一定的优势,主要体现在:其一,保险费率大大降低,减轻了农民的保险成本。根据商业保险业的惯例,保险理赔基金只有保费的四分之一,其他的都是运行成本,尤其是保险营销费用占到百分之三十。互助保险属于同业同行之间的非营利性互助团体,保险营销费用可以大大降低,相应的保险费率有很大的下降空间。其次,农业保险是很专业的,商业保险公司不具备相应的专门人才,对开展农业保险不积极,而互助保险基本上在业内开展业务,专业性很强。其三,道德风险在保险领域是普遍存在的现象,在同业互助保险架构下,同行之间、会员之间能够形成一定的监督与制约机制,骗保、高报损失现象会大大减少。

宁波渔业互保协会就是一个互助保险的典型例子。宁波是我国主要的渔业基地之一,拥有近万条渔船,渔民的海上作业存在一定的自然风险。但是商业保险费率较大,渔民不太愿意参加商业保险。于是,宁波在1996年9月成立渔业互保协会,组织渔船船东参加互助保险,实现渔民自我保障和服务②。2011年,宁波渔民参加人身互保22709人,参加渔船互保5456艘,保险额达到92.1亿元,全年共受理互保理赔案件1097起,与2010年基本持平。宁波渔业互保协会还涉足南美白对虾养殖互助保险,这一开创先河的做法已引起农业部的高度关注。从宁波渔业互保协会的案例来看,农业互助保现潜力很大。

三、发展普惠金融

普惠金融立足机会平等要求和商业可持续原则,通过加大政策引导

① 李彦奇,欧阳玉秀.中国巨灾保险现状、存在问题及发展对策研究[J].经济研究导刊,2013(30):100－101.
② 宁波市海洋与渔业局.浙江宁波为渔业互助保险立法[J].中国水产,2014(11):14.

扶持、加强金融体系建设、健全金融基础设施,以可负担的成本为有金融服务需求的社会各阶层和群体提供适当的、有效的金融服务,并确定农民、小微企业、城镇低收入人群和残疾人、老年人等其他特殊群体为普惠金融服务对象①。简单而言,普惠金融就是使弱势人群也能够得到一定的金融救济的一种制度。

普惠金融源于英文"inclusive financial system",在联合国 2005 年宣传小额信贷年时最早被采用,后被联合国和世界银行大力推行②。2008年,全球普惠金融联盟成立,2009 年,成立了普惠金融专家组。2015 年12 月 31 日,国务院发布了《推进普惠金融发展规划(2016—2020 年)》,普惠金融已经被提到国家的战略层面。发展普惠金融,必须强调相对的公平性,参与的广泛性,可持续性,措施的配套性。具体包括以下几个方面。

一是健全多元化广覆盖的机构体系。首先要发挥各类银行机构的作用。鼓励开发性政策性银行以批发资金转贷形式与其他银行业金融机构合作,降低小微企业贷款成本。强化农业发展银行政策性功能定位,加大对农业开发和水利、贫困地区公路等农业农村基础设施建设的贷款力度。鼓励大型银行加快建设小微企业专营机构。继续完善农业银行"三农"金融事业部管理体制和运行机制,进一步提升"三农"金融服务水平。引导中国邮政储蓄银行稳步发展小额涉农贷款业务,逐步扩大涉农业务范围。鼓励全国性股份制商业银行、城市商业银行和民营银行扎根基层、服务社区,为小微企业、"三农"和城镇居民提供更有针对性、更加便利的金融服务。其次要规范发展各类新型机构。拓宽小额贷款公司和典当行融资渠道,加快接入征信系统,建立风险补偿机制和激励机制,努力提升小微企业融资服务水平。鼓励金融租赁公司和融资租赁公司更好地满足小微企业和涉农企业设备投入与技术改造的融资需求。促进消费金融公司和汽车金融公司发展,激发消费潜力,促进消费升级。积极探索新型农村合作金融发展的有效途径,稳妥开展农民合作社内部资金互助试点。注重建立风险损失吸收机制,加强与业务开展相适应的

---

① 中国政府网. 2015《政府工作报告》缩略词注释[EB/OL]. http://www.gov.cn/xinwen/2015-03/11/content_2832629.htm,2015-03-11.

② 李敏.普惠金融发展中的区域性政策支持与法律保障[J].北方经贸,2014(12):78—79.

资本约束,规范发展新型农村合作金融。支持农村小额信贷组织发展,持续向农村贫困人群提供融资服务。大力发展一批以政府出资为主的融资担保机构或基金,推进建立重点支持小微企业和"三农"的省级再担保机构,设立国家融资担保基金。

二是创新金融产品和服务手段。首先是鼓励金融机构创新产品和服务方式。推广创新针对小微企业、高校毕业生、农户、特殊群体以及精准扶贫对象的小额贷款。开展动产质押贷款业务,建立以互联网为基础的集中统一的自助式动产、权利抵质押登记平台。加强对网上银行、手机银行的开发和推广,完善电子支付手段。引导有条件的银行业金融机构设立无障碍银行服务网点,完善电子服务渠道,为残疾人和老年人等特殊群体提供无障碍金融服务。在全国中小企业股份转让系统增加适合小微企业的融资品种。进一步扩大中小企业债券融资规模,逐步扩大小微企业增信集合债券发行规模。发展并购投资基金、私募股权投资基金、创业投资基金。支持符合条件的涉农企业在多层次资本市场融资。支持农产品期货市场发展,丰富农产品期货品种,拓展农产品期货及期权市场服务范围。完善期货交易机制,为规避农产品价格波动风险提供有效手段。其次要提升金融机构科技运用水平。鼓励金融机构运用大数据、云计算等新兴信息技术,打造互联网金融服务平台,为客户提供信息、资金、产品等全方位金融服务。鼓励银行业金融机构成立互联网金融专营事业部或独立法人机构。引导金融机构积极发展电子支付手段,逐步构筑电子支付渠道与固定网点相互补充的业务渠道体系,加快以电子银行和自助设备补充、替代固定网点的进度。推广保险移动展业,提高特殊群体金融服务可得性。最后要发挥互联网促进普惠金融发展的有益作用。积极鼓励网络支付机构服务电子商务发展,为社会提供小额、快捷、便民支付服务,提升支付效率。发挥网络借贷平台融资便捷、对象广泛的特点,引导其缓解小微企业、农户和各类低收入人群的融资难问题。

三是加快推进金融基础设施建设。首先是推进农村支付环境建设。鼓励银行机构和非银行支付机构面向农村地区提供安全、可靠的网上支付、手机支付等服务,拓展银行卡助农取款服务广度和深度。支持有关银行机构在乡村布放 POS 机、自动柜员机等各类机具,进一步向乡村延伸银行卡受理网络。鼓励各地人民政府和国务院有关部门通过财政补贴、降低电信资费等方式扶持偏远、特困地区的支付服务网络建设。其次要建立健全普惠金融信用信息体系。加快建立多层级的小微企业和农民信用档案平台，实现企业主个人、农户家庭等多维度信用数据可应用。扩充金融信用信息基础数据库接入机构，降低普惠金融服务对象征信成本。积极培育从事小微企业和农民征信业务的征信机构，构建多元化信用信息收集渠道。依法采集户籍所在地、违法犯罪记录、工商登记、税收登记、出入境、扶贫人口、农业土地、居住状况等政务信息，通过全国统一的信用信息共享交换平台及地方各级信用信息共享平台，推动政务信息与金融信息互联互通。最后要建立普惠金融统计体系。建立健全普惠金融指标体系。在整合、甄选目前有关部门涉及普惠金融管理数据基础上，设计形成包括普惠金融可得情况、使用情况、服务质量的统计指标体系，用于统计、分析和反映各地区、各机构普惠金融发展状况。建立跨部门工作组，开展普惠金融专项调查和统计，全面掌握普惠金融服务基础数据和信息。

四是完善普惠金融法律法规体系。首先是加快建立发展普惠金融基本制度。在健全完善现有"三农"金融政策基础上，研究论证相关综合性法律制度，满足"三农"金融服务诉求。对土地经营权、宅基地使用权、技术专利权、设备财产使用权和场地使用权等财产权益，积极开展确权、登记、颁证、流转等方面的规章制度建设。研究完善推进普惠金融工作相关制度，明确对各类新型机构的管理责任。其次要确立各类普惠金融服务主体法律规范。研究探索规范民间借贷行为的有关制度。推动制定非存款类放贷组织条例、典当业管理条例等法规。配套出台小额贷款公司管理办法、网络借贷管理办法等规定。通过法律法规明确从事扶贫小额信贷业务的组织或机构的定位。最后要健全普惠金融消费者权益保护法律体系。修订完善现有法律法规和部门规章制度，明确金融机构在客户权益保护方面的义务与责任。完善普惠金融消费者权益保护监管工作体系，进一步明确监管部门相关执法权限与责任标准。

五是加强普惠金融教育与金融消费者权益保护。首先是加强金融知识普及教育。广泛利用电视广播、书刊报纸、数字媒体等渠道，多层面、广角度、长期有效地普及金融基础知识。其次要培育公众金融风险意识。以金融创新业务为重点,针对金融案件高发领域,运用各种新闻信息媒介开展金融风险宣传教育,促进公众强化金融风险防范意识,树立"收益自享、风险自担"观念。再者,加大金融消费者权益保护力度。加强金融消费者权益保护监督检查,及时查处侵害金融消费者合法权益行为,维护金融市场有序运行。金融机构要担负起受理、处理金融消费纠纷的主要责任,不断完善工作机制,改进服务质量。最后,强化普惠金融宣传。加大对普惠金融的宣传力度。建立普惠金融发展信息公开机制,定期发布中国普惠金融指数和普惠金融白皮书。

六是鼓励民间金融培育与创新。农村地区的民间金融特别活跃,许多人的生产借贷、生活借贷、创业借贷以及工商业融资很大程度上依赖民间融资。有些民间金融活动甚至已经达到影子银行阶段。尽管民间金融存在不规范、无序,或者往往有非法集资倾向,乃至酿成一定程度的金融风险,但是在现有社会经济体系下,民间金融仍然具有极强的生存空间与发展潜力。民间金融的培育与创新也是农村金融未来的重要议题。农村民间金融创新,可以在以下几个方面推动。

第一,规范与推进合会制度。近年来民间合会有朝复会化、公司化发展的趋势。合会虽然属于民间金融互助,但也有部分会员不是为了融资,而是为了取得较高的收益,相当于借出方。随着农民收入的提高,民间资金积累总量不断增大。在银行利率较低、金融投资渠道不畅情况下,农民的金融资产收益受到很大限制。合会正可以利用熟人社会优越性,吸收闲置资金满足小微企业、工商个体户、规模农业经营者的需求,同时使得借出方获得更多的利息。因此,引导、规范、鼓励农村有影响的信誉好的会首职业化,在本土范围里不断地连续发起合会,吸收更多闲置资金,可在一定程度上满足农村融资需求。有了合会,资金富裕方收到会款后,就可以投入到另外的合会里,继续获得收益。对于资金需求方来说,同时参加不同时间的合会,有利于使用新的合会汇款来支付原有合会各期会款,提高合会资金的使用效率。由于合会制度采取会首担保模式,其他会员借出资金的安全性极高。其实,在20世纪20年代的宁波就已经有职业会首。在温州,民间金融发达,也已经出现职业会首。

第二,开办民间资本管理公司。民间资本管理公司,是指经批准在一定区域范围内开展资本投资咨询、资本管理、项目投资等服务的民间金融性公司组织。其资金来源除了股本金、股东借款外，还包括向特定对象私募资金，以及民间信托投资资金。它们可以从事股本权益性投资、金融投资、民间借贷等活动。目前，民间资本管理公司已经在多地试点，取得了一定的成绩，但存在着投资渠道单一、专业人才缺乏的问题。民间资本管理公司要在股权投资与民间理财两个方面有所突破，才能取得成功。诚然，民间资本管理公司大量从事风险投资是不恰当的，但是对成熟期公司进行投资则应该得到鼓励。那些经营比较好、生产要扩张而遇到资金瓶颈的企业应该大胆利用。这种资本投资有较高的盈利能力、稳定的现金流，是长期可持续经营的基础。而且，这些投资所形成的优质资产又为再融资创造了条件。农村地区的委托理财是一个极具潜力的市场，尤其是在沿海地区。民间资本管理公司应该充分发挥本乡本土的优势，利用自己的专门知识、投资渠道为民间资本增值提供有效、安全的出路。除了企业主阶层，普通农户也积累有一定数量的财富，基本上以存款、债券为主，获利有限；而金融投资既面临高风险，又需要专业知识，股权投资也没有足够的信息与渠道，民间资本管理公司正可以在这个领域着力拓展，实现互利共赢。例如，民间资本管理公司可以把自己投资的效益较好的股份，分割成较小份额的投资，背对背转让给小投资人，让他们也获得较高的资本利得，同时也有利于提升自己的品牌与信誉度，增加资金的流动性。

第三，发展社区基金会。农村社区基金会曾经有一段时间比较混乱，出现乱集资现象，使集资人遭受极大损失，因此被要求进行整顿。其实，农村社区基金会是普惠金融的一部分，有着客观上的需求。过去农村基金社区会出现了问题主要有两个失误。一是对性质的误判。农村社区基金会是农民金融互助合作组织，在社区之间调集余缺，而不是单方向的集资机制。二是对业务的误解。农村社区基金会只进行社区内小额的借贷调节，业务分散、金额较小、存取频繁、受惠面广。但是，以前社区基金会在农村强人把持下，成了个人获利的工具。他们以较低利息集合资金，不惜冒险在社区外发放高利贷，导致风险频发。因此，必须给农村社区基金会以清晰的性质界定，即其属于普惠金融的范畴，从事社区成员之间短期的小规模的融资活动，其业务不能跨越社区范围，主要满足社区农民的生活需求与小额的生产性借贷。农村社区基金会可以由社区委员会或者有声望的乡村精英来主持、负责。其资金来源分为两个部分：一是基本部分，参加基金会的成员必须集资最低金额，利息较低，会员可以在需要时借贷到一定倍数的资金，利率也相对较低；一是会员多余的闲散资金的存款，利率较高。基金会实行账目公开、民主管理。

第四，建立适合农村的民间资本市场。现有的金融市场基本集中于金融中心，能够进入资本市场融资的基本上也是大型企业，即使有部分中小企业开始进入资本市场，也是规模基本接近于大中型企业的中等企业。我们探讨的民间资本市场，指的是完全本土化的中小企业投融资的资本市场。需要融资的中小企业可以面向本地投资者发行股份，但是新投资者人数不得超过 200 人；为了保护投资者利益，需要保荐人对企业财务真实性负责；为了方便股份转让，股份都在当地股权登记中心托管；股权转让中心可以把这些股份挂牌转让；一次融资额可以规定一个不大的数量；要有合适的退出机制。投资者购买股份后，要求退出而没有承接对象，则发起人应该有义务以一定的价格回购股份。民间资本市场对那些成长型小微企业的融资是有很大好处的。通过扩大股份、增加企业的净资产，可以改善原有财务结构，降低财务杠杆，从而具备再融资的条件。

第五，允许农村民间个人放贷者存在。个人放贷也是融资机制的一部分。古代社会里农村富户的放贷对农村社会稳定起到了一定的积极作用。个人放贷与高利贷不能混为一谈。高利贷是放款人利用自身的优势条件向借款人过度收取不合理收益，而且往往伴随着暴利。高利贷对社会中极少数人也有一定意义，但是其对社会经济的破坏力要大得多。由于民间借贷机会成本较高，风险也大，故应允许收取合理的利息。个人放贷者应当取得合法的营业执照，相当于个体经营户，此时其性质不是自然人，而是法人。其资金可以向一定范围内的亲朋集资，不允许向社会甚至在社区内部集资。一些农民自身信用条件不太好，而又急需资金用于特定支出，这时个人放贷者的存在价值就突显了。个人放贷者已经具有法人的性质，对其加以必要的管理就有了充分的理据。

第四节 产业合作与金融合作

我国的农业合作走过很曲折的一段路程,2006 年通过的《农民专业合作社法》开启了新时期的农业合作道路。农民专业合作社是在农村家庭承包经营基础上,由同类农产品的生产经营者或者同类农业生产经营服务的提供者、利用者成立的,自愿联合、民主管理的互助性经济组织。

农民专业合作社以其成员为主要服务对象,提供农业生产资料的购买,农产品的销售、加工、运输、贮藏以及与农业生产经营有关的技术、信息等服务。2015 年 11 月,中共中央办公厅、国务院办公厅印发了《深化农村改革综合性实施方案》,提出加强农民专业合作社规范化建设。要求各地区各部门加强农民专业合作社和土地股份合作社规范化建设,深入推进示范社建设行动。鼓励农民专业合作社发展农产品加工业务,创新农业产业链组织形式和利益连接机制,构建农户、合作社、企业之间互利共赢的合作模式,让农民更多分享产业链增值收益。进一步创新财政支持农民专业合作社发展机制,允许政府项目直接投向符合条件的合作社。完善农民以承包土地经营权入股发展农业产业化经营的政策。加强农民专业合作社规范化建设。

农村要复兴,解决融资问题是关键之一,而现有农村金融体制在很大程度上是不适合社会主义新农村建设客观要求的。农村不能快速致富,其根本原因是因为农业的资本投入过低,农业产出只有劳动报酬及部分地租,而没有资本收益。如果没有足够的资本投入农业生产,农民依靠传统农业致富是很难的。经济学对商品价值的一般解构为"c+v+m","m"即资本利得,农业中资本投入少,"m"必定少,其价值也就低。这里很清楚地表明,提高农业中的资本要素投入,是农民提高收益的最优途径,也完全符合政府关于高效农业、商品农业或者现代农业的构思。

然而,农村正是资本匮乏的地区。资本从哪里来?不外乎内源融资与外源融资两种途径。外源融资主要是财政倾斜,都市金融的救济,工商业对农业的产业投资,其有很大的外在制约因素,故根本上仍要依靠内部资源的聚集与有效发挥。而发挥内源融资功能,已不能单纯依赖于现有的农村信用社。

农村信用社朝农村商业银行方向的改革,是必然且不可更改的趋势。由此产生的一个新的问题是,即农村信用社的体制性撤离与退出,可能会在农村金融合作领域导致金融合作空白。改革后的农村信用社要兼承商业银行与合作金融的双重职能是不现实的,盈利性与互助性的矛盾至少从理论层面上不好解决。有人将农村金融需求划分为三个层次,即生活要求、生产需求与发展需求,这比较符合农村现状。农村金融需求层次不同,需要不同层次的金融支持。农村商业银行正是为了满足农村发展的金融需求,未来在这一领域自有其功能定位与市场空间。但另两种需求,即生活需求与生产需求,则极可能会被体制性地抛弃,故其势必需要建构一个新的合作金融模式。

那么,新的农村金融合作模式应该是怎么的呢?我们这里仅做浅层次的、粗线条的、一般性的勾勒。

一是赋予农民专业合作社一定的合作金融功能。农民专业合作社是一种规模化的产业经营,成员之间生产具有同质性,生产、销售、融资等需求基本一致,基本存在合作性的内源融资。2006 年颁布的《农民专业合作社法》中,没有对合作社的融资功能加以规定,具有相当大的局限性。产业合作与金融合作结合起来,不仅能更好地巩固合作,而且能获得更多的资本收益。应该允许合作社在一定区域,比如所在社区进行融资,吸收闲置资金,开展农民专业合作社内部资金互助试点,引导其向"生产经营合作+信用合作"的模式延伸。由于封闭性,合作社的金融合作功能受到极大的压缩。因此,合作社必须有一定的开放性,扩大外源融资渠道。

二是建立新的信用合作社。农村信用社改革后,农村合作金融出现一定的空白,需要新的金融合作予以补充。我们认为,应该在政策上允许农民以农业生产合作社为基础重新建立信用合作社。按一定人口规模在农村社区设置的信用合作社,类似于小型的农村社区银行。其业务以存款、贷款、汇款等传统业务为主,可根据需要提供其他金融服务。其产权结构明晰,股东不是以个人,而是以合作社身份出现。理事会为最高权力机构。

三是建立区域性或全国性的信用合作社。建立区域性或全国性的信用合作社管理机构的目的在于,进入资本货币市场筹措资金,按一定渠道配给基层农村信用合作社,解决农村金融资源的季节性、临时性或长期性短缺问题。美国的金融很发达,但农村信用合作社仍然在发挥重要作用。在联邦一级有联邦信用合作社,在44个州有中央信用社。联邦信用合作社在货币市场上筹集资金,向中央信用社提供必要的流动性,中央信用社再向各信用合作社提供贷款,帮助解决资金来源问题。

四是信用合作社自负盈亏。农村合作金融是特定社区内农户之间的金融合作,而不是商业银行,它虽强调自负盈亏,但盈利不是目的,只是维持运行的手段与条件,合作的宗旨是使所有社员平等地得到金融支持。由于农村信用合作基本上是在熟人、半熟人基础上的合作,彼此之间相互了解,信息透明,受惠直观,互助对称,各成员能够初步评估资金分配是否合理,通过有效渠道提出诉求或意见,从而有利于促进金融合作事业公平、合理、有序的开展。

五是承接代理与农业有关的其他金融机构的农业信贷业务,诸如国家的农业补贴资金、中国农业发展银行的农业贷款等,以保证国家的政策优惠与财政金融支持直接惠及农民,提高金融资源的使用效率。

六是政府给予必要的政策优惠。包括不缴存法定准备金,营业税、所得税等税收减免,允许进入同业市场从事一定规模的拆借或同业之间临时性的头寸调剂等。

第五节　新型城镇化建设与农村金融发展

2013年中央发布了《中共中央关于全面深化改革若干重大问题的决定》,明确提出新型城镇化建设的目标、任务、要求,是新时期农村工作的指导方针及未来一段时期农村经济发展的总体规划。因此,农村金融发展也必须契合新型城镇化的要求。

一、新型城镇化的背景与意义

城镇化是我国现代化建设的重大任务之一,也是扩大内需的最大潜力所在,更是全面建设小康社会的内在要求。消除城乡二元结构带来的矛盾,实现以城带乡、以工促农,关键就在于大力推进城镇化进程;加快城镇化建设,让更多的农民实现身份、职业和观念的全新转换,能够缩小社会成员在财富分配、发展机会、享受公共服务等方面的差距[①]。

(1)城镇化是现代化的必由之路。历史经验表明,要成功实现现代化,必须注重城镇化发展,使工农、城乡协调发展,互相促进。城镇化与工业化、信息化和农业现代化同步发展,是现代化建设的核心内容。没有农业的现代化,不可能实现真正的现代化。城镇化是农业现代化的主要载体和平台,可承载工业化和信息化发展空间,带动农业现代化更快发展。

(2)城镇化是保持经济持续发展的潜在动力源。我国常住人口城镇化率为 53.7%,户籍人口城镇化率只有 36% 左右,而发达国家一般在 80% 的平均水平,发展中国家也有 60% 的平均水平。城镇化水平的不断提高,会使更多农民提高收入,享受更多更好的公共服务,从而使消费群体不断扩大、消费结构不断升级、消费潜力不断释放,也会带来城市基础设施、公共服务设施和住宅建设等巨大投资,这些都将为经济发展提供持续的动力。

(3)城镇化是解决"三农"问题的重要途径。我国农村人口过多、农业水土资源紧缺,在城乡二元体制下,土地规模经营难以推行,传统生产方式难以改变,这是"三农"问题的根源。传统农业吸纳人口有限,大量农村人口势必要从农村中剥离出来,离开农业生产领域。城镇经济实力提升后,会进一步增强以工促农、以城带乡能力,加快农村社会经济发展。

(4)城乡统筹发展。城乡统筹,就是要把城市与农村、农业与工业、农民与市民作为一个整体,全局规划、统一考虑,对城乡发展的问题进行综合研究、统筹解决,建立城乡共同发展的市场经济体制,实现以城带乡、以工促农、城乡一体的协调发展格局,实现经济社会一体化、基本公共服务均等化,保持城乡资源配置的基本均衡[②]。

---

① 张超,闫真峰. 城镇化与"三农"问题的现实分析[J]. 金融发展评论,2011(3):117—127.
② 张传友. 城乡统筹发展中武汉市农村剩余劳动力转移问题[J]. 长江论坛,2011(6):57—60.

二、新城镇化与金融的支持

新城镇化建设离不开金融的支持。不但新城镇建设、基础设施完善需要大量资金投入,城镇居民的生产生活也离不开金融服务。

(1)拓展城镇化投资主体。一是完善公共财政投入机制,发挥财政资金的杠杆作用,吸引社会投资主体广泛参与新城镇化建设,包括建立城镇化专项基金,对由民间资本参与的一些基础设施建设和公益性支出给予一定的鼓励、奖励和补偿。二是建立财政金融协调机制。特别是对于城镇基础设施建设项目,要改变财政投入管理部门众多、资金安排分散、资金使用效率不高的状况,以有限的财政投入吸纳尽可能多的社会资金。三是鼓励市场化融资。实现基础设施和公共服务设施建设融资方式多元化、市场化,发挥各类投资主体建设小城镇的热情。同时,要千方百计提高金融机构项目贷款的信心,使城镇化建设获得可靠的资金供给。

(2)创新融资模式。一是拓宽抵质押财产范围,探索多种物权担保形式,积极推行农村土地经营权质押贷款,采用应收账款、仓储单据、渔权等多种权利质押,扩大财产抵押担保范围,提高农民融资额度。二是有条件地组织、引进项目银团贷款,解决城镇化建设单一项目融资量过大的问题,对银团贷款可以实行一定的政策鼓励和优惠。三是充分发挥资本市场的直接融资功能。鼓励符合条件的农村企业进入资本市场开展直接融资。同时鼓励地方政府发行专项债券筹集资金,用于城镇化项目建设,弥补地方财力不足。

(3)创新金融服务方式。一是构建多层次城镇金融组织体系。各金融机构应改善小城镇的金融资源配置,考虑潜在金融资源,相应增加小城镇各种机构网点、设施,并根据各自比较优势确立市场定位,减少同质性无序竞争,体现差异化、特色化服务。二是创新金融产品以满足新城镇化建设中不同的金融需求。鼓励金融机构开发针对小城镇服务行业的贷款产品,增强对小城镇服务行业的金融支持[①]。推广绿色信贷、普惠金融等模式,促进城乡区域协调发展。三是强化金融服务便利性。应考

---

①　王丽丹.新型城镇化融资的困境与筹集渠道分析[J].金融科技时代,2014(7):96—97.

虑城区经济资源与人口规模,加大各种支付渠道建设,增加城镇金融自助服务设施机构和设备数量,积极推广网上支付、电话支付、移动支付等支付创新①,使城市的各种金融便利化服务向城镇延伸。四是建设社区金融。新城镇社区要增设服务网点,弥补社区金融服务空白,增强社区居民金融服务的渗透率,提高居民金融满意度②。对社区居民资金需求反馈、信用工程开展、信贷政策宣传等工作,统一制定社区金融服务工作职责、管理制度、运转流程、服务标准③。建设当地社区居民的"资金结算中心"、"信贷服务中心"和"物业交费中心",使社区居民日益丰富的金融需求得到较好满足。

(4)构建微观金融组织、服务和产品创新体系,构建社区金融体系。积极推动大银行下沉服务,设立小微企业专营金融机构,促进村镇银行和小额贷款公司等新型金融组织发展。可根据小微企业、"三农"的特殊性,量身定制相应的新型金融产品和服务,开发运用供应链融资、订单融资、应收账款融资、存货融资、小企业债权集合信托、网络联保、信贷工厂等各种金融创新产品和服务模式,以实现更好地为新型城镇化提供新金融服务的目的④。

(5)借鉴国际经验,建立土地银行。西方国家一般都有土地银行,为农民提供中长期期贷款。目前我国农村实行集体所有制土地制度,土地不是农民的资产,无法进入市场,也不能成为融资担保品,使农民的融资能力与融资规模受到很人限制。土地银行可以在很大程度上为新城镇化建设提供支持。城镇化以后,城镇居民大多数不再以农业为生,他们希望原有的土地权利能够变为资本,获得一定的资本收益,提高财产性收入水平。因此,未来完全有必要设立全国性的土地银行,专业从事农民的土地融资。现有经济政策与法律理论已经解决了土地所有权与使用权分离的问题。农民手上的土地虽然不是完整意义上的所有权,但土地承包经营权也是一种具有一定价值的权利,可以作为融资担保品。古

---

① 李金光,张峁.新型城镇化建设的金融支持——以辽宁省盘锦市为例[J].银行家,2014(10):131−132.

② 李霞琳,尹进鹏,李英军.金融支持新型农村社区发展路径探析[J].青海金融,2013(12):53−55.

③ 李吉祥.金融支持农村社区发展的约束分析[J].甘肃金融,2014(1):57−58.

④ 卢靖璇,周丽佳,钟佳敏.城镇化进程中居民金融需求与农村金融机构服务创新研究——以重庆农村商业银行为例[J].南阳师范学院学报,2014(10):14−17.

代农村就已经存在田底权(所有权)与田面权(部分所有权)的分离,而且存在同时流转的情况。地主可以将土地出卖,但是承租人的权利仍然保留;承租人可以将承租土地的租种权利单独转让,而不必征得地主同意。地主权利仅限于能够收回原定的地租。农民脱离农业生产,生活在城镇中,靠地租是不足以维持其基本生活的,大多数人必然会转而从事其他行业。土地权益转换为资本后,资本收益将是他们的重要收入来源之一。

(6)探索农村住房建设贷款。由于城乡二元结构的阻隔,农村与城市居民在住房上体现了完全不同的结果。城市都是商品房,而农村住房属于自建房。城镇化必须考虑农民的住房问题。若按现有城市商品房模式,很多农民将无条件进入城镇生活。我们发现,城市的商品房模式是建立在住房金融基础之上的。城市住房主要有公积金贷款与按揭两项。长期低利率的建房贷款不但能体现金融服务的均等化,也有利于农民进入城镇落户生活。政府可以在城镇特定区域拿出一定的土地,供农民建房。建房资金除了自筹一部分外,可以从银行获得长期的与还款能力相适应的贷款,这样城镇人口马上就会聚集起来,各种服务也可以借此辐射到附近的村庄。

三、土地基金化改革设想

土地基金化是间接实行农村土地流转的替代方案。目前的农村土地制度禁止土地买卖转让,使得土地无法发挥资本功能,给农民带来资本利得。土地基金化以后,在土地所有权不发生变动的条件下,农民可以把土地基金以一定条件转让给他人。这样一来,既有利于农业生产集中化,也有利于不从事农业的农民获得更大收益。

一般认为,我国古代实行的是土地私有制。我们发现,古代农村仍然存在集体所有制的土地制度模式。其中的田会就类似于土地基金。所谓的田会,就是指有合作意愿的农民集资买入某一宗土地,土地属于集体所有,田会本身是一个古代法人,也是纳税单位。会员按投资的股份享有权益。通常采取的是轮流耕种的方式,发起会首获得第一年耕种权,此后以抓阄的方式确定个人的轮植年份,该年收获物除纳税以及约定的一些开支以外,全部归其所有。股份可以继承,可以转让、典压,但是土地属于田会所有，土地所有权性质没有发生变化，转让的只是会员的股份及其附加权益。只要田会存在，无论经过多少次转让，其集体所有制的土地性质都不发生变化。这一点对我们今天的农村土地所有制改革有一定的借鉴意义。

《深化农村改革综合性实施方案》中也提出，要引导农民以多种方式流转承包土地的经营权，通过土地经营权入股、托管等方式，发展多种形式的适度规模经营。这里的土地经营权入股与土地基金化有几点不同。第一，以村为单位，所有的土地经过丈量核实后，组成一个土地基金，明确土地所有权为村经济合作社所有，其集体所有制性质不发生改变，完全符合《宪法》《土地管理法》等法律的规定。土地责任承包到户，各农户承包土地的数量占比就是他的土地基金的份额。农民可以对土地基金份额进行处置，如遗赠、继承、分割、转让、入股、抵押、信托、租赁等。土地所有权仍然属于村经济合作社。比如，某村有土地1000亩，若一亩为一股，农户拥有10亩，他的土地基金份额就是10股，对应土地权利10亩。他把10亩土地转让给别人，只是让渡土地种植的权利。改变土地用途或属性，必须受相关法律的限制。第二，考虑到我国农村的历史与现状，为更好地保护破产农民的利益，应该规定赎回的条款，即农民在把土地基金转让出去若干年后，有权利赎回想要收回的土地。比如某人转让后离开农村进城务工经商失败，10年后回家时已无田可耕，他仍然有权利赎回原来转让的土地，但是赎回必须是有偿的，赎回价格可以以法律法规的形式规定。古代中国对土地典压采取的是无论多久都"准原价赎回"。由于土地价值是随着时间变化而变化的，承让方也有土地上的新的资本投入，各种因素会很复杂，需要做科学合理的规划，保护各方的利益。不过，随着城镇化不断深入，赎回情况只是个案，不会是普遍现象。第三，若转让土地涉及征用或规划调整，集体拥有所有权，其征用补偿当然为集体所有，但应给予被转让土地的农民适当、合理的补偿。第四，根据《深化农村改革综合性实施方案》，鼓励、允许农民各自以自己的土地基金量化入股，参加本村或周边村庄组建的专业合作社、股份公司从事开发性高效农业合作。第五，国家土地银行应接受土地基金的抵押借款，为农民提供长期资金。只要投资收益大于银行利率，农民收入就会相应增加。据初步测算，若土地抵押10万元1亩，以一家3亩土地计算，收益 5 个点，农民就能够每年增加 15000 元收益。这对于脱离农业进入城镇生活的农民有很大的意义，使他们在劳务收入外有一笔稳定的资本收入，从而得以维持城镇化生活的持续性①。

参考文献

[1]21世纪经济报道.温州多家企业资金链断裂　大多倒在房产投资上[EB/OL].http://news.qq.com/a/20140709/002726.htm,2014-07-09.

[2]MBA智库百科.票号—金融机构[EB/OL].http://wiki.chinaemb.

[3]百度百科."创新"词条[EB/OL].http://baike.baidu.com/link? url=QNviXyLwXNcFrESNYl-9fNdxZC_Ybw0d0Drz0j7IgvfrPjVA_FFc55oA4NkVLGSXSskbFTP1c0jOac7fZmLj88JzV0Cyb_4fXhVRQwuegEW,2016-06-09.

[4]百度百科."马特莱法则"词条[EB/OL].http://baike.baidu.com/ink? url=cUGGAzUbp3mgt5ykBP_lR-OT-qP596qqNxqCZD9QIdBLQEwCjYR9ZgogO4BWNg43fu130XqNP9_X4fQC3DWC7,2016-06-08.

[5]百度文库.公司信贷(知识精讲分析)[EB/OL].http://wenku.baidu.com/view/6e079f115f0e7cd184253618.html,2012-07-13.

[6]百度文库.金融企业的业务范围[EB/OL].http://wenku.baidu.com/view/3586992cbd64783e09122b2c.html,2012-12-02.

[7]百度文库.破解中型银行生存难题——德国商业银行的经验及教训[EB/OL].http://wenku.baidu.com/link? url=Sxgs5sldvehB6TlnEgCsf3I2zYD7wIRCXYtVKHah8df0400FPeJSMqIiiUWJSKhfgfUwpu_S_EQA7BhGvIi5S4j0oeOtUstst9x1f9GAw2y,2013-10-31.

[8]保罗·克鲁格曼.空间经济学:城市、区域与国际贸易[M].北京:中国人民大学出版社,2005.

[9]鲍夫.信用与权力二重奏　票号与清政府关系述评[EB/OL].http://fi-

nance. qq. com/a/20100812/004715_2. htm,2010-08-12.

[10]蔡春智.温州金融试验一小步 中国经济改革一大步[N].民营经济报,2012-04-02.

[11]曹邦英,罗爽.成都中小企业集群融资体系的构建[J].财经科学,2006(10):112－118.

[12]曹凤岐.建立和健全中小企业信用担保体系[J].金融研究,2001(5):41－48.

[13]曹金飞.创新型企业融资新路径问题研究[J].经济研究导刊,2014(31):107－109.

[14]常志鹏.如何推进中国"三农"的金融服务？[EB/OL].http://big5.xinhuanet. com/gate/big5/www. gd. xinhuanet. com/newscenter/2014-01/26/c_119107049.htm,2014-01-26.

[15]陈斌.城商行客户经理绩效管理机制优化研究[D].上海:复旦大学,2013.

[16]陈才.区域经济地理学(第二版)[M].北京:科学出版社,2001.

[17]陈凤娣.日本中小企业融资体系建设及对我国的启示[J].财经科学,2002(S1):155－157.

[18]陈敏,王冠宇.农村金融供给:基于需求视域下的分析[J].商业研究,2009(8):107－109.

[19]陈铨亚.中国本土商业银行的截面:宁波钱庄[M].杭州:浙江大学出版社,2010.

[20]陈铨亚,潘志刚.商业银行授信管理教程[M].杭州:浙江大学出版社,2012.

[21]陈晓尘.我国中小企业融资创新的政策研究[D].上海:上海交通大学,2008.

[22]陈晓红.中小企业融资[M].北京:经济科学出版社,2000.

[23]陈晓红,刘晖,林昆,峰.中小企业融资担保制度的国际比较[J].中南工业大学学报,1999(4):277－281.

[24]陈一稀.互联网金融的概念、现状与发展建议[J].金融发展评论,2013(12):126－131.

[25]程建平.马特莱法则魅力何在？[J].中国纺织经济,2000(6):46.

[26]丁艺.金融集聚与区域经济增长[M].北京:国家行政学院出版

社,2013.

[27]丁振辉.德国中小企业金融发展探究[J].杭州金融研修学院学报,
2015(10):10—13.

[28]丁忠明.创新安徽民营经济发展环境的对策研究[J].平顶山学院学
报,2008(2):10—19.

[29]杜君立,CFP.典当行——古人的银行[J].企业观察家,2014(4):110—112.

[30]杜晓山.农村金融体系框架、农村信用社改革和小额信贷[J].中国农
村经济,2002(8):4—9.

[31]范亚秋.日本中小企业融资模式及其启示[J].合作经济与科技,2009
(22):38—39.

[32]方晓霞.中国企业融资制度变迁与行为分析[M].北京:北京大学出
版社,1999.

[33]冯兴元.温州市苍南县农村中小企业融资调查报告[J].管理世界,
2004(9):53—66.

[34]傅国华,林爱杰,陈永城.创新创业驱动中国经济新发展[J].新东方,
2015(6):9—12.

[35]耿良.影响银行信用半径的因素及对策[N].上海金融报,2009-03-13.

[36]龚荣华,王发明.温州民间金融的发展现状及其对策研究[J].改革与
战略,2009(1):94—100.

[37]龚一萍,熊巍俊.企业动态能力构建的制度安排与机制设计[J].理论
建设,2011(2):61—65.

[38]郭光耀.经济周期波动中的金融摩擦:一个综述[J].上海金融,2012
(10):21—25.

[39]郭建光.构造扁平化管理体系　实行宝钢一体化运作[J].上海企业,
2004(1):21—24.

[40]郭莉,赵飞.宁波银行扎根首都创新金融品牌[J].投资北京,2013
(4):57—59.

[41]国家银监会.村镇银行管理暂行规定[R].2007年5号文.

[42]国家银监会.贷款公司管理暂行规定[R].2007年6号文.

[43]国家银监会.关于调整放宽农村地区银行业金融机构准入政策　更
好支持社会主义新农村建设的若干意见[R].2006年90号文.

[44]国家银监会.关于银行业金融机构大力发展农村小额贷款业务的指导意见[R].2007年68号文.

[45]国家银监会.农村信用合作社农户联保贷款指引[R].2004年68号文.

[46]国家银监会.农村资金互助社管理暂行规定[R].2007年7号文.

[47]国家银监会完善小企业金融服务领导小组办公室.美国政府部门支持小企业金融服务的"六项体系"[J].中国完善小企业金融服务工作简报,2012(7).

[48]国务院办公厅.国家新型城镇化规划(2014—2020年)[R].2014-03-18.

[49]国务院办公厅.推进普惠金融发展规划(2016—2020年)[R].2015-12-31.

[50]国务院办公厅.深化农村改革综合性实施方案[R].2015-11-02.

[51]韩俊.加快构建普惠农村金融体系研究[J].中国农村信用合作,2008(12):21—23.

[52]何广文.中国农村金融组织体系创新路径探讨[J].金融与经济,2007(8):11—22.

[53]何小锋.资产证券化的中国模式[M].北京:北京大学出版社,2002.

[54]和讯股吧.宁波银行首家小微专营支行昨在沪开业[EB/OL].http://guba.hexun.com/002142,guba,18379203.html,2013-04-26.

[55]胡奕明.现金流模式:从资产到证券的融资原理[J].会计研究,2000(1):54—56.

[56]胡中生.古徽州活跃的民间金融组织——钱会[J].中国金融,2008(5):85—86.

[57]黄柏松.浙江民泰商业银行积极推进"支实支农支小"工作[J].浙江人大,2014(10):20—21.

[58]黄解宇.金融集聚论[M].北京:中国社会科学出版社,2006.

[59]黄孟复.中国小企业融资现状调查[M].北京:中国财政经济出版社,2010.

[60]黄秋丽.煎熬温州[J].中国企业家,2013-09-05.

[61]纪振宇.美国小企业管理局三大渠道支持中小企业发展[EB/OL].http://world.xinhua08.com/a/20120326/928651.shtml,2012-03-25.

[62]贾昌杰.美国高收益债券市场发展的经验及其启示[J].金融论坛,

2012(11):64—71.

[63]贾康.中小企业信用担保的总体情境与财政政策匹配[J].改革,2012
(3):5—20.

[64]金小娟,陈志军.韩国支持中小企业融资政策的经验与启示[J].中国
高新区,2010(4):111—114.

[65]靖丰鸣.中信供应链金融:提供竞争源动力　实现企业新价值[N].
大连日报,2011-06-29.

[66]全国人民代表大会常务委员会.中华人民共和国证券法[R].2005
年10月27日修订版.

[67]科技中国."美国小企业管理局"词条[EB/OL].http://www.tech-
cn.com.cn/index.php? doc-view-73420,2009-03-25.

[68]孔祥毅.金融票号史论[M].北京:中国金融出版社,2004.

[69]雷蒙德·戈德史密斯.金融结构与金融发展[M].上海:上海三联书
店,上海人民出版社,1994.

[70]李庚寅,黄宁辉.中小企业理论演变探析[J].经济学家,2001(3):97—105.

[71]李海平.加快推进农村金融改革[J].山西农经,2014(1):122—124.

[72]李吉祥.金融支持农村社区发展的约束分析[J].甘肃金融,2014(1):57—58.

[73]李江华,施文泼.政府对农业信贷资金配置的干预及效应分析[J].经
济研究参考,2013(67):34—41.

[74]李金光,张峁.新型城镇化建设的金融支持——以辽宁省盘锦市为
例[J].银行家,2014(10):131—132.

[75]李兰.我国中小企业维权之策[J].合作经济与科技,2015(10):95—96.

[76]李妙妙,朱健.泰隆银行"创业通"　创业路上的好帮手[N].都市快
报,2014-02-24.

[77]李敏.普惠金融发展中的区域性政策支持与法律保障[J].北方经贸,
2014(12):78—79.

[78]李璞.中小企业融资创新[M].长沙:湖南人民出版社,2013.

[79]李全.中国小微金融[M].北京:经济科学出版社,2013.

[80]李莎.典当业与明清社会发展关系探析[D].郑州:郑州大学,2000.

[81]李思瑾,王健康.对云南农村金融的差异需求与分层供给的对策分
析[J].时代金融,2012(5):71—72.

[82]李霞琳,尹进鹏,李英军.金融支持新型农村社区发展路径探析[J].青海金融,2013(12):53—55.

[83]李修科."温州模式"和"后温州模式"——温州经济中的温州人意识[J].中国证券期货,2011(9):190—191.

[84]李彦奇,欧阳玉秀.中国巨灾保险现状、存在问题及发展对策研究[J].经济研究导刊,2013(30):100—101.

[85]李扬阳,思群.中小企业与银行[M].上海:上海财经大学出版社,2001.

[86]林汉川,管鸿禧.中小企业财务融资现状与对策探析——湖北、广东中小企业问卷调查报告[J].数量经济技术经济研究,2002(2):107—110.

[87]刘建生.晚清晋商制度变迁研究[M].太原:山西人民出版社,2005.

[88]刘秋根.中国古代典当业利率[J].中国金融,2015(5):94—95.

[89]刘永春.从山西票号内控模式看银行风险管理[J].银行家,2014(1):56—57.

[90]刘勇,李善同.国外中小企业融资方式及其启示[N].中国经济时报,2001-06-07.

[91]刘志伟.论 P2P 网络借贷平台业务发展的合法模式选择——从《关于促进互联网金融健康发展的指导意见》谈起[J].湖南医科大学学报(社会科学版),2015(6):27—33.

[92]卢福财.企业融资效率分析[M].北京:经济管理出版社,2001.

[93]卢靖璇,周丽佳,钟佳敏.城镇化进程中居民金融需求与农村金融机构服务创新研究——以重庆农村商业银行为例[J].南阳师范学院学报,2014(10):14—17.

[94]陆军,陈少凌.美国信用社发展的经验及对我国的启示[J].国际金融研究,2000(9):27—32.

[95]罗恩平.农村金融需求总体特征及发展趋势研究[J].福建论坛(人文社会科学版),2005(9):20—23.

[96]罗正英,刘焕蕊.引入贷款需求变动的信贷配给模型分析——一个基于 Hodgman 模型的扩展[J].南京财经大学学报,2011(2):39—45.

[97]马九杰,吴本健.农村信用社改革的成效与反思[J].中国金融,2013(15):59—61.

[98]玛高温.中国工商行会史料(上册)——中国的行会[M].北京:中华书局,1995:26.

［99］宁波市海洋与渔业局.浙江宁波为渔业互助保险立法［J］.中国水产，2014(11)：14.

［100］欧盟委员会.第1422号通知［R］.2003年5月6日颁布.

［101］庞清辉.温州炒房团弃房跑路　炒房夫妻半夜裸身跳楼自杀［N］.中国新闻周刊，2013-09-26.

［102］彭佳，吴小瑾.社会资本、信用合作组织与中小企业集群融资创新——以湖南省汨罗市为案例［J］.经济体制改革，2008(3)：139－142.

［103］彭十一.日本中小企业融资的政策性扶持及启示［J］.商业时代，2007(35)：42－44.

［104］普书贞，吴文良，张新民，等.我国有机农产品市场失灵原因分析［J］.农业经济，2010(12)：88－90.

［105］千岛湖新闻网.浙江泰隆商业银行简介［EB/OL］.http://www.qdh-news.com.cn/col1500/col7014/article.html?id=1206056，2016-03-01.

［106］黔东南日报.人嫌细微　我宁繁琐　邮政储蓄银行提供特色融资服务［EB/OL］.http://economy.gmw.cn/newspaper/2014-10/09/content_101328555.htm，2014-10-09.

［107］乔建伟.山西票号的风险管理研究以及对我国现代银行的启示［D］.石家庄：河北经贸大学，2013.

［108］青木昌彦.比较制度分析［M］.上海：上海远东出版社，2001.

［109］人大经济论坛经管百科.美国资本市场—金融市场［EB/OL］.http://www.pinggu.com/index.php?doc-innerlink-％E7％BE％8E％E5％9B％BD％E8％B5％84％E6％9C％AC％E5％B8％82％E5％9C％BA，2015-01-03.

［110］荣冀川.中小企业融资制度比较研究［J］.河北法学，2010，28(8)：121－124.

［111］润恒贷，新浪博客.P2P金融在国内发展初具雏形［EB/OL］.http://blog.sina.com.cn/s/blog_136706be70102v4mr.html，2014-10-20.

［112］商讯.量身定制　邮储银行力推小微服务转型升级［EB/OL］.http://www.zgswcn.com/2014/0411/369514.shtml，2014-04-11.

［113］上海疯狂英语.美国的银行业系统［EB/OL］.http://www.crazyenglish.org/zhuanyeyingyu/bank/2009/0307/39753.html，2009-03-07.

[114]师家升,陈军文,王润伟.中国农村金融需求与供给分析[J].经济研究导刊,2011(9):73－76.

[115]石其宝.中小企业融资担保的制度与绩效:日本的经验分析[J].浙江金融,2009(6):22－23.

[116]石修俊.收入分配制度变迁与人的发展[J].经营管理者,2012(14):15－22.

[117]石志龙,张良强.中小企业技术创新条件分析与对策[J].科技创业月刊,2005,18(4):12－13.

[118]时昆兰.邮储银行小额信贷业务发展阻滞与政策建议[J].时代金融,2011(1):31－33.

[119]史建平.中国中小企业金融服务发展报告[M].北京:中国金融出版社,2009.

[120]斯科特.贝斯利,尤金·布里格姆.金融学原理[M].北京:北京大学出版社,2011.

[121]宋海蛟.发挥典当业在小企业融资中的作用[J].中国金融,2010(10):81－82.

[122]宋楠.以种植业为例浅谈农业保险[J].现代经济信息,2016(1):380.

[123]宋艺峰.资本结构理论史[M].北京:经济科学出版社,1999.

[124]苏涧.基层邮储银行的中小企业信贷项目风险管理研究[D].湘潭:湘潭大学,2012.

[125]孙红娟.管中窥豹:平安银行 ABS"临停"放大监管角力[N].第一财经日报,2014-06-19.

[126]孙天琦.面向中小企业的贷款动员信用担保及其风险防范[J].西北大学学报(哲学社会科学版),2001(1):34－42.

[127]孙雅璇.以开发性金融破解中小企业融资困境[J].新金融,2009(3):59－62.

[128]孙亚飞.浅析提高企业自主创新能力的三个首要条件[J].煤,2009(10):77－79.

[129]汤继强.中小企业梯形融资模式[M].北京:华夏出版社,2011.

[130]唐岫立.温州民间借贷风波与金融改革[J].中国金融,2013(10):85－86.

[131]陶君.宁波银行信贷资产证券化获突破[N].上海证券报,2014-05-30.

[132]滕春强.金融企业集群:一种新的集聚现象的兴起[J].上海金融,
　　　2006(5):14－17.

[133]田婕,陶小平.农村民间金融发展现状及发展前景分析[J].会计之
　　　友,2011(4):38－39.

[134]万解秋.企业融资结构研究[M].上海:复旦大学出版社,2001.

[135]万强,黄新建.国外中小企业融资经验对我国的启示[J].特区经济,
　　　2009(1):102－103.

[136]王斗天.普华永道调研报告称中国中小企业平均寿命2.5年[N].
　　　深圳商报,2012-04-28.

[137]王峰,魏路军.为4000户小企业发展助力[N].金融时报,2013-09-06.

[138]王福强,王冠群.美国中小企业融资模式及启示[J].中国金融,2011
　　　(18):36－38.

[139]王怀宇.德国中小企业融资体系的经验借鉴[J].中国产业经济动
　　　态,2014(13):13－18.

[140]王力.中国金融中心研究[M].北京:中国财政经济出版社,2004.

[141]王丽丹.新型城镇化融资的困境与筹集渠道分析[J].金融科技时
　　　代,2014(7):96－97.

[142]王丽珠.我国中小企业信用担保体系的国际借鉴——以日本为例
　　　[J].国际金融研究,2009(7):87－96.

[143]王淑贤.中小企业金融、财税扶持政策的国际比较[J].经济师,2005
　　　(2):227－228.

[144]王曦.我国中小企业融资难的现状、原因及对策[D].成都:西南财
　　　经大学,2010.

[145]王艳茹.企业不同生命周期的融资结构研究[J].经济与管理研究,
　　　2009(11):49－53.

[146]渭南日报.邮政储蓄银行打造特色贷款产品助力地方发展[EB/OL].
　　　http://bank. eastmoney. com/news/1185,20121012254294036. html,
　　　2015-06-29.

[147]魏路军,肖秋.宁波银行白领通　生活有你更轻松[N].南京晨报,
　　　2016-03-09.

[148]文春晖,孙良顺.新型农村金融机构监管创新:"目标导向"模式[J].
西北农林科技大学学报(社会科学版),2013(3):1—6.

[149]翁国华.以事业部制创新中小企业融资服务——中国民生银行工
商企业金融事业部案例[J].银行家,2009(4):20—22.

[150]吴伟萍,吴杰.我国民间借贷风险管理问题研究——以浙江省台州
市为例[J].经济纵横,2010(8):79—82.

[151]吴瑕.中小企业融资案例与实务研究[M].北京:机械工业出版社,2011.

[152]吴晓求.市场主导与银行主导:金融体系在中国的一种比较研究
[M].北京:中国人民大学出版社,2006.

[153]吴秀婷.科技银行在中国的发展初探[J].现代商业,2010(5):31—32.

[154]吴雨绎.民间融资合法化、公开化[N].21世纪经济导报,2005-06-16.

[155]夏哲群.淞江市邮储银行小额信贷业务发展策略[D].长春:吉林大
学,2012.

[156]肖和远.论我国民营中小企业的可持续发展[J].中国招标,2008
(27):21—24.

[157]谢沛善.中日高新技术产业发展的金融支持研究[D].大连:东北财
经大学,2010.

[158]谢启标.产业集群与中小企业融资研究[J].国家行政学院学报,
2006(3):71—73.

[159]谢玉梅.小额信贷发展比较研究[M].北京:高等教育出版社,2013.

[160]新华网浙江频道.泰隆立等贷,开启银行"闪融时代"[EB/OL].
http://big5.xinhuanet.com/gate/big5/www.zj.xinhuanet.com/
2013market/zjtlcb/2014-05/15/c_1110707502.htm,2014-05-15.

[161]新浪博客.详解泰隆银行"三品、三表、三三制"特色信贷技术[EB/
OL].http://blog.sina.com.cn/s/blog_43b66e2f0102v69p.html,
2014-11-11.

[162]新宇,黄佩.温州担保业几近歇业状态[N].广州日报,2011-10-10.

[163]宿珊珊.浅析信任与企业品牌建设——《信任:社会美德与创造经
济繁荣》[J].企业导报,2011(22):69—70.

[164]徐刚.浅析我国中小企业现状与对策[J].经营管理者,2015
(36):266.

[165]徐寒晶.基于产业集群的中小企业融资研究[D].成都:四川大学,2006.

[166]徐洪水.金融缺口和交易成本最小化:中小企业融资难题的成因研究与政策路径——理论分析与宁波个案实证研究[J].金融研究,2001(11):47—53

[167]徐莉萍,辛宇,李善民.后金融危机时期公司治理整合框架分析[J].南京工业大学学报(社会科学版),2012(2):61—67.

[168]徐茂魁,陈丰,张家伟,等.对金融发展理论的思考——以美国次贷危机为鉴[J].政治经济学评论,2009(1):132—148.

[169]许强.周德文:从旧温州模式向新温州模式嬗变[J].现代人才,2007(6):12—15.

[170]阎竣.私营中小企业融资行为、资金需求及其政策建议[J].经济理论与经济管理,2010(4):41—45.

[171]颜宏亮.供应链金融基本模式及对拓宽我国中小企业融资渠道的启示[J].浙江金融,2009(6):24—25.

[172]杨大楷,缪雪峰.民营中小企业可持续发展与制度创新[J].贵州财经大学学报,2004(5):17—21.

[173]杨梅.浅谈关系型贷款模式[J].时代金融,2012(18):194.

[174]杨荣堂.供应链融资:银行与中小企业应对融资难的良方[J].北方经贸,2013(8):127—128.

[175]杨晓庆.日本韩国中小企业融资研究[D].长春:吉林大学,2013.

[176]杨绪忠.迎难而上,积极探索"宁波解法"[N].宁波日报,2012-04-13.

[177]叶春涛.日本、韩国中小企业融资模式及启示[J].科技信息,2011(31):86—87.

[178]一财网.跨太平洋伙伴关系协议[EB/OL].http://vnetcj.jrj.com.cn/2015/10/09143719900911.shtml,2015-10-09.

[179]佚名.温州商人的九大生意要诀[J].中小企业管理与科技,2012(5):66—67.

[180]易纲,郭凯.中国银行业改革思路[J].经济学(季刊),2002(4):77—88.

[181]易晓文.温州民间金融规模有多大[N].温州日报,2013-01-08.

[182]尤海峰.内外温州人互动项目签约60亿[N].温州日报,2010-04-13.

[183]于孟霞.我国中小企业的发展现状分析[J].管理观察,2013(17):33—34.

[184]俞靖.中国多层次资本市场体系的现状与构建研究[J].科技创业月刊,2006(6):26—27.

[185]约瑟夫·熊彼特.经济发展理论[M].北京:商务印书馆,1990.

[186]张斌.创新招商模式 促进产业升级——以温州为例解读内源型经济的产业升级问题[J].领导科学,2006(16):10—11.

[187]张超,闫真峰.城镇化与"三农"问题的现实分析[J].金融发展评论,2011(3):117—127.

[188]张传友.城乡统筹发展中武汉市农村剩余劳动力转移问题[J].长江论坛,2011(6):57—60.

[189]张凤超.金融产业成长及其规律探讨[J].当代经济研究,2003(10):68—72.

[190]张国梁.晚清票号与钱庄研究[M].北京:中华书局,1989.

[191]张红伟,罗仲平.建立和完善我国中小企业融资体系的路径分析[J].西南民族大学学报(人文社会科学版),2004(8):103—106.

[192]张介人.清代浙东钱业史料整理与研究[M].杭州:浙江大学出版社,2014.

[193]张军.改革后中国农村的非正规金融部门:温州案例[J].中国社会科学季刊(香港),1997(2):1—2.

[194]张兰."新国十条"绘就保险业发展蓝图[N].金融时报,2014-08-21.

[195]张苗荧.论温州文化的消极因素及其对温州经济的影响[J].华东经济管理,2003(5):4—6.

[196]张明臣.韩国中小企业融资的研究[D].上海:同济大学,2001.

[197]张秋.中小企业创立与成长期的融资状况实证研究[J].特区经济,2009(12):298—299.

[198]张胜林,李英民,王银光.交易成本与自发激励:对传统农业区民间借贷的调查[J].金融研究,2002(2):125—134.

[199]张淑霞.BELTON公司核心员工职业生涯规划研究[D].兰州:兰州大学,2010.

[200]张维迎,吴有昌.公司融资结构的契约理论:一个综述[J].改革,1995(4):109—116.

[201]张宪昌.美国中小企业融资新动态[N].学习时报,2015-08-20.

[202]张小平.温州,中国"商界魔头"[J].中国中小企业,2007(12):31—35.

[203]张颖.金融支持河南农民增收问题研究[D].郑州:河南农业大学,2013.

[204]张智楠.市场经济条件下企业筹资方式的研究[J].北方经济,2006(6):36—37.

[205]赵翔,张茵仙.商业银行风险与拨备问题的思考[J].山西财政税务专科学校学报,2012(4):13—16.

[206]赵云旗.成熟于宋元　极盛于清代[N].经济参考报,2008-04-11.

[207]郑恩江.中国非政府小额信贷和农村金融[M].杭州:浙江大学出版社,2007.

[208]中国人民银行宁波市中心支行课题组.体制转轨中的融资偏好与约束:发达地区民营企业技术改造贷款萎缩研究[J].金融研究,2002(1):124—130.

[209]中国人民银行上海市分行.上海钱庄史料[M].上海:上海人民出版社,1962.

[210]中国人民银行.人民银行颁布实施《征信机构管理办法》[EB/OL].http://bank.hexun.com/2013-12-03/160255451.html,2013-12-03.

[211]中国人民银行温州市中心支行课题组,蔡灵跃.民间商会融资担保机制及模式选择[J].浙江金融,2009(3):26—27.

[212]中国银行业从业人员资格认证办公室.公司信贷[M].北京:中国金融出版社,2009.

[213]中国政府网.2015《政府工作报告》缩略词注释[EB/OL].http://www.gov.cn/xinwen/2015-03/11/content_2832629.htm,2015-03-11.

[214]钟焕焕.试论邮政储蓄小额质押贷款及服务"三农"的对策.老区建设[J],2007(12):19—20.

[215]周鹏峰.信贷资产证券化备案制启动[N].上海证券报,2015-01-14.

[216]朱学强.物流银行——中小企业的新型融资方式[J].市场周刊(理论研究),2009(11):57—58.

[217]朱毅峰.银行信用风险管理[M].北京:中国人民大学出版社,2006.

索　引

后　记

　　承蒙浙江大学民营经济研究中心的厚爱,经浙江大学恒逸基金管理委员会审批,将我们申报的课题列入浙江大学恒逸民营经济研究基金项目。本书即是课题之研究成果。在此,作者谨向研究中心及基金会评委表示由衷的感谢!

　　本书是课题组成员近年来共同合作完成的成果。其间,我还同时主持2014年度国家社会科学基金一般项目"清代田会史料整理及研究"(14BJL116)和2015年度浙江大学不动产投资研究中心课题"传统信用模式研究:以宁波钱庄为例"。本书所论述的关于钱庄和田会的内容,吸收了这两个课题项目,尤其是钱庄课题项目的研究成果。所以说,本书在受到浙江大学恒逸基金资助的同时,也受惠于浙江大学不动产投资研究中心的资助。

　　浙江大学经济学院研究生陈逸行和柯梦倩同学为本书做了一些基础性的工作。浙江大学出版社为本书的出版提供了方便。作者谨深表谢意!

郑备军

2016年夏记于港湾家园

图书在版编目(CIP)数据

中国中小企业融资机制与创新：基于传统信用模式
的研究 / 郑备军,陈铨亚,傅承峰著. —杭州：浙江大学
出版社,2016.12
　　ISBN 978-7-308-16692-8

　　Ⅰ.①中… Ⅱ.①郑… ②陈… ③傅… Ⅲ.①中小企
业－企业融资－研究－中国　Ⅳ.①F279.243

中国版本图书馆 CIP 数据核字(2017)第 031314 号

中国中小企业融资机制与创新——基于传统信用模式的研究
郑备军　陈铨亚　傅承峰　著

责任编辑	姜井勇(jiangjingyong@zju.edu.cn)
责任校对	罗人智
封面设计	周　灵
出版发行	浙江大学出版社
	（杭州市天目山路 148 号　邮政编码 310007）
	（网址：http://www.zjupress.com）
排　　版	杭州隆盛图文制作有限公司
印　　刷	浙江省良渚印刷厂
开　　本	710mm×1000mm　1/16
印　　张	15.25
字　　数	234 千
版 印 次	2016 年 12 月第 1 版　2016 年 12 月第 1 次印刷
书　　号	ISBN 978-7-308-16692-8
定　　价	48.00 元